柳斌谈语文

◎ 著

*Liu Bin Tan YuWen*

语文出版社

·北京·

**图书在版编目（ＣＩＰ）数据**

柳斌谈语文 / 柳斌著. -- 北京 ： 语文出版社，
2014. 11（2023. 2重印）
ISBN 978-7-80241-998-8

Ⅰ．①柳… Ⅱ．①柳… Ⅲ．①汉语－教学研究 Ⅳ．
①H19

中国版本图书馆CIP数据核字(2014)第252996号

| | |
|---|---|
| 责任编辑 | 李世江　过　超 |
| 装帧设计 | 张家智 |
| 出　　版 | 语文出版社 |
| 地　　址 | 北京市东城区朝阳门内南小街51号　　100010 |
| 电子信箱 | ywcbsywp@163.com |
| 排　　版 | 语文出版社照排室 |
| 印刷装订 | 保定市正大印刷有限公司 |
| 发　　行 | 语文出版社　新华书店经销 |
| 规　　格 | 787mm×1092mm |
| 开　　本 | 1 / 16 |
| 印　　张 | 23. 25 |
| 字　　数 | 334千字 |
| 版　　次 | 2014年11月第1版 |
| 印　　次 | 2023年2月第2次印刷 |
| 印　　数 | 3,001 - 8,000 |
| 定　　价 | 48.00元 |

📞 010-65253954（咨询）010-65251033（购书）010-65250075（印装质量）

# 自 序

受父叔的影响，加上小学和初中语文老师的引导，我自幼热爱语文。同时也由于家境贫寒，报考大学时，我选择了北京师范大学中文系，毕业后留在中文系任教。在大量古今典籍、名著的熏陶下，我逐步认识到了汉语文化的博大精深。后又从事中学语文教学工作多年，更认识到了母语教育事业的意义和责任。我提及这些，是想说明，当我后来因多种偶然因素走上国家教育行政管理职位，并兼任国家语委主任职务的时候，语文素养确实为我准备了必要的条件和打下了较好的基础。

谈到语文，争论是很多的。比如，语文课是一门基础知识课？还是文学课？还是工具课？这就争论多时了。其实，语文课最重要的功能是培养学生的语文能力啊！

人之初，就有通过耳朵获取外部世界声音的本能，听得多了，便逐步感知了不同声音所代表的不同意义。在这种一生下来就有的语言环境中，听而久之，人便开始"牙牙学语"。这种初始的语言当然是稚嫩的、不完整的，甚至是错误的，但这种情况会及时得到周围亲人们耐心细致的纠正和引导，直至获得较为正确的表达效果。这种环境就是母语环境。小孩子在入学之前就已经初步掌握了按母语习惯表达思想感情的语言能力，并通过口语交流掌握了数以千计的词汇了。

一个人的语文能力是从哪里来的？是生而有之，还是学而有之？事实证明，语文能力并非与生俱来，但也不是从语法、修辞、逻辑知识以及文章作法的考试或讲解中转化来的。一个人的语文能力只能从听、说、读、写的实践活动中得来。

人在范文阅读中感悟、品味、思考、理解，随着所感、所悟、所得的潜移默化，生成具有自己的认知、自己的情感、自己的品格，并具有自己个性的语文能力。大量阅读是提高语文能力的基础；听、说、读、写等实践活动是提高语文能力的必由之路；潜移默化是语文能力生成的基本规律。

其实，学好语文的第一要素是热爱语文。我们的语言准确、鲜明、生动、简练，既适合发展人的逻辑思维能力，也适合发展人的形象思维能力。人家说中国学生的数学好，确实如此。中国的高中生到国外留学，往往数学都是在他们班里最好的。原因很多，重要的一条是我们的语言对数学学习非常有利。我们的语言可以把很复杂的问题用很简单的方式，表述得非常准确、非常清楚。比如七个九相加是多少，七乘九是多少，用其他语言表达相当复杂，用我们的语言四个音节就解决了：七九六三。更不要说我们的珠算，珠算可以用简单而又形象的文字解决很复杂的问题。"三下五除二""四退六进一"，无论是在个位、十位、百位……都可用，解决了多么复杂的数学运算问题呀，但这些外国人听不懂。以上讲的是逻辑思维，形象思维方面的例子也很多。有一个谜语的字面是："在娘家青枝绿叶，到婆家骨瘦皮黄。不提起倒也罢了，一提起眼泪汪汪。"谜底是"撑船的竹篙"。28个音节，惟妙惟肖地勾画了一个童养媳形象，读起来又押韵又朗朗上口，表达的意思又深刻又形象。要爱我们的语言，因为它确实是世界上最优秀的语言之一。

新中国成立后，我国语言文字工作经历过波折，但总趋势是好的，有创新、有发展。语言文字的发展是一个从改革、发展到规范的螺旋式上升过程，现在我国的语言文字处于稳定、规范的阶段。2001年《国家通用语言文字法》实施后，语言文字规范化走上依法工作的新轨道。在新阶段，要增强执法意识，使语言文字工作为国家各项事业的发展做出贡献。

当前，在看到我国的语文生活状况总体上比较好的同时，也要看到在某些方面、某些领域还存在着相当混乱的现象。一谈到网络语言，许多人都摇头。面对"十动然拒""人艰不拆""不明觉厉""累觉不爱""喜大普奔"等网络成语呈现井喷的现象，《咬文嚼字》主编郝铭鉴认为，当下社会语言文字使用已处于全面混乱的严重态势。其中有语法的错误，有词语搭配的混乱，也有逻辑错误，还有文风问题。即便是教科书、工具书，甚至政府文件中的语文差错也比比皆是。这当然是一个严重的问题，应通过提高每个公民保护母语纯洁性的思想意识，努力贯彻国家语言文字法律法规，加强语言文字的标准化规范化建设予以解决。我们也要同时看到，网络语言又是充满发展活力的一个园地，在消除或过滤掉许多不合理、不规范因素之后，它会为人们留下不少充满新意的东西，通过约定俗成的方式融入规范的语文体系，成为多数人乐于接受、乐于使用的新词新语。在这方面，像"给力""解读""愿景""休闲""房奴""作秀""网站""网上支付""电子商务""云计算""人机对话"等词语，就可能经过时间的沉淀和群众的检验表现出它们的生命力，而为民族母语词汇的创新、丰富和发展做出贡献。

　　语言文字是民族文化的根。语文规范建设是对民族文化之根的整饰、调理和维护。有了健康茁壮的民族文化之根，才会有民族文化繁茂的枝叶，艳丽的花朵，累累的硕果。

　　这本书收集了我五十年来关于语文学习、语文教学以及贯彻语言文字方针政策等方面的一些感想和体会，内容较为芜杂，姑称之为《柳斌谈语文》吧！不当之处一定很多，敬祈读者、老师、专家们教正！

2014.4.6. 于北京万寿庄

# 目 录

## 附：访谈录

# 教育战线要重视语言文字工作 *

　　三十年前，中国文字改革委员会和教育部在北京召开全国文字改革会议，确立了大力推广普通话等一系列语言文字工作的方针、政策。三十年后的今天，在新的历史时期召开全国语言文字工作会议，总结三十年的经验，规划和部署新时期的语文工作，这是具有重要历史意义的大事。

　　当前，教育战线正在贯彻《中共中央关于教育体制改革的决定》，全党重视教育，把教育提上了战略位置，出现了前所未有的好形势。

　　进行教育体制改革，基础的一环是普及九年制义务教育，以提高广大人民群众的科学文化水平，提高整个中华民族的素质。语言文字工作是一项关系提高民族科学文化水平的基础性工作。语文教育、语文应用都是教育工作的重要内容，是基础教育中的基础。教育战线的同志一定要重视语文工作，积极地做好语文工作，为我国语文工作的健康发展做出应有的贡献。

---

* 在 1986 年 1 月全国语言文字工作会议上的讲话。载 1986 年 3 月《人民教育》，1986 年 Z1 期《语文建设》。

## 一、加强语文教育是培养合格人才，提高民族素质的迫切需要

语文教育是一个含义比较广泛的概念，我们这里所说的语文教育，主要是指汉语文教育。社会主义现代化建设所需要的数以亿计的各级各类人才的培养，都起步于语文学习。语文知识是基础知识，它处在人类知识大厦的最底层，对整个大厦的建设起着基石的作用。语文是人们学习各类科学知识的工具和媒介，对于人们智力的发展和道德观念的形成有着深刻的影响。正如爱因斯坦所说："一个人的智力发展和他形成概念的方法在很大程度上是取决于语言的。"在人们的社会生活中，无论是学习、工作、科研、生产，语文都是须臾不能离开的工具。一个人语文能力的高低直接关系到他的工作成效，这是大家公认的基本事实。

当今世界，科学技术飞速发展，电子计算机的应用使世界进入了信息化时代。语文是信息的载体，科技的现代化推动了语文工具的现代化，它使语文的应用有了崭新的内容。今天人们已经可以站在千万公里之外用自然语言进行交际，可以坐在家里使用计算机处理办公室的文书工作，甚至开始使用自然语言操纵机器。我国的汉字编码工作不断取得新的突破，可以断言，使用电子计算机进行汉语言的输入、输出、贮存、检索等信息处理工作的时代即将到来。今后科学越发达，语言文字的应用就越广泛，它和发展生产力，和社会生活的关系就越密切，语文教育的重要性便会越突出，加强语文教育就越发成为一个摆在教育工作者面前的迫切任务。

从我国语文教育现状来看，加强语文教育也是一项刻不容缓的任

务。学校的语文教学近年来进行了一系列改革，取得了可喜的成绩，但总的看来，学生的语文水平仍然不高。不少中学毕业生说话条理不清、词不达意、满口方言，同时缺乏基本的写作能力，连常用的应用文也写不好。有的大学毕业生语文不过关，写业务报告、科学论文都有困难。社会上错别字、生造字泛滥，而且有一股"繁体风"，大小招牌、商品广告常常使用繁体字，报刊、屏幕上也常出现错字和病句。普通话在许多地区没有普及，大多数方言地区社会交际仍以方言为主。语文水平不高严重影响了人们的学习、工作和生活，特别是二亿三千万文盲、半文盲，更因不能掌握和运用祖国的语言文字而感到莫大的痛苦和烦恼。这种状况再也不能继续下去了。

现代科技、经济和社会的发展，要求有与之相适应的语文教育。加强语文教育需要全社会的共同努力，教育部门更负有重大的责任。

首先要加强学校的语文教学，特别是中小学的语文教学。语文课要加强听、说、读、写等基本技能的全面训练，纠正"重文轻语"的偏向，使学生真正掌握好祖国的语言文字。要加强语文的实验研究，进一步探索语文教学规律，使语文教学朝着科学化、高效率的方向迈进。语文教材要以"三个面向"为指针，适应经济和社会发展的要求，逐步进行改革。师范院校的中文系要加强语文教学的科研工作，不断为中小学培养既有扎实的语文基本功，又懂语文教学原理的合格教师。各级教育行政部门要有计划、有步骤地培训在职语文教师，不断提高教师的知识水平和教学能力。

要大力开展扫盲工作。扫除文盲是提高全民族科学文化水平的起码要求，这是一项十分艰巨但又必须完成的任务，各地必须制订切实可行的规划，因时、因地、因人制宜，采取多种形式和方法把扫盲工作搞好。

要认真贯彻新时期的语言文字工作方针，努力做好文字改革工作。各级各类学校都要加强汉语拼音的教学研究和实验工作，不断提高学校拼音教学的质量，使汉语拼音对语文教学的作用得以充分发挥。教育行政机关和学校都要讲求用字规范，严格纠正滥用繁体字和不规范简化字的现象。

为了不断促进语言文字的标准化、规范化，我们希望文化、宣传、出版部门能够通过报纸、书刊、广播、电视、电影等渠道经常开展生动活泼的语文教育活动，加强对语文应用的宣传指导，并以准确的语言、规范的文字为社会树立语文应用的典范，以期逐步形成讲求语文规范的社会风气。我们希望专业的语文研究单位加强语文教育和语文应用的研究，以新的研究成果武装广大教师，把学校的识字教学、普通话教学水平提到一个新层级。我们希望科研部门积极开展语文电子产品的研制工作，使我国语文教育手段逐步现代化。

我们相信，只要教育战线的同志们认真努力，同社会各部门紧密配合、通力协作，我国人民的语文水平就一定能迅速提高，我国语言文字工作一定会健康地阔步前进。

## 二、积极地、扎扎实实地搞好推广普通话工作

我国从 1955 年开始有领导、有步骤地推广普通话，三十年来，在中央的关怀和各地同志的努力下，"推普"工作经过曲折的历程，

取得了很大成绩。广大干部、群众对推广普通话必要性的认识不断提高，国家宪法列入推广普通话的条款，进一步激发了人们学习普通话的自觉性；一些省、市的党委和政府，直接过问推广普通话工作，采取了积极措施；学校的推广普通话工作一直走在前头，特别是小学和师范院校取得了明显成效；一些城市形成了在社会公共场所讲普通话的风气；社会上能听、会说普通话的人愈来愈多，特别是进入新时期后，为了适应社会主义现代化建设和对内对外开放的需要，推广普通话越来越受到社会各界的重视。但是，推广普通话的成效与社会主义现代化建设的要求相比，还有很大差距，薄弱环节还很多，工作还很不平衡，整个社会讲普通话的风气还不够浓厚。这些问题都有待于我们今后努力去解决。

1. 推广普通话要积极稳步地进行。

推广普通话是我国的基本语言政策。它是国家现代化建设的需要，是社会主义精神文明建设的需要，是人民团结的需要，也是现代汉语发展的必然要求。我国幅员辽阔，人口众多，方言复杂，各地经济、文化发展很不平衡，再加上长时期封闭式的自然经济所形成的方言习惯根深蒂固，因此，在全国范围内推广和普及普通话不是一件轻而易举的事情。根据这种情况，推广普通话工作既要有积极的态度，又要有稳妥的步骤。中央制定的"大力提倡，重点推行，逐步普及"的"推普"方针，是从我国的实际情况出发的，30 年的实践证明，这个方针是完全正确的。

推广和普及普通话，一方面要看到它的迫切性，要有紧迫感，这样才能把它摆到重要的地位上抓紧、抓好，而不会把它看成是一项可有可无的"软任务"，采取放任自流的消极态度；另一方面也要看到普及普通话的长期性，否则就会操之过急、脱离实际，结果是欲速不达。实践证明，只有从实际出发，积极而稳步地开展"推普"工作，才能取得较好的成效。

在汉民族中，国家推广普通话不是消灭方言，而是要求方言区的人民除会讲方言外，还要会说普通话。推广普通话的目标是全国通用，使普通话不只成为汉民族使用的共同语，也要成为各族人民之间交际的语言工具。各民族在使用自己的语言之外，还会使用普通话，这对于各兄弟民族之间互相团结和互相学习，发展各民族的经济、文化，都是十分需要的，是完全符合我国各民族的共同利益的。

2. 推广普通话要以学校为重要基地。

在全社会推广和普及普通话，要从学校抓起。周恩来同志早在1958年就指出："在什么地方推广普通话？我看首先应该在学校里，在儿童和青年中努力推广。"实践证明，这个论断是完全正确的。30年的学校"推普"工作，已为社会推广普通话打下了一定的基础。只有把学校这一环抓好了，才能保证我们的子孙后代都能学会普通话，才能保证全社会逐步普及普通话。

普通话是教师的职业语言。要把会讲普通话列为合格教师的必备条件，把使用普通话进行教育、教学作为对教师工作的基本要求。教师进修机构要把普通话作为教师的必修课，把普通话培训工作列入各级教师进修培训计划。

中等师范学校是培养小学和幼儿教师的基地。师范毕业生要能教汉语拼音，能用普通话进行教学，毕业时普通话不合格的要补考，补考合格后再发毕业证书。高等师范院校也要积极开展"推普"工作，逐步做到使毕业生都能用普通话进行教育、教学工作。

要加强高中阶段特别是职业学校的"推普"工作。当前，各地正在进行中等教育结构改革，职业学校发展很快，其学生毕业后，相当一部分要从事第三产业。因此，要把职业学校的"推普"工作提上重要日程。

3. 社会推广普通话要逐步开展。

社会推广普通话工作，要根据经济和社会发展的需要有步骤地开展，逐步形成在公共场所说普通话的风气，以消除社会交往的语言障碍。

方言比较复杂的大中小城市（特别是开放、旅游城市）的党政机关和商业、服务业、公交、铁路、旅游、邮电、公安等部门，应把使用普通话列为对干部、营业员、服务员、售票员、列车员、广播员、电话员、导游员、公安战士的基本要求之一。领导干部要带头讲普通话，其他干部和第一线的服务人员要大胆讲，边学边讲，边讲边学。要先从本行业的专用语讲起，逐步扩大说普通话的范围。广播电台和电视台除应积极开展"推普"宣传和普通话教学外，还应逐步增加用普通话播音的时间，为群众学说普通话创造良好的语言环境。

4. 加强推广普通话工作的领导。

要有计划地推广和普及普通话，必须从实际出发，根据新时期的需要，制订较长远的规划和年度计划，并采取切实措施，使推广普通话工作经常地、一步步地、扎扎实实地进行。

要组织广大的"推普"工作队伍。高等院校、中等师范学校和教师进修院校的有关教师、中小学语文教师、广播电台和电视台的播音员等都应成为"推普"工作的骨干。要充分发挥他们的作用，组织他们开展"推普"宣传，培训"推普"骨干，教群众学习普通话，编写学习普通话的材料，开展对普通话、普通话教学和推广的各项研究工作。各地都有一批在中央普通话进修班进修过的同志，教育行政部门应该提供机会，充分发挥他们的作用。对于在"推普"工作中作出贡献的同志，应当给予表扬和奖励。

各省、自治区、直辖市应有专人负责"推普"工作。各地成立的"推普"委员会或领导小组，其成员应包括教育和社会其他有关部门的负责人，以统一抓好学校与社会的"推普"工作。为了保证"推普"工作的顺利进行，各地应按年度安排必要的"推普"工作经费。

同志们，新时期对语言文字工作提出了新的迫切要求，任务是艰巨的。但我相信，在党中央和国务院的关怀下，经过大家坚持不懈的努力，我们的语言文字工作一定能够不断取得新进展，一定能更好地为社会主义建设作出新的贡献。

1986.1.6.

# 把"注音识字，提前读写"的实验推广到全中国

## ——纪念《汉语拼音方案》公布 30 周年

1958 年，全国人民代表大会通过《汉语拼音方案》的决议中强调："《汉语拼音方案》作为帮助学习汉字和推广普通话的工具，应该首先在师范、中、小学校进行教学，并且在实践过程中继续求得方案的进一步完善。"30 年过去了，我们十分高兴地看到，《汉语拼音方案》在学校教育工作中已经产生了意义重大、影响深远的可喜成果。"注音识字，提前读写"就是我国小学语文教学改革的重大成果之一。

"注音识字，提前读写"这项教学改革工作，自 1982 年在黑龙江省的几所学校开始实验以来，发展很快，目前已扩展到全国 28 个省、自治区、直辖市的几千所学校。几年来，这项改革在北方话区、南方方言区和少数民族地区的城乡实验学校，都收到了很好的效果，显示了其广泛的适应性。

"注音识字，提前读写"实验，打破了小学低年级不能进行阅读和作文教学的模式。在儿童入学不久，尚不认识汉字或识字不多的情况下，利用汉语拼音使识字和阅读、写作同时起步，交叉进行。实验

9

的基本做法是：先集中一段时间让学生学好汉语拼音，以汉语拼音为工具展开大量阅读，以汉语拼音为工具进行写话和作文的训练，在大量阅读、写作和听话、说话的实践中掌握汉字。正是这样一种充分发挥汉语拼音作用的做法，使小学语文教学的面貌发生了巨大的变化。实验表明，三年级末学生生均阅读量可达 300 万字，高于非实验班学生十几倍，生均识字量 3000 多字，课内作文总字数生均达 16700 多字，均大大超过非实验班学生。

5 年的实践证明，实验是成功的，应当在总结、完善的基础上积极地、坚定不移地把这项实验的经验推广到全中国。其所以要这样做，有如下几条理由：

## 一、"注音识字，提前读写"是帮助儿童过识字关的成效显著的手段

汉字表意功能强，构词能力强，信息含量大，有许多其他文字无法与之相比的优点，但是汉字笔画繁杂，字数众多，难认、难记、难写，成了人们掌握科学文化的一只拦路虎，一个严峻的关卡。由于汉字难认，我国儿童掌握语言文字比外国儿童掌握本国语言文字要多花一两年时间。我国是个拥有 10 亿多人口的大国，每个人多花一两年时间，就意味着资金、物资和人力资源的巨大浪费；每个人节约一两年时间，就意味着巨大的物质财富和精神财富的创造。在较长一段时间内，儿童在大量的读写中，借助汉语拼音可以读出字音，通过字在一定语言环境中反复重现，不断强化，儿童可以逐步掌握汉字的字形、字义和用法。

10

寓识汉字于读写之中，借助汉语拼音，帮助学生从低年级起就把学习语言与学习汉字结合起来，改变了孤立识字的做法，使识字教学产生了质的飞跃，取得了良好的效果，对小学语文教学改革做出了重大的贡献。

## 二、"注音识字，提前读写"是帮助儿童发展语言表达能力的积极措施

"注音识字，提前读写"实验不仅使识汉字难的问题得到了较好的解决，它的积极意义还在于改变了低年级以识字教学为重点的局面，使儿童一入学就能全面地开始听话、说话、读书、作文的训练。这是符合儿童学习语言的规律的，有利于促进儿童听、说、读、写能力的协调发展。"注音识字，提前读写"实验，强调了语言实践活动，让儿童在大量的阅读实践、听说实践、写作实践中去识字，去获得语感、语言材料和语文知识，掌握汉语语文规律，并在语言实践中去运用这些材料、知识和规律，这样儿童就能在生动活泼、丰富多彩的语言实践基础上形成较好的语文表达能力。从长远看，这项实验将对提高整个语文教学的质量产生重大影响。

## 三、"注音识字，提前读写"是早期发展儿童智力的重大课题

长期以来，小学低年级语文教学以识字为重点，阅读和写作起步

太晚，这一状况不利于调动儿童学习的积极性。儿童的知识在较长时间内局限于直接见闻的狭小范围，极大地束缚了儿童智力的发展。

儿童在一岁左右开始掌握本民族语言的单词单句，到两岁时已能掌握 200~300 个词，到幼儿末期已掌握 3000~4000 个词，口头语言能力已经有了相当的发展。用文字把口头语言记录下来，就是书面语言。儿童只有掌握了书面语言，能读书、看报，智力发展才能进入一个新阶段。在儿童已有的口头语言基础上，利用拼音帮助儿童加速掌握书面语言，提前读写，是完全可能，也是完全必要的。在听、说、读、写整体发展过程中，应首先保证阅读能力的优先发展，发挥阅读对识字、作文、听说等方面的促进作用。通过大量阅读，大大扩展了儿童的视野，视野的扩大又进一步强化了儿童探求新知识的欲望。"注音识字，提前书写"实验班的孩子对语文学习表现了极大的兴趣，爱读书，爱作文，爱思考，爱发表自己的意见，有丰富的想象能力和良好的语言表达能力，这正说明他们的智力得到了良好的发展。

因为取得了上述几方面的成功，我们完全有理由把"注音识字，提前读写"的成果推广到全国去。这对于实施九年义务教育，提高全民族的素质，将产生深远的影响。

为了向全国推广，对"注音识字，提前读写"的实验，必须进一步总结、提高，使之不断完善。在实验中，要注意培养儿童广泛的兴趣爱好；要重视减轻学生的课业负担；要引导儿童养成良好的思想品德、意志性格和行为习惯，使儿童在德、智、体、美诸方面得到生动活泼的发展。

为了向全国推广，必须充分地做好各项准备工作。通过培训，建立一支思想素质和业务素质优良的实验教师队伍；编印好实验教材，并疏通落实好供应渠道；向儿童提供大量形式多样、质量良好的课外读物，特别是拼音、注音读物，使儿童有足够数量的好书可读。

目前，教学改革正在深入发展。语文工作者、教育工作者应当作出更大努力，坚持实验，完善实验，扩大实验，争取在全国范围内大面积丰收，以实际行动纪念《汉语拼音方案》公布 30 周年！

1986.6.

# 积极推广"注音识字，提前读写"的经验 *

"注音识字，提前读写"教改实验首先是在黑龙江搞起来的。这几年发展很快，现已遍及除西藏以外的 29 个省、自治区、直辖市，共约 3000 多个教学班。从各地实际情况看，这项实验的效果是不错的。如广东、云南、广西、宁夏、青海等省区。几乎所有搞实验的地方反映都比较好，师生的积极性也比较高。一个实验是否成功，需要经过较长时间的实践验证。这项实验已经过了六年的考验，很受欢迎，不能说是一种偶然现象。现在要考虑的是进一步完善和推广的问题。

第一，各地普遍反映，"注音识字，提前读写"是帮助小孩子过识字关的一个好办法。汉字笔画繁多，要认识它，是一件难事，也是一件苦事。小学一、二年级上识字课时，小孩子拼命地念，全班书空[1]，还要背，确实很苦。一些外国朋友到中国，一谈及学习汉语，也都认为中国的汉字掌握起来很困难。当然，识汉字是难还是易，现在还有争议，对此暂时可以不去作什么结论，学术问题可以继续争论。不过，

---

* 在"注音识字，提前读写"教材编委会上的讲话。

[1] 书空，识字教学术语。指一边念汉字的笔形，一边用手指在空中书写。

从实际情况看，中国小孩子掌握汉字要比外国小孩子掌握他们本国拼音化的文字花的时间长。因此，同是六七岁上小学，人家二三年级就可以阅读和作文了，我们则要到高年级；低年级只能造简单的句子，写简单的几句话。当然，汉字有它的优越性，这一点必须承认。汉字的优越性也是其他文字所不能比拟的。它的构词能力强，表意功能强，信息量大，因而有同志说："一个汉字等于一个信息袋。"所以想要淘汰汉字，用拼音文字代替它，恐怕是不可能的。而且，从长远看，是否要用拼音文字代替汉字，也还需要研究。汉字确有很多优点，但并不等于说不存在缺点。其缺点是笔画繁杂，难认、难记又难写。这几"难"确实存在，不承认这一点，不是现实主义的态度。正确的态度应该是找出一种办法，来帮助我们的孩子克服这一困难。"注音识字，提前读写"实验恰恰是在这里显示了它的第一个优越性。

第二，"注音识字，提前读写"实验在提高语文教学质量方面也有优势。语文教学质量的提高，大家都很关注。因为语文是一门基础性的学科，是基本工具，但要掌握它却很不容易。学生花在语文学习上的时间很多，小学一千八九百课时，中学也约一千来课时，中小学加起来约三千个课时，这样是否就学好了呢？好像还不行。大学低年级也要普遍开语文课，否则就不能适应需要，有的大学生连一个像样的实验报告都写不出来。正因为如此，如何提高语文教学质量，是一个很值得研究的问题。目前对这个问题的议论很多。有人认为语文教学应以语文知识为中心，有的认为要以课文为中心，有的认为要以阅读为中心，有的认为要以写作为中心，还有的认为没有什么好办法，就是靠背，"熟读唐诗三百首，不会作诗也会吟"，以为这是一条捷径。尽管有种种的议论和实践，但目前语文界，包括中小学教师仍感觉到不能很有效地提高语文教学的质量。我比较赞成这样一种看法，即提高语文教学质量主要应该通过加强语言实践过程来实现。我认为语文教学要以语言实践活动为中心。事实也是如此，小孩子入学前已掌握 3000~4000 个口头词汇，在这个阶段没有什么教科书，出生后就靠听，联系生活中的实际，逐步理解，同时学讲话。所以，掌握语言的过程恐怕主要还是一个语言实践的问题。搬迁过几个地方的家庭，对这一点体会更深。小孩子每到一个新地方，很快就学会了当地语言。到广东就会说广东话，到上海又会说上海话，到北京又变成了北京口音，人就是这样在一个大的语言环境中，通过语言实践提高了语言能力。在生活中是这样，教学中是不是也应该这样，以语言实践活动为中心来进行教学？我赞成"注音识字，提前读写"实验，就是因为感觉到它具有重视儿童的语言实践活动同识字结合的特点。这很可取，很值得研究和总结。

"注音识字，提前读写"实验的第三个优越性是，它对儿童的智力发展很有益处。小孩子如果不能直接阅读书面材料，那么他们的知识就会局限在直接见闻的范围里。能够阅读，就等于给了他们一种强有力的手段，给他们打开了很多窗口，使他们可以看到更完整的世界。因此，小孩子一旦能够阅读以后，智力发展是相当快的。大概做父母的都有过这样的体会：小孩喜欢问"为什么"。年轻的父母常常被孩子问得答不上话来。特别是当孩子会读书以后，他提的问题很有质量。小孩子一旦会读书了，他的知识面也就大大地扩展起来，扩展速度非常快。过去我们硬要孩子们掌握了汉字以后再读书，而汉字的掌握至少要花两年时间，孩子大约要到小学三四年级才能开始读一些简单的课文。"注音识字，提前读写"实验的做法是只要有了拼音、注音读物，便可以把阅读，甚至把写作起步的时间提前一年或两年，这对儿童智力早期开发是一个非常好的办法。

有以上几个方面的优越性，这个实验为什么不应当下功夫搞好呢？这项实验是很有意义的，这项改革是科学研究的一项重大成果。事实上，各地实验确实普遍取得了好的效果。因此，我们要采取措施，在总结完善各地实验的基础上加以推广。

在推广"注音识字，提前读写"实验经验的问题上，大家的认识并非完全一致。有的同志对国家教委支持这项实验提出批评，认为这是否定其他的教改实验。事实上，对于各种教改实验我们都支持。无论是黑山的集中识字，南京的分散识字，还是其他实验，只要取得了成果，作出了科学的总结，实践证明它是有益的、有效的，我们都给予支持。"注音识字，提前读写"实验取得了很好的成果，我们理所当然地支持它。现在有的同志有这样一种观念，即你支持或赞成、表扬了某一项实验，便认为你是否定了其他实验。这种认识是不对的。我们不但不否定其他实验，相反，还提倡各种实验，互相学习，共同前进。今后还要开展多种多样的实验。如果有的实验效果比"注音识字，提前读写"更好，那么我们照样坚持在全国范围内推广。至于把教改中比较成功的经验或成果吸收到教材里面，则是为了使实验成果在更大范围内发挥效益。九年义务教育小学语文教学大纲就吸收了"注音识字，提前读写"的某些经验。小学低年级没有提以识字为重点，有的人对此有异议，甚至提出了"千古罪人"的警告。怎样对待这种

17

批评呢？第一，毫无疑问，教改实验要坚持进行下去，不要被这种意见束缚住手脚；第二，要认真对待批评，把批评作为一面镜子，用以找出并改正自己的缺点。在进行这项实验、推广这项实验时更要慎重，把问题考虑得更加周到、细致些。因为在小范围里实验成功的东西，在大范围内推广可能还会碰到一些新的问题。现在实验中存在的一些问题，要采取措施加以解决，使实验的优势得以充分发挥，不足之处得以防止、克服。目前要紧的是把这项改革搞好。准备编一套"注音识字，提前读写"实验教材，目的就是为了总结实验的成功经验，用教科书的形式加以体现，形成科学的体系，以利于在更大范围推广。

我们一定要把这套教材编好。所谓编好，就是说既要有较强的思想性，也要有较强的科学性，同时还应有较浓厚的趣味性。思想性、科学性、趣味性相结合。除此之外，还应该考虑有比较广泛的适应性。因为我们国家大，民族也多，地域辽阔，各地经济、文化发展不平衡。努力编出一套高质量、高标准的实验教材，可以为各地搞实验的同志减少一些困难。除教材外，还应有其他配套的读物。现在实验起来感到比较困难的，一是教师反映负担较重、工作量大，教材、读物、练习要自己编；二是学生除了课本以外，可阅读的东西不多。这就要求编好配套的读物、练习册和教师教学用的资料。这些工作做得好，就有利于在更大范围内推广这项实验的成果。

"注音识字，提前读写"实验并不是已经十分完善了，也还存在一些问题。比如说，既要适当增加学生的阅读量，使阅读、写作与识字同步进行，又要减轻学生的负担；又如，学生识字的巩固率也还有待采取措施进一步提高；错别字的出现率，也应采取措施进一步降低。

我们在制定九年义务教育教学大纲时特别强调德、智、体、美全面发展，这个思想在实验教材中也应得到贯彻，而且要贯彻得更好。

1988.6.

# 谈谈语言文字有关政策和当前语言文字工作

## 一、关于汉字简化和汉字拼音化问题

作为汉语的书写符号，汉字有很多长处，为保存和传播民族文化建立了巨大的功绩，这是不可否认的。另一方面，汉字也确实存在着笔画繁杂，难认、难记、难写的缺点。人们在使用过程中，不断对汉字加以改革，努力使它明确而又简单，用起来更方便。从繁复到简易，这是汉字形体演变总的趋势。这一过程在历史上早就存在。我们今天使用的简化字，不少在唐代和宋元时期就已经在民间流行，有几百年甚至千余年的历史。应该说，简化字也是中华文化的一个组成部分。解放后，党和政府重视汉字简化工作，一方面是为了将历史上群众创造的成果加以总结、整理和推广，以利于文字的学习和使用；另一方面也是为了建立统一的文字规范，改变和防止因自造简字引起的用字混乱现象。

1956 年国务院公布的《汉字简化方案》（这个方案 1964 年扩充为《简化字总表》），有清末以来汉字简化运动的成果做基础，并经全国文字学家、语文教师和其他语文工作者以及社会各界人士约 20 万人讨论，在推行中采取了"约定俗成，稳步前进"的方针，因而获得成功。尽管用今天的眼光看，这个方案在简化理论、简化方法上可能还有不尽完善之处，少数字简化得可能还不够合理（1986 年重新公布《简化字总表》时，对其中个别字作了调整），但应该承认，它的主流是好的，成绩是主要的。

那么，汉字还要不要继续简化？历史已经证明，汉字的发展是改革与稳定、变异与规范的辩证统一。1986 年，国务院在批转国家语委关于废止"二简"、纠正社会用字混乱现象的请示通知中指出："今后，对汉字简化应持谨慎态度，使汉字的形体在一个时期内保持稳定，以利于社会的应用。"根据这一精神，我们当前在汉字方面的主要任务不是继续简化，而是保持稳定。一方面，我们要加强社会用字管理，推行《简化字总表》等用字标准，消除社会用字的混乱现象；另一方面，要进一步开展汉字研究与整理工作，根据实际需要，研究制订新的标准和规范，如人名用字标准等。

我们坚持以简化字为文字规范，并不是要废除繁体字，也并不是说使用繁体字非法。某些场合，如整理出版古籍，繁体字还是要用的。我们的原则是严格限制繁体字的使用范围，反对滥用。例如，一般出版物不能用繁体字排印，《人民日报》海外版是特殊需要，不能随意仿效。至于书法艺术和个人书信、笔记等，已不属于社会用字的范围，使用哪种字体，完全可凭个人爱好。

关于汉字拼音化问题，五十年代确实宣传过。毛主席就曾说过"要走世界文字共同的拼音方向"。这是清末以来许多进步知识分子的共同主张。但是，这种主张仅仅是个人意见，是学术范围内的事情，政府并没有对此下过结论，没有把实行汉字拼音化作为语言文字政策来推行。周恩来同志在 1958 年所作的《当前文字改革的任务》报告中指出："至于汉字的前途，它是不是千秋万岁永远不变呢，还是要变呢？它是向着汉字自己的形体变化还是被拼音文字代替呢？它是为拉丁字母式的拼音文字所代替，还是为另一种形式的拼音文字所代替呢？这个问题我们现在还不忙作出结论。""大家有不同意见。可以争鸣，我在这里不打算多谈，因为这不属于当前文字改革任务的范围。"周恩来同志的这些话，今天仍然适用。现在，方块汉字是我们的法定文字。在可以预见的相当长的一段时期内，这一点大概也不会有什么改变。至于更加长远的将来，比如几百年、上千年以后，我国的文字究竟是什么面貌，这个问题今天恐怕难以说清。

《汉语拼音方案》与汉字拼音化是两回事。它的主要任务是用来给汉字注音和推广普通话的，并不是用来代替汉字的拼音文字。随着形势的发展，《汉语拼音方案》的用途越来越广泛，并已成为国际上用罗马字母拼写中国人名、地名及其他专名和语词的通行标准。我们要大力推行《汉语拼音方案》。

## 二、关于社会用字管理工作

加强社会用字管理，促进文字的规范化，这件事情很重要。秦始皇作为一个历史人物，该如何全面评价我们先不管，但他实行"书同文"确有不可磨灭的功绩。今天，我国方言阻隔的现象还很严重，在这种情况下，文字的交际功能就更重要。我到广州去，用普通话问路，很多老年人听不懂，但通过写字却可以互相交流，这就是统一文字的功用。

总的来看，我国社会用字的情况是好的，由于过去采取了几项得力措施，如统一印刷字模、统一计算机用字，因此，大的方面是稳定的、规范的。但是这几年出现了混乱，人们对此很有意见。我兼任语委主任后，收到不少来信，对社会用字混乱提出批评。来信的有工人，有干部，也有知识分子。大家提的问题应该引起我们注意，认真地抓一下。

北京市整顿 300 条大街的工作做得好。市领导决心大，措施得力，实事求是，市语委和各区县领导做了大量深入细致的工作，成绩喜人。他们的经验，最重要的一条是领导重视。把整顿社会用字同精神文明建设联系起来，写入政府工作报告，专门提出要求，这在其他地方还很少见到。

在整顿社会用字工作中，一些知识界、文化界人士对于坚持以简化字为用字规范、反对滥用繁体字有不同意见。在这个问题上，我们应该树立这样两个观念：

第一，要树立政策观念。《汉字简化方案》是经国务院讨论正式公布实行的，是国家语言文字政策的一个重要方面，大家应该遵守。这并不是说不允许发表不同意见。我们要把国家政策与学术问题区别开来。在学术领域，要贯彻百家争鸣方针，充分发扬学术民主。汉字要不要简化，应该如何简化，现在的简化从理论、方法到具体内容有些什么问题，这些都可以讨论，但行动上还要按政策办事。不能因为有不同意见而干扰国家政策的执行，不能无视政策而自行其是。方言歧异已使社会交流受到很大阻碍，文字方面不能再出现混乱。

第二，要树立群众观念。据统计，从 1956 年到 1988 年，大陆小学毕业生共四亿七千多万人，扫盲结业学员一亿五千多万人。就是说，目前大陆约有六亿二千多万人学的是简化字。如果再扣除两亿多文盲、半文盲，在全国人口中，真正学过繁体字的是少数。即使这部分人，实际上也早在实践中学会了简化字。事实说明，广大工人、农民、中小学生是欢迎简化字的。我们要正视这一事实，从人民群众的利益出发考虑问题，不能把个人的兴趣爱好放到不适当的位置。毛主席在《反对党八股》中批评过把"工人"写成"工人"这种脱离群众的现象，我们应该从中得到教益。

推行简化字会不会影响与港澳台地区及海外的交流？我认为不会。第一，我们从实际出发，采取了一定的灵活措施，如出版繁体排印的《人民日报》海外版。第二，应该看到，大陆十多亿人口的用字情况，不可能不对港澳台和海外华人社会的用字产生影响。香港已经提出"繁简由之"的口号。台湾虽以繁体字为法定文字，但实际使用特别是手写时，很多人喜欢使用简化字。新加坡、马来西亚、泰国等国家的华人社会都使用简化字。联合国承认我们的简化字。我们应看到这些事实，不要一提起对外交流，就认为非用繁体字不可。

社会用字管理有很多工作要做，治本的办法是抓教育，提高人们的文字规范化水平。学校要把文字规范化作为一项任务来抓，教师在教学中要使用规范字。前些日子我到一所学校去，黑板上"爱国主义"四个字，"爱""国""义"三个字全写成繁体。我叫一个小学生认，结果他只认识一个"主"字。这种现象应该纠正。

## 三、关于语委职能和当前语言文字工作

语言文字工作是社会性、群众性、基础性极强的工作。如果说教育工作涉及千家万户，那么语言文字工作则几乎可以说涉及每一个人。因为人人都要识字读书，不识字的也要用语言表达思想。语言文字工作关系到国家的统一，关系到民族文化素质的提高，关系到四化建设和社会发展的方方面面。它是我们社会主义事业不可缺少的一个组成部分。

语言文字工作委员会是政府主管语言文字工作的行政职能部门，不是民间团体，也不同于学术研究机构。国家语委是国务院的职能部门，各省市语委或语言文字工作机构是各省市政府的职能部门。它们要代表政府行使对语言文字工作的行政管理职权。

国家语委的主要职能是：（1）对语言文字和语言文字工作的历史、现状和发展进行调查研究；（2）在此基础上制订语言文字的政策法规，并根据法定程序进行决策；（3）对语言文字工作施行行政管理，包括贯彻政策、检查监督、培训语文工作干部和骨干队伍等。

国家语委现阶段的任务，仍然是继续贯彻1986年全国语言文字工作会议提出的新时期语言文字工作的方针，当前要重点抓好以下几项工作：（1）大力推广普通话。这是摆在第一位的任务。不仅要有声势，而且要制订出具体目标，有计划、有步骤地搞。（2）进一步推行《汉语拼音方案》。在汉字注音、汉语教学、扫盲教育、情报检索、产品代号、通讯应用、科学技术和特殊教育等方面，继续发挥汉语拼音的作用，逐步扩大其使用范围。小学要把汉语拼音教学作为一项基础性工作来

抓。（3）加强社会用字管理。要多做些宣传工作，形成正确的社会舆论。进一步开展汉字的研究与整理工作，制订有关标准，为社会用字管理提供依据。此外，要随着信息处理技术的发展，研究解决有关语言文字方面的标准化问题。

完成上述任务，必须抓住重点部门、重点行业、重点地区。首先是抓好学校，特别是中小学和师范学校。因为学习掌握语言文字一般是在少年儿童阶段，而师资又是关键。其次，要抓新闻、出版等大众传播媒介。这些传播媒介天天与群众见面，对群众有极大影响。三是抓交通、商业、旅游等公共事业和窗口行业。四是抓开放城市和开放地区。

语言文字工作涉及各行各业，要做好这项工作，语委必须同其他部门密切配合。语言文字工作者多数在教育战线，语委办公机构又多挂靠在教育部门，因此，工作中尤其要注意依靠各级教育行政部门，依靠各级各类学校，依靠广大教师。解放后，语言文字战线的同志们做了大量工作，为语言文字工作打下了很好的基础。现在，我们有一大批热心于语言文字工作的积极分子，有各级各类学校老师作为骨干力量。从这些方面看，做好工作是有条件的。我相信，经过广大语文工作者和各级领导、各行各业的共同努力，我们的语言文字工作一定能做出新成绩，为社会主义物质文明和精神文明的建设作出新贡献。

1990.8.

# 趁着年少 学好语文

在中小学阶段的各门课程中，语文是最重要的一门课程。

语言是思想的载体，是思维过程赖以实现的物质条件。没有语言，便不可能有思维；没有语言能力的完善和发展，也不可能有思维能力的完善和发展。

语文是表达思想的工具。离开了语文，思想交流就无法实现；语文学得不好，交流的广度和深度都会受到限制。"言而不文，行而不远"，古人早已悟出了这个道理。

讲品德培养，讲智力开发，都必须十分重视语文能力的提高。语文能力是学文化、学科学、学技术的基本技能，是学习能力的核心，是培养和发展其他各种能力的基础。

学好语文的最佳年龄段是中小学阶段，尤其是小学阶段，所以要趁着年少下功夫。小学打好了语文基础，一辈子都受益。否则，就会贻误终身，遗憾终身。

语文的教和学都要讲究方法，提高效率，提高质量。

要重视思想教育与语文训练的有机结合。文以载道，语文教学应服务于社会主义物质文明和精神文明建设。

要强调听、说、读、写"四会"。因为学习的目的在于应用，一个社会主义公民，要能听，能说，能读，能写，才能具有最基本的发展潜能。

要重视"注音识字，提前读写"。因为它不仅是一项有利于提高识字、阅读、写作能力的实验，而且是一项有利于思维能力发展的实验。

此外，还要重视语言文字的规范化、标准化工作。讲求用字规范，坚持推广普通话，为进一步实现"书同文""语同音"作出积极贡献。

新年来临，大地生辉。谨借《语文报》一角，祝老师们、同学们、语文工作者们在明媚的春光中阔步前进。

1991.1.11.

# 汉字简化是历史的进步

《汉字简化方案》公布实施已有 35 年了。35 年来，语言文字工作的形势发生了历史性的变化。

第一，简化汉字已为广大人民群众接受，成了他们生活中不可缺少的基本交流工具。1956 年国务院公布《汉字简化方案》时，全国有 6 亿多人口，繁体字是当时的通用文字。到了 1988 年，学习简化字的小学毕业生和扫盲结业生已达 6 亿多，这个数字超过 1956 年全国人口的总和。如果扣除文盲和半文盲，现在全国 11.3 亿人口中的绝大多数都已掌握了简化汉字。这充分说明简化汉字在中国已有了广泛而深厚的群众基础。

第二，采用《简化字总表》（共收简化字 2236 个）印刷出版的各种书刊达数十万种，几千亿册。这已构成整整一个时代的科学文化宝库。这是不可移易的现实存在，对我国的经济、政治、文化、教育和社会发展已经产生而且将继续产生广泛而深远的影响。

第三，《汉字简化方案》的影响已跨越了国界。海外华人社会已有不少人学习简化字；新加坡、马来西亚等国完全采用了简化汉字；日本、韩国和东南亚一些国家也在研究汉字的简化问题；联合国的中文文件，也是采用简化汉字。事实说明，简化汉字正逐步走向世界。

在这种情况下，我们有许多理由坚持汉字简化，并且不断完善它、发展它；而没有任何理由去反对它、阻挠它。

周恩来总理1958年在《当前文字改革的任务》的报告中指出："我们站在广大人民的立场上，首先应该把汉字简化这项工作肯定下来。汉字简化是符合群众利益并且受到群众热烈欢迎的好事，两年来的试用也证明是有成效的，应该给以坚决支持。"周总理讲这番话时，简化汉字只有两年的实践经验，而现在已经有35年的实践经验了。应该说：现在我们已经有充分的理由，有足够的事实根据，进一步肯定汉字简化的正确方向和其所取得的巨大成绩；完全可以理直气壮地说：汉字简化是历史的进步。

当然，我们也必须清醒地看到，在汉字简化的具体工作中，也存在某些考虑欠周到的地方，有少数字简化得不大合理，这是需要继续通过讨论予以完善的。

目前，社会用字存在一些混乱现象，表现是：滥用繁体字，乱造简化字，随便写错别字。对此应引起高度重视。

语言和文字的统一，关系到社会主义物质文明建设，关系到社会主义精神文明建设，关系到国家的团结、统一。用字混乱的状况给群众的学习、生活、工作带来许多不便，而且不利于各项社会主义建设事业的发展，必须大力加强管理，采取教育、经济、行政的措施予以纠正。

认为汉字简化工作带来了用字混乱，这种观点是不正确的。语言文字的发展过程是一个改革与稳定、变异与规范对立统一的运动过程，这个过程从没有停止过。人民群众创造了许多简化字，打破了原来的规范，《汉字简化方案》则集中了群众的智慧，把社会上流传的不科学、不合理、不符合汉字发展规律的简体字加以扬弃，把简体字中科学合理的部分以方案的形式稳定下来，经国务院通过发布，形成新的规范。这样做，恰恰是促进了汉字的规范化，促进了汉字的健康发展。

那么，今后是否还要简化呢？我认为，只要社会仍在发展，汉字的形体是不可能一成不变的，但这种变化是缓慢的、渐进的，是在一个很长的历史时期内逐步发生、发展的。至于当前，我们的任务应是使汉字的形体在一个时期内保持稳定，以利于社会的应用。因此，我们应当强调用字的规范意识，应当强调为祖国语言文字的纯洁健康而奋斗。

1991.1

# 要重视早期思维训练 *

　　小学语文教学可以有多种多样的方法，应该站在整个语文教学的高度来考虑方法问题。比如低年级教学中，如何兼顾语文知识与思维训练？可以通过注音识字教学，提前进入读写阶段。思维，不管是逻辑思维还是形象思维，都要通过语言表达出来。学习语言靠读写，而读写的基础是词汇量掌握的多少。一般来说，掌握 2000~3000 个词汇就可以进行阅读了，但按一般的教学，低年级掌握这么多词汇是困难的，而走注音识字的路，通过注音阅读就可以提前进入阅读阶段，通过阅读发展早期思维，提高儿童的素质。所以我提倡注音识字教学。

　　把注音识字法同集中识字、分散识字法进行比较，集中识字有集中识字的优点，巩固率高，对字形字义掌握较牢固，但学生学起来感到枯燥，识字阶段时间较长，而且和阅读脱节，学生识字后才能进入阅读。分散识字，字不离词，词不离句，句不离篇，在字、词、句、篇中掌握语言规律。把识字放在语言环境中，孩子们容易理解，有兴趣，掌握也牢固，但缺点是时间拉得太长，学生不能很快进入阅读写作。

---

\* 李文儒根据一次走访柳斌的谈话整理。

而注音识字则可借助拼音提前进入阅读。它当然也有缺点，比如识字不够扎实，错别字多，但可以改，可以吸收集中识字与分散识字的长处，加以完善。

对于教学改革，我总是赞成并积极支持的，我希望形成这样一种局面：凡是对教改有利的，大家都要支持。从教改者来说，任何教学法都不要故步自封，而要兼收并蓄，发扬优势。教改者的探索应当有报春花的精神，由于你的开放引来万紫千红，不要学黄巢，"我花开后百花杀"。你的方法好，别人吸收你的；别的方法有长处，你也吸收别人的。博采众长，才能发挥出自己的优势，好的方法也就更好了。我国小学生一个年级就有两千万，六个年级就是一亿两千万，一种好的方法可以为一亿两千万孩子服务，意义重大，责任也重大。

我还是强调从小进行思维训练，使小学生得到全面发展的重要性。现在的小学语文教学大纲没有再提以识字为重点，为的是避免教师在小学一、二年级只搞识字教学。除了识字写字，还应当全面考虑听说读写和思维的训练，使小学生全面发展。为此，要想多种方法。这样做的结果不但不会影响识字，而且能够有效地提高儿童的素质，真正为他们今后的发展打下坚实的基础。

1991.2.

# 要十分重视《汉语拼音方案》的学习

随着我国经济、科技、文化、教育事业的发展，《汉语拼音方案》越来越显示出它多方面的重要功能：一、为汉字注音；二、推广普通话；三、辅助语文教学，包括辅助对外国留学生进行汉语教学；四、用于汉字信息处理；五、作为拼写中国人名、地名的国际标准；六、为编写各种工具书排序；七、为各种资料编制序列索引；八、辅助旗语、哑语、盲文及灯语设计；等等。由此可知，《汉语拼音方案》没有把取代汉字作为历史使命，但它的作用仍然是重大而深远的。如果说中国社会主义文化大厦有若干支柱的话，那么《汉语拼音方案》即是其中的重要支柱之一。

《汉语拼音方案》是从中国语言文字的实际出发，参考了古今中外各种不同的方案，集中了数以万计广大语言文字工作者和干部、群众的智慧制定出来的，是一个最佳选择。周恩来总理曾给予《汉语拼音方案》高度评价："这个方案，比起历史上存在过的以及目前还在沿用的各种拉丁字母的拼音方案来，确实更完善。"目前，这个方案已被社会各界和广大人民群众普遍接受，学习过《汉语拼音方案》的人估计已达七亿多。因此，再去研究、试验各种名目的方案来取代《汉语拼音方案》是不可取的，也不可能有什么好的社会效果。今后的任务是大力推行《汉语拼音方案》，扩大它的应用领域，并在实践过程中不断总结经验，使汉语拼音臻于更加完美的境界。

在这里，我想强调的是，我们的中小学要十分重视汉语拼音学习。中小学是打基础的阶段，而汉语拼音则是重要的基础工具之一。儿童少年阶段是学习语言的最佳年龄段，在这个阶段借助汉语拼音打好语文基础，是终生受益的事情，切不可等闲视之。尤其小学阶段的识字教学，无论实施集中识字、分散识字，还是"注音识字，提前读写"等哪一种教学方法，都应要求学生掌握并熟练地运用汉语拼音。"注音识字，提前读写"实验取得的良好效果说明，借助汉语拼音，加快识认汉字的进程，从而使阅读和写作教学得以提前进行，这大大扩展了儿童的视野，有效促进了学生思维能力的发展。

《汉语拼音小报》在宣传《汉语拼音方案》、推进汉语拼音教学、促进语文教学改革、推广普通话等方面做了大量扎实的工作，受到了广大中小学师生和语文工作者的热烈欢迎，成效是显著的。在《汉语拼音小报》出刊 500 期之际，我谨向编者、作者和读者们表示深深的谢意。

1992.2.14.

# 关于"注音识字，提前读写"教改实验问题 *

　　这个问题黑龙江已经介绍了经验，各个省市也交流了经验；昨天几位专家还专门就此做了发言。这里我没有更多的要讲，有些意见简单重复一下。

　　关于"注音识字，提前读写"这项实验，我已讲过不少话了。我认为这是一项对早期开发儿童少年智力、培养能力具有深远意义的教改实验。从黑龙江省 1982 年开始实验以来，到目前为止，"注·提"实验已经扩展到 30 个省、自治区、直辖市，有两万多个班级，一百多万学生参加这项实验。无论是在北方话区、南方方言区，或者是实施双语教学的少数民族地区都不同程度地取得了明显的效果。这就说明，这项实验是可行的，是成功的。

　　这项实验的意义首先在于它有效扩大了学生的视野，发展了学生的思维能力。一个人，如果他的知识局限于他感觉器官直接受到刺激的范围之内，那么可以打一个不大恰当的比方，这人就好比井底之蛙。你要说天比井大，就超越了他的思维范围，他就不能理解了。因此，

---

* 在小学语文"注音识字，提前读写"教改实验推广工作座谈会上的讲话。

一个人的知识不能只限于自己亲身见闻的范围，这个范围是非常有限的。但是当一个人借助文字，能够阅读、写作之后，就好比井底之蛙跳到了井外，展现在他面前的是一个广阔的世界。我们的孩子也是这样。一般来讲，他们在识字之前大约已经掌握了几千个（有的专家认为是3000多个）汉语词汇，已经会一些简单的口语表达。但是由于不识字，其思维发展受到了极大的制约。要识字，特别是要识汉字，并不是一件轻而易举的事情。正因为如此，以往的小学语文教学方法往往把识字、阅读、写作分为三个不同阶段。一、二年级是以识字为重点，阅读和写作都要放到二年级以后进行。

　　"注音识字，提前读写"的可贵之处就在于借助"拼音方案"，在儿童不识字或识字不多的情况下，就开始听、说、读、写的训练，使阅读、写作与识字同步进行。应当说，这是小学语文教学非常大胆，而且是重要的变革。有的人骂我们，说小学一、二年级如果不规定以识字为重点，那么你们就要成为"千古罪人"。"注音识字，提前读写"的实践表明：以语言训练和思维训练为重点，不但顺利完成了教学大纲规定的识字任务，而且使听、说、读、写能力得以协调发展，大大提高了学生的语言能力和思维能力。有的同志讲，书籍是一个窗口，通过这个窗口可以使儿童看到东、西、南、北，春、夏、秋、冬，看到古往今来的大千世界。所以，阅读是使儿童思维能力的发展出现飞跃的一个关键。小孩子能看图书了，视野宽了，思考的问题也就多了。一到这个阶段，许多孩子提出的问题，有的时候大人都回答不出来。这说明阅读的重要性。这个时候，阅读对思维发展的作用就可以看出来了，因为孩子们的这些知识都是从阅读当中得来的。能够提前一年到两年让儿童进行阅读，这对于发展儿童思维能力无疑有着重大的作用。正因为如此，"注音识字，提前读写"对中国的教育，甚至对中国人民的智力发展都有重大贡献。"注音识字，提前读写"实验取得成功，是与黑龙江省及全国各个省市的教师、教研人员、教育管理干部的共同努力分不开的。如果说这项实验对我们的教育有重大贡献的话，那么这个贡献是我们大家共同努力做出的。

这项实验的意义还在于它为语言文字工作打下了坚实基础。原中国文字改革委员会和现在的国家语言文字工作委员会之所以重视这项工作，为这项工作作出巨大努力，这是一个很重要的原因。我认为，解放以后，文改工作有几个重要成果是必须予以维护的。一个是《简化字总表》，一个是《汉语拼音方案》。可以说这是文字改革的两项很重要的成果。这两项成果的广泛应用，对新中国的社会主义文化建设，甚至包括经济建设都产生了巨大作用。不讲别的，只要算一算数字，大家就可以知道。《简化字总表》是 1956 年公布的，从那个时候起，小学语文课本就用简化字。我们国家的人口每年新增两千万左右，学的都是简化字。今年是《简化字总表》公布的第 36 年，学习和掌握了简化字的人已有七亿多。还有相当多的人通过自学，掌握了简化字。所以，十一亿多人口，扣除一亿八千万文盲，恐怕是绝大多数已经掌握了简化字。在这种情况下，如果不去维护它，而去反对它，那叫"两个没有"：没有政策观念；没有群众观念。汉语拼音也是这样。《汉语拼音方案》是 1958 年全国人大通过的（《简化字总表》是国务院通过、颁布的），使用到现在也已三十几年了，现在到处都在应用。因此，可以毫不夸张地说，社会主义的文化大厦如果有若干支柱的话，那么《简化字总表》和《汉语拼音方案》就是其中两根重要支柱。"注音识字，提前读写"实验则是为这些工作打基础的。以前有人说汉语拼音是拐杖，我想这个说法还不确切，因为作为拐杖，进了门就不要了，就丢掉了。《汉语拼音方案》的作用，实际上远远超过了拐杖的作用，它成了支柱，起到支柱的作用。对于汉语拼音，我们没有赋予它取代汉字的功能，文字改革一开始，周总理在文字改革的报告里就讲，汉语拼音不是取代汉字，从来没有赋予它这样的功能。尽管如此，《汉语拼音方案》的作用仍然是十分广泛而且是重大的。我这里列了几项：（1）为汉字注音；（2）推广普通话；（3）辅助汉语教学，包括对外汉语教学；（4）辅助哑语、旗语、灯语的设计；（5）为各种工具书编序，像我们的字典，有的是按部首查，有的就是按音序查；（6）为各种大型资料编制系列检索目录（目录学，现在看来离不开汉语拼音）；（7）用于计算机汉字信息处理。这一点特别重要，随着经济的发展，计算机是要大大发展的。计算机的信息处理，特别是汉字的输入输出问题，有名目繁多的编码，但使用最广泛的还是用汉语拼音这个工具。

这项实验的意义还在于它对推广全国通用的普通话发挥了重大作用。推广普通话也是一项很重大的基础性工作。这项工作是三个法律（三个基本法）都做了规定的：一个是《宪法》；一个是《义务教育法》；一个是《民族区域自治法》。因此，推广普通话是语言文字工作很重要的一个组成部分，而"注音识字，提前读写"这项实验对打好普通话基础的作用也是十分重大的。因为这项实验有以上这些重要作用，所以，我认为它的意义是深远的。

关于这项实验的工作方针，1985 年我讲过几句话，叫"坚持实验，扩大实验，完善实验，不断提高"。简单讲，就是坚持、扩大、完善、提高。今后的工作仍应本着上述精神，积极地创造条件，扩大实验的范围，在完善、提高的基础上，进一步办好实验班、实验校，并努力开展区域性的实验。我这里讲的要积极创造条件，主要是指师资问题、教材问题、辅助读物问题，以及总结经验、开展科学研究、加强指导这样一些问题。开展这项实验，一般讲先要选择比较优秀的教师，然后要加以培训，另外还要解决如何合理计算教师的工作量的问题。这些问题都要很好地解决。现在，解决教材问题的条件已初步具备，黑龙江省、国家教委基教司、语文出版社和九省市已经编写出了几套教材，这些教材经审定以后都可以供各地使用。今后还应当更多地出版一些拼音读物、辅助读物以扩大学生的阅读量。条件里面也包括要有一定的教改经费投入。请开展这项实验的地区以积极的态度去创造这些条件。

扩大实验范围，就是实验班、实验学校都要继续发展。尤其是要考虑以乡，或者以县、市为单位建立实验区，不限于班、校，要开展一些区域性实验。另外就是在面上，非实验区的学校要吸收"注音识字，提前读写"教改的成果，把这些成果引进到小学语文教学中去。

怎样完善、提高，我的看法是在实验过程中兼收并蓄、扬长避短。小学语文教学的方法是多种多样的，各种方法都有自己的长处，也都有自己的短处，我们不能够采取"罢黜百家，独尊儒术"的政策，我们的政策是鼓励"百花齐放"。小学语文教学，现在有好几种方法，比如有集中识字，有分散识字，也有"注音识字，提前读写"等多种方法。对这些方法，都提倡，都鼓励。我们要求各种教改方法不要互相排斥，而要互相借鉴；不要互相贬低，而要共同提高。"注音识字，提前读写"这个实验既要发扬自己的特色和优势，即早期发展儿童的语言能力和思维能力，又要吸收集中识字、分散识字的优点，来丰富和发展自己，使自己具有更大的优势。几种方法都各有长处，各有短处，像集中识字，识字的巩固率是比较高的，而且错别字要少一些，这可能是它的长处；它的短处是学生的负担比较重，记忆强度比较大，有的时候比较枯燥。分散识字，学生对字义理解的准确程度比较高，而且没有集中识字那样重的负担。它是字不离词，词不离句，句不离篇，也有它的优越性，但是由于分散识字要在比较长的时间内过识字关，因此也有一些局限性。"注音识字，提前读写"应当去总结这些东西，吸收这些教改中好的东西，扬长避短。"注音识字，提前读写"虽然有以上讲的这些长处，但是有的时候巩固率要差一点儿，学生写错别字的现象多一点儿，这都不奇怪。总之，应该通过完善实验的办法去解决这些问题。还有某个阶段负担重一点儿的问题，都应当想办法解决。只有这样，才能使得这个实验更加完善，有更高的质量，从而具有更大的优势。

对于"注音识字，提前读写"这个实验，十分重要的一点，我想，是要把学生教活，这是它的长处。不要要求每个学生都一字不易地讲教师事前设计好的语句，不要要求学生刻板地按教师的思维方式去思考，不要强求一种规格、一种讲法；应强调启发，强调生动活泼，要调动孩子们的思维积极性，形成生动活泼的局面。语言文字的规范化，绝不是单一化，语言的规范化是在语言多样化的基础上提出的。我们在教学过程中，应当力求活而不乱，多样而不芜杂，规范而不刻板。

最后，请各级教育行政部门重视这项实验工作，按照我们即将颁发的《推广"注音识字，提前读写"教改实验的若干意见》，以及"注音识字，提前读写"教改纲要和实施意见等文件，加强对这项工作的领导。还要及时地研究实验工作、实验过程中出现的问题，并且及时地予以解决。要认真地总结各地实验的经验，大力推广。教学研究部门、教科所、教育学院或者是师范院校，都要组织力量参加实验工作，并且从教育学、心理学的角度进行总结，把这些经验上升为理论，使之具有更普遍的指导意义。

总之，由于大家的努力，特别是黑龙江省以及各个省市提供了很好的经验，这次座谈会开得很成功。作为国家教委、国家语委的负责人，我感谢各个省市的同志对这项工作所做出的努力。

1992.3.14.

# 文化建设的三根支柱 *

由十几省联合搞的一套"注音识字，提前书写"实验教材，现在全国许多地方都在使用。你们做了很多工作，不仅为小学语文教学做了许多工作，而且为国家语言文字工作方针政策的贯彻落实做了很多工作。借此机会，我代表国家教委，也代表国家语委，向到会的同志以及未能到会的同志，表示感谢。

语言文字工作是一项很重要的工作，它的基础性很强。可以说各行各业都离不开语言文字工作。我们现在讲发展社会主义市场经济，发展社会主义市场经济也离不开语言文字工作；讲加强民主政治和法制建设，也离不开语言文字工作。就拿民主制度建设来说，不识字，要民主选举，就不好办。解放初，选举时采用在被选人背后的碗里丢黄豆的方法，因为那时许多选民不会写选票。现代社会就不能再用丢黄豆的办法了。总之，社会发展越是现代化，就越离不开语言文字工作。

建国以后，我国在语言文字工作方面办了几项重要的事情，出台了几项重大的方针政策。

---

* 在九省"注音识字，提前读写"实验教材研讨会上的讲话。原名为《把"注·提"实验搞得更好》。

第一项是简化汉字。简化汉字方案是 1956 年国务院经过讨论后颁布的。这项工作不仅涉及面广，而且意义深远。讲老实话，有些繁体字多达几十画，写一个字要老半天，不利于广大人民群众学习使用。简化汉字，是解放以后，党和国家考虑到要让广大工农群众掌握文化，使他们当家做主，而决定进行的一项重要工作。经过许多专家研究，广泛听取群众意见，反复了多少次，最后才公布了简化字方案。这项工作是在党中央和国务院的直接领导和关怀下做的，文字改革的报告是我们敬爱的周恩来总理作的。周总理在报告里讲，一个小学教师给学生讲，"豐收"的"豐"字，可以写成三横一竖的"丰"字，小学生听了鼓起掌来。这说明小学生欢迎简化字，广大群众欢迎简化字。

第二项是《汉语拼音方案》。这也是一大批专家，包括语文界的许多老前辈精心研究，在广大群众中征求意见，从数以百计的拼音方案中精心筛选，最后才确定下来的。这个方案是 1958 年由国务院报全国人民代表大会讨论通过的。现在，《汉语拼音方案》已经在国内广泛使用了。

第三项是推广普通话。解放后，党和人民政府号召在全国范围内推广普通话。语文专家经过研究，给普通话下了定义，告诉人们什么叫普通话；接着对词汇进行正音，制定规范、标准；然后国家多次发布文件要求推广普通话。至少有三项法令讲到要推广普通话：一个是《中华人民共和国宪法》，即我国的根本法，规定在全国推广普通话；第二个是《民族区域自治法》，规定在少数民族居住地区，也要推广全国通用的普通话；第三个是《义务教育法》，要求在各级学校里推广普通话。

国家在语言文字方面还做了其他许多工作，但仅此三项就是非常了不起的工作了。有一次接受记者采访时，我曾说，这三项工作都是很重要的，它们已经成为新中国建立以后，社会主义文化建设的三根重要支柱。

为什么这样讲？请大家想想全国出版物的数字。解放后，用简化字出版的报纸、杂志、书籍有多少？估计要数以千亿计。这么多的图书资料，都是用简化字印的，你能把简化字取消吗？你能说简化字不是社会主义文化的支柱吗？

再一个是普通话，普通话是中华民族的共同语言，这不仅是国内人民的共识，而且是国际上公认的。这也是推翻不了的。方言允许存在，我们从来也没提出过消灭方言。但方言隔阂给我国经济化的发展带来许多困难。我们碰见美国人、英国人，不懂英语，就要用翻译。国内也是这样，不懂广东话、福建话、江浙话，也要用翻译。可见，方言隔阂给我们工作带来许多不便。今天十几个省的同志在一起开会，不用翻译，就得益于普通话。现在外国人学中国话，就是学普通话，承认普通话是中华民族共同使用的语言。拼音也是这样。《汉语拼音方案》不是代替汉字的。这一点，周总理在文字改革的报告中讲得非常清楚。汉语拼音的作用主要是用来为汉字注音，帮助学习文化的，特别是帮助小学生掌握汉字；再就是推广普通话。大人讲普通话，老是讲不准，小孩讲得好，原因就在于小孩能用汉语拼音正音；第三是为各种工具书排序，各种资料的检索，也用汉语拼音。除此以外，还有一个很重要的用途，就是运用于计算机。计算机有输入输出的功能，汉字可以用多种方法输入输出，但目前还是用汉语拼音输入输出最方便。计算机的用途越来越广泛，过不了多长时间，就会出现"旧时王谢堂前燕，飞入寻常百姓家"，计算机也要飞入普通百姓家。计算机进入普通百姓家庭以后，汉语拼音的作用将会更加明显地显示出来。另外，哑语、旗语也采用《汉语拼音方案》。正是这些重要功能，使《汉语拼音方案》成为我们社会主义文化的重要支柱。当然，社会主义文化还有其他支柱，我今天只是讲讲这三根支柱。这些都是否定不了的。现在繁体字回潮，方言又泛滥，有些同志仍试图否定《汉语拼音方案》，我看这是需要予以注意的。繁体字回潮的表现很多，电视屏幕上、商品广告上、指路牌上常常有繁体字。我们要向广大群众宣传，向社会各界宣传，繁体字回潮造成的种种混乱现象对社会主义经济发展、对社会主义文化建设、对中华民族文化传统的发扬等是不利的。其实简化字也不是我们搞的，是我们的前一辈，是毛主席、周总理那一代人创下的伟业。有些人说简化字割断了中华民族文化传统，造成了什么断层，但是从1956年以后，三十多年来，诗经、楚辞、汉乐府、唐诗、宋词、元曲、明清小说等，哪一种中断了？造成了什么断层？现在小学生就会背许多古诗。现在有哪一种古籍不能用简化字印出来，让广大群众掌握？相反，大大节约了广大读者的时间，大大弘扬了中华民族的优秀文化传统。应该进一步指出的是有很多字简化得很好。例如"心惊肉跳"的"惊"字，繁体字是"驚"，"敬"是声音，"馬"是马受惊的姿态，所以凑起来是"驚"，现在简化字是"惊"，北京的"京"是音，"忄"是指心里害怕，合起来是"惊"，简单明了，非常合理。"灭"的繁体字"滅"，过去很难讲清楚，现在简化字"灭"很好讲，"火"上面用一块板一盖，火就灭了。我并不是讲简化字方案里的每个字都简化得无懈可击，但整体上是好的。"文革"中仓促出台的"二简"，国务院已明文规定，停止使用。现在简化字已经使用了三十多年，我国一年新生两千多万人口，三十多年增加多少人口？掌握简化字的人是七亿到八亿，再加上工作中自学掌握的人，再扣除一亿八千万不识字的人，中国人不认识简化字的是很少的。搞繁体字，是要使大多数人服从极少数人，这有什么道理呢？这是走群众路线吗？所以我说，反对简化字的人，第一，缺乏政策观念，因为简化字是国务院规定的。第二，缺乏群众观念，看不到中国人绝大多数已经掌握了简化字。现在国际上是承认简化字的。联合国会议文件，中文本一定要采用简化字作为印刷文件的标准字。前些时间欧共体在工作语言上发生激烈争论，为什么争论？因为语言文字是一个国家主权的标志。法国语言文字机构的领导人由总统担任顾问，重大决策总统要过问。法国的凯旋门，要标五种文字，其中一种是中文。中文有简化字，有繁体字，到底用什么字？法国最高语言文字机构讨论决定，用简化字，因为它是中国大陆 11 亿人使用的规范字、标准字。现在外国人都尊重我们语言文字的主权，如果我们国内的人反而不尊重，这是不应该的。

我今天为什么讲这些？因为语言文字工作的基础在中小学。中小学教师，特别是中小学的语文教师，对这项工作负担着重大的责任。我希望广大中小学教师，在中小学阶段，特别是小学阶段，帮助学生把语言文字的基础打好。

"注·提"实验这项工作非常重要。上面讲的三根支柱都与"注·提"实验有关。"注·提"实验搞好了，可以更好地帮助学生发展思维，开发他们的智力，有利于小学生的全面发展。同时，对语言文字工作的作用也非常大。

第一，简化字使学生从小打下了汉字规范化和标准化的基础。

第二，"注·提"实验使儿童少年从小掌握了《汉语拼音方案》，为今后其他方面的发展打好了基础。

第三，"注·提"实验要用普通话教学，用汉语拼音正音、识字，为拼音方案的推广应用打好了基础，为"推普"打好了基础。

我认为"注·提"实验是一项基础工程，不仅仅对语文教学产生良好作用，而且也对德、智、体、美各方面全面发展产生良好作用。实验班与普通班对照，效果良好，不仅仅是语文好，数学及其他方面功课也很好。所以我们积极提倡推广这项实验。这样的意思我讲过很多次，讲过"把'注·提'实验推广到全中国"，讲过这项实验是因为它有很多优越性，这些话我就不重复了。

当前的问题是：许多同志认识不够，重视不够，支持不够，帮助不够。希望用各种形式宣传这项实验的优越性，让广大干部、教师、校长认识到这项实验带来的社会效益。我觉得宣传工作还做得不够，要更多地利用报刊宣传各地推广"注·提"实验的经验，各级教育行政部门要帮助开展"注·提"实验的学校解决一些实际问题。教改实验还是要有一点经费的，比如教师要培训，学生要有一点读物。这需要一点投入。今后的任务是要进一步抓好师资培训、教材编写。教材要不断改进。现在的实验还存在量大、负担过重的问题，这要靠我们精心编写、修改教材来解决。每年要交流经验，总结好的经验，给予表彰，进行推广。

这次会议很重要。希望大家回去以后，进一步提高认识，增强信心，鼓足干劲，把"注·提"实验搞得更好，把这项改革推上一个新的台阶。

1992.1.5.

# 语言文字工作当前的形势和任务 *

1986 年，党中央、国务院确定了我国新时期语言文字工作的方针、政策和任务，其核心是促进语言文字的规范化、标准化。《中华人民共和国国民经济和社会发展十年规划和第八个五年计划纲要》明确提出，要"进一步做好语言文字规范化、标准化工作。大力推广普通话"。去年 6 月 6 日，《人民日报》又发表了《认真做好语言文字规范化工作》的社论。几年来，我们在语言文字规范化、标准化方面做了一些工作，推广普通话工作取得新的进展，特别是中等师范学校推普工作取得了比较显著的成绩；社会规范意识有所增强，纠正社会用字混乱现象的工作在一些地区和部门得到了领导的重视，取得了初步成效。但是从总体上看，语言文字应用中的混乱现象仍然相当严重。

同志们只要稍加留意，就不难发现问题，比如推广普通话。三十多年来，我们认真贯彻"大力提倡、重点推行、逐步普及"的方针，工作搞得很有成效，但是近些年来，在对外宣传、贸易洽谈等场合

---

* 在 1992 年全国教育工作会议上的讲话（摘录）。

有一种提倡使用广东话的倾向，这在经济较发达的开放地区更为明显。去年3月，国家语委组织力量在广东、福建两省调查了推广普通话的情况。总体来看，两省的推普工作在过去的基础上有一定进展，但各级领导对推普工作的重视不如前几年，领导干部带头讲普通话做得不够，推普机构不够健全，特别是相当多的干部群众认识模糊，觉得沿海地区经济实力强，抱有一种方言优越感。因此，一些地区的推普工作面临比较困难的局面。最近广东省委、省政府已采取措施，力求改变这种状况。还有滥用英语的现象，一些对内服务为主的企事业单位，甚至个体小商店用英语招牌；内销产品的包装、说明书上英文比汉字醒目，甚至不见汉字。国产商品、路名牌用英语名称；写着"我们的朋友遍天下"的标语牌，下面只有英语译文，使非英语国家的朋友感到难堪。有两位荷兰朋友指着这样的标语批评说："在我们国家，决不这样做！"在外交上尊重所到国家的语言文字是国际通例，中国人到外国去要尊重外国的语言文字，外国人到中国来要尊重中国的语言文字，用不着以在国内滥用英语表示对外开放。一个国家本国语言文字的地位，是有关国家独立、民族尊严的大事。少数同志看到某些西方国家或是港台地区经济比较发达，为了做生意，似乎产生了一种趋奉外商的心理。这是在我国改革开放逐步深入，商品经济不断发展形势下，少数人的一种扭曲心态。由此可见，语言文字对民族文化、民族心理、民族素质的影响是潜在的、深层的。这种影响很大而且很深远。

文字使用混乱的问题更严重一些。电影、电视、广告、牌匾、商品交易会、大型展览、运动会等，繁体字比比皆是。有的商品明明是国产的，受"港台意识"的影响，印上繁体字，以迎合顾客心理。前几天，《北京晚报》发了一篇文章，叫《繁体字大回潮》，同志们可以找来仔细阅读一下。繁、简字体的问题比较复杂，我在这里向大家简要介绍一些背景情况。同志们知道，近年来，台湾当局终止了所谓"戡乱时期"，抛出一个"国统纲领"，仗恃一定的经济实力，加上目前的国际大气候，在两岸统一问题上作了不少文章，策略、手段也起了变化。一些人鼓吹通过思想文化的交流和渗透，促使大陆和平演变，达到中国的统一。他们提出，文字是文化的根，文化交流必先解决影响两岸交流、沟通的文字障碍。他们说："四十年来，中共将中国文字简化、拼音化，不仅产生文字混乱现象，也造成中国人沟通的障碍。"于是他们提出，中国的统一要从文字统一开始，而文字的统一，就是要促使大陆恢复繁体字的地位。台湾某些人看到大陆滥用繁体字等混乱现象，个别报刊还经常发表少数人建议恢复繁体字的主张，以为有机可乘。他们一方面多次要求与国家语委商讨所谓"两岸文字统一"问题，一方面集中攻击语言文字政策和简化字。他们攻击我推行简化字是"以政治的外在力量，扭转、限制文字发展方向"，鼓吹通过各种手段，"期以说服中共修正文字政策"。这些说明，他们是有明显的政治意图的，对此我们决不可丧失警惕。

语言文字工作关系到国家的统一、民族的团结、社会的进步和国际交往，不是一句空话。对于一个国家来讲，语言文字工作方针政策必须高度集中统一，不能各行其是；在各种社会交际活动和对外交往中，必须坚持国家语言文字工作方针政策，在对外交往中坚持"以我为主，对我有利"的原则。江泽民同志要求我们，要善于从政治的角度来考虑和认识问题。我想，对语言文字工作的认识就要提到这样一个高度。"国家推广全国通用的普通话"是宪法规定的，《简化汉字方案》是国务院颁布的，《汉语拼音方案》是全国人民代表大会通过的，这个方案作为中国人名、地名拼写标准也已经联合国批准，获得世界公认。根据宪法和人民代表大会、国务院的政令，根据语言文字发展的规律和我国实际情况制定的新时期语言文字工作的方针，国家对语言文字的使用做了一系列规定。任何部门、单位、个人都应当认真维护宪法和语言文字方针、政策、法令的权威，作为政府部门更要带头执行。

事实上，认为面对海外华人、港澳台胞只有写繁体字、讲广东话或其他方言才能交际和宣传，是不符合实情的。普通话是中华民族的共同语，也是海内外华人的共同语，海峡两岸如此，新加坡华族如此，世界各地的华人社区也大体如此。简化汉字也是世界上大多数华人能够接受的。台湾多数人在手写汉字中杂用简化字，近年来报刊上也常出现简化字，新加坡则使用和我们完全相同的简化汉字，港澳地区在六、七十年代主要销售的是简化汉字出版物，近一、二十年出去的中国移民、留学生、学者等也用简化汉字。还有相当数量的外国留学生学过简化汉字和普通话。最近，我国驻法国使馆教育处参赞十分郑重地对我国考察团说，法国有我国 4000 多留学生，还有华侨、法国的文学家，他们对我国对外宣传品用繁体字十分不解，为什么不用国家规定的规范字？希望国家语委向国务院反映他们的意见。另外从理论上讲，汉字的简化是符合汉字发展规律的，是历史的必然，是广大人民的选择。所以我们没有理由改变我们的文字政策，让 10 亿多人重新学写繁体字。

有人担心，推行简化字会造成我国民族传统文化的"断代"，这也是不必要的。几十年来的事实说明，推行、使用简化字并未影响我国传统文化的学习和继承。35 年来我国重编重排古代作品，中小学和大学教科书中的古代诗文大都采用简化字印刷，在教学和阅读中也未遇到什么困难。中等文化程度以上的人识繁也不难，实际上大多数人通过阅读已能认识繁体字。

1992.1.10.

# 努力开创语言文字工作的新局面 *

　　全国语言文字工作先进单位、先进工作者表彰大会，在举国振奋，深入学习、贯彻党的十四大精神，加快改革开放和现代化建设步伐的新形势下召开了。自从 1986 年全国语言文字工作会议召开以来，在新时期语言文字工作方针的指引下，在党中央、国务院的领导和关怀下，我国的语言文字工作取得了可喜的成绩，为实现语言文字工作十年规划和"八五"计划打下了基础。这些成绩的取得，跟社会各界齐抓共管，跟广大语文工作者特别是新涌现出来的一大批先进单位、先进工作者艰苦、细致和富有创造性的工作是分不开的。我们这次会议不仅要交流、总结过去七年来创造的新鲜经验，还要研究新情况，解决新问题，进一步明确语言文字规范化、标准化同改革开放和现代化建设的关系，统一思想认识，调动广大语文工作者和社会各界的积极性，共同开创语言文字工作的新局面。

---

* 在全国语言文字工作先进单位、先进工作者表彰大会上的报告。

## 几年来工作的回顾

七年来，特别是 1990 年"三定"以后，国家语委增强了作为政府职能部门的宏观管理能力，使推广普通话和社会用字管理这两项面向全社会的工作取得了可喜的成绩。

推广普通话工作，学校是基础。学校推广普通话的重点是各级各类师范院校、初等和中等学校。几年来，我们对学校推广普通话的情况和问题做了大量的调查研究，并在中等师范学校和高等师范院校广泛开展了普通话的普及、巩固、提高工作，取得了显著效果。在此基础上，国家语委和国家教委对中等师范学校普及普通话工作进行了检查验收。

检查结果表明，全国中等师范学校已基本达到普及普通话第一阶段的要求，即干部师生在教学和学校各项集体活动中坚持使用普通话，毕业生具有普通话和汉语拼音的教学能力。其中一些学校已提前达到了普通话成为校园语言的要求。国家语委和国家教委还及时部署了以师范专科学校为主的高等师范院校普及普通话检查评估工作。对于中小学的普及普通话工作，两委正采取切实有效的措施，推动各省市制定本地区小学、中学普及普通话的计划和规划。

学校推广和普及普通话已逐步实现了制度化、经常化，特别是对师范生提出必须具备用普通话进行教学和教育活动的能力以来，中小学教师掌握和使用普通话的水平在整体上有所提高。学校推广和普及普通话工作出现了各级师范院校带动中小学，小学促中学的良性循环趋势。学校推广普通话工作和社会推广普通话工作互相结合，互相促进。许多省市和有关行业重视推广普通话工作，提出了明确要求，开展了多种多样的宣传、培训和评比活动。在全国大部分地区，学习和使用普通话已经形成社会风尚。

面向公众的社会用字管理工作的局面正在打开，各个领域社会用字的治理工作都有进展。国家语委和新闻出版署联合发布了《出版物汉字使用管理规定》并已实施。国家语委会同有关部委，共同研制和发布了有关汉字字符集、点阵字形等一系列国家标准和国际标准；对全国性的体育活动，如城市运动会、农民运动会、大学生运动会等使用汉字和汉语拼音的状况进行了必要的行政干预，取得较好的效果。特别是1991年在唐山举办的第二届全国城市运动会，用字规范化程度很高，为全国大型体育活动用字规范化树立了榜样。今年，国家语委又与国家体委共同发布了《关于在各种体育活动中正确使用汉字和汉语拼音的规定》，这将有利于推动今后大型体育活动用字的规范化。

社会用字管理工作，着重抓了大中城市。近几年，北京、唐山、石家庄等城市的社会用字管理工作，抓得早、抓得细、抓得实，为大中城市的社会用字管理工作提供了不少行之有效的做法和经验。为了加强社会用字的管理工作，不少城市以政府名义发布或批转有关的法规性文件。今年检查了10个省会城市和直辖市部分指定单位和地段的用字。检查结果表明，这10个城市的受检单位和受检地段的用字均达到了合格要求。这次检查对全国的社会用字管理工作起了很大的推动作用。

推广普通话和社会用字管理工作，近两年取得较快进展，并且在实际工作中积累了不少新鲜经验，其中主要的一条，是注意发挥政府职能部门的作用，加强宏观管理。

56

1990 年，国家语委按照国务院批准的"三定"方案，设立推广普通话和文字应用管理的职能部门，负责贯彻执行有关推广普通话和社会用字管理的方针、政策和任务。这些职能部门深入实际调查研究，适时规划和部署各项任务，协同有关部委、省市政府部门，制定措施，加强宏观管理。这集中体现在以下几点：

1.集中力量，重点抓好全局性的工作。近几年相继发布了关于加强师范院校、小学、开放旅游城市以及公交、财贸系统推广普通话的通知，对全国推广普通话工作进行了有效的行政管理。社会用字管理重点抓了出版物用字、计算机用字和大型体育活动用字的管理。出版物用字是社会用字的主要领域，出版物用字规范化是社会用字规范化的重要标志。今年《人民日报》（海外版）采用规范汉字印刷，在社会上产生了良好影响。计算机用字不仅关系到信息科技的发展，而且随着计算机的普及，将对全社会文字应用的规范化程度产生很大影响。大型文体活动场所的用字，观众收视率高，如果用字不规范，必将产生不良的社会影响。近几年，语委抓了上述几项影响全局的工作，取得了初步效果。

2.结合重大纪念活动，开展语言文字工作方针、政策和任务的宣传。1991 年，为纪念《汉字简化方案》发布 35 周年和人民日报《正确地使用祖国语言，为语言的纯洁和健康而斗争》社论发表 40 周年，通过报刊、电视、广播等宣传媒介，深入宣传新时期语言文字工作的方针、政策，坚持了正确的舆论导向。

3.积极参与全国语言文字信息处理的宏观管理工作。目前，我国语言文字信息处理技术的宏观管理工作比较薄弱，各部门、各单位多头重复开发、研制的问题仍未得到合理解决。针对这种情况，国家语委积极与有关部委（局）协商，促进协调机制的建立，以统筹全国语言文字信息处理工作。为了适应语言文字信息处理的需要，国家语委正组织社会各界力量，筹建大型现代汉语语料库。

4.各地语文工作机构注意发挥政府职能部门的作用，重视争取省市政府和各级领导对语言文字工作的关心、支持和领导；重视与有关部门协同配合，促进条块结合，齐抓共管；重视制定或批转有关语言文字工作的地方性行政管理法规，使宏观管理水平不断提高。

语言文字宏观管理工作大体上可以划分为三个层面：贯彻执行语言文字工作的方针、政策；确定和制定语言文字的规范和标准；实现语言文字的规范化和标准化。语言文字工作的方针、政策是保证语言文字工作为改革开放和社会主义现代化建设服务的指导性原则，国家语言文字主管部门在贯彻执行语言文字工作方针、政策的过程中，要不断调查新情况，研究新问题，以便调整和制定有关语言文字的具体政策。语言文字的规范和标准是语言文字工作方针、政策和任务的集中体现，国家语言文字主管部门要适时确定、制定和发布语言文字的有关规范和标准，为语言文字的规范化和标准化提供依据。实现语言文字规范化和标准化是一项全社会的事业，需要各级政府有关职能部门、各行各业和社会各界的协同努力；国家语言文字主管部门和各地语文工作机构必须充分发挥政府职能部门的作用，采取有力措施，推动全社会的语言文字规范化和标准化的进程。

国家语言文字主管部门要做好分层决策、分类指导的工作。与此同时，在上述三个层面上，还要与中央各有关主管部门协同配合，适时制定和发布各种行政法规，以保证有关规范和标准的推行。各地语文工作机构要协同当地有关部门，调动社会各界力量，为实现语言文字规范化和标准化积极开展工作。国家语言文字主管部门和各地语文工作机构都要在转变职能上下功夫，不断提高宏观管理的水平，增强宏观管理的力度，努力开创语言文字工作的新局面。

## 加强语言文字规范化工作，适应改革开放和现代化的需要

进入 90 年代以来，特别是以邓小平同志视察南方的重要谈话为标志，我国加快了改革开放的步伐，社会主义现代化建设进入了一个新的发展阶段。

十四大报告明确提出，我国经济体制改革的目标，是建立社会主义市场经济体制。这是我们党关于社会主义经济理论上的又一次重大突破。社会主义市场经济体制的建立，必将有利于进一步解放和发展生产力，给全国的物质文明建设和精神文明建设以巨大的推动力。全国的语言文字工作也必须适应社会发展的形势，明确工作重心，调整工作部署。

语言的使用和发展跟社会经济体制的建立和变革是密切相关的。旧中国长期处于以小农经济为主的体制下，小生产的自然经济占主导地位。这是我国方言复杂的重要社会原因。闭关锁国不但令经济得不到发展，文化教育和科学技术也日趋落后。历代统治者虽然深感方言分歧是推行政令的极大障碍，不断提倡"通语""官话"，以至清末的"国语"，终因社会条件不成熟，这个重大的社会问题始终停留在议

事簿里。推广规范的、全国通用的民族共同语，是任何一个工业化国家所必须完成的社会历史任务。因为普及教育、发展文化、繁荣经济，促进统一市场的形成都需要普及民族共同语。我国解放以后，党和政府非常重视推广全国通用的普通话，40年来取得了显著成效。这就为在我国建立社会主义市场经济体制创造了必要的社会语言环境。但是，由于社会、历史的原因，普通话现在还远没有普及，方言差异还在一定程度上妨碍不同地区人们的交际、社会信息的交换，以及信息处理等新技术的应用。鉴于社会的需要，《中华人民共和国国民经济和社会发展十年规划和"八五"计划纲要》明确规定，要"进一步做好语言文字规范化、标准化工作。大力推广普通话"。推广普通话并不是要排斥方言，而是要帮助人们适应现代社会的需要，掌握和使用全国通用的语言。方言受地域的限制，在以小农经济为主的社会条件下，它勉强能够为一个地区之内的交往服务，但是，它不能作为市场经济条件下全社会的交际工具。目前，人们自幼一般都还是以方言作为母语的，自然对方言很有感情，这是无可非议的，但是不应该由此产生方言优越的错觉。方言优越感实际上是狭隘地方观念的反映，这种观念不利于各地区的改革开放。

　　语言文字是作为人们交流思想、协调社会生产和社会生活的交际工具而为社会全体成员服务的。为了准确、有效地传递信息，人们必须学习和重视语言文字应用的规范。古今中外概莫能外。改革开放和现代化的程度越高，对语言文字规范化、标准化程度的要求也越高。标准化是现代化生产和管理的重要标志。我们不仅要不断提高生产、管理和流通领域标准化的程度，而且要跟踪国际标准，这样才能促进我国的商品走出国门，不断扩大参与国际市场的竞争。现代化生产和管理的标准化，在很多方面跟语言文字的规范化、标准化有直接的联系。因为，语言不通，无法协调人们的生产活动，术语不统一、产品名称不一致，会妨碍生产调度、技术交流和商品的流通，所以语言文字规范化、标准化是现代化生产和管理标准化的重要条件。当今社会已进入信息化时代，国民经济的发展必须依靠科技进步。语言文字的信息处理已成为交换和获取信息资源、指挥生产、决策经济活动、实现无纸贸易和办公自动化的手段。计算机语言文字信息处理技术正在解决的课题，是由键盘输入向文字自动识别和语音自动识别过渡。实现这个目标的前提条件是语言文字的高度规范化、标准化。

我国推广普通话、推行《汉语拼音方案》、推行简化字的工作已经进行了 30 多年，普通话已经有了相当深厚的社会基础和群众基础，今后要积极普及、逐步提高。推行《汉语拼音方案》，为识字和学习普通话提供了有效的工具。"注音识字，提前读写"发挥了《汉语拼音方案》在小学语文教学改革实验中的作用，取得了成功的经验。汉语拼音用于中文信息处理，为我国电子计算机的普及创造了有利条件。《汉语拼音方案》已成为中国人名、地名罗马字母拼写法的国际标准，并成为罗马字母拼写汉语的国际标准，在不便和不能使用汉字的场合，成为表达现代汉语的有效手段。文字的社会应用要求读音、形体必须合乎规范、符合标准。简化字在扫除文盲、普及教育以及对外汉语教学等方面发挥了积极的作用，它不仅受到广大群众的欢迎，也未给已经认识繁体字的人增加额外的负担。为了适应改革开放和现代化建设的需要，必须推广和普及普通话，坚持推行《汉语拼音方案》和简化字，

61

认真贯彻执行并适时发布新的有关语言文字的规范和标准，以促进语言文字规范化、标准化。语言文字的规范和标准是在人民群众的社会活动和语言实践基础上加工提炼出来的，是人们约定和认同的结果。这方面的工作必须因势利导，集中统一，不能各行其是。把语言文字规范化、标准化工作跟改革开放和现代化对立起来，完全是一种误解。加快改革开放的步伐，需要进一步加强与其他国家和地区的经贸活动和对外交往。在经贸活动和对外交往中是否需要推行规范的简化字，已经成为当前贯彻执行新时期语言文字工作方针任务的一个突出问题。一些同志认为，只有使用繁体字才有利于与外商、海外华侨及港澳台同胞做生意。事实上，已经公布的简化字，其中绝大部分是时间久远、流行范围广泛的简体字，其繁简之间的字形联系紧密，易于转换，已被多数海外华侨和港澳台同胞所掌握。此外，我国公布的简化字，已被东南亚的一些国家，如新加坡、马来西亚采用；其他国家和各种国际机构在对华交往中也都使用我国公布的规范的简化字。在经贸活动中使用繁体字的主张和看法是片面的、不符合实际的，是不利于维护我们的国家主权和民族尊严的。

## 为实现十年规划和"八五"计划确定的目标而努力

《国家语言文字工作十年规划和"八五"计划纲要》规定了到本世纪末语言文字工作的主要目标。这些目标既考虑到我国经济、文化、教育、科技等各项事业的发展对语言文字工作提出的客观需要，又考虑了语言文字工作的现状和实施规划的各种条件。任务虽然艰巨，只要我们振奋精神，开拓进取，抓紧工作，这些目标是应该也是可以实现的。今后，要大力加强舆论宣传、行政管理和法制建设三个方面的工作。

关于加强宣传工作。

鉴于语言文字工作有很强的社会性和群众性，各级语文工作机构必须重视加强宣传工作。除努力办好本部门的报刊以外，还要主动加强与报刊、广播、电视等宣传部门的联系，争取他们的支持和合作。要进一步宣传新时期语言文字工作的方针、政策、任务，要及时宣传国务院对国家语委《关于当前语言文字工作的请示》的批示；要深入宣传语言文字规范化、标准化跟改革开放和现代化建设的关系，形成正确的舆论导向；要宣传、介绍语言文字的各项规范和标准；要宣传、普及语言文字规范化知识。

关于加强管理工作。

国家语言文字工作委员会是国务院主管全国语言文字工作的职能部门，各级地方语言文字工作委员会是各级地方政府主管语言文字工作的职能机构，应该充分发挥政府职能部门的作用，加强行政管理。

加强语言文字行政管理，应重点抓好以下几点：

1. 语言文字规范化、标准化的要求应纳入各部门、各系统的工作计划中去。各级语言文字工作机构要在各级政府的领导下，主动协调广播影视、新闻出版、文化教育、商业财贸、公交旅游、铁道邮电、部队公安等各有关部门和系统，对语言文字工作实行条块结合、齐抓共管、综合治理的政策。

2. 各级语文工作机构要加强语文工作队伍的建设，要重视发挥广大语文工作者在语言文字规范化、标准化工作中的骨干作用，并在实际工作中提高他们的政策和业务水平；要关心和支持各省市语言学会、语文工作者协会、推广普通话研究会等群众性的学术团体的工作。

3. 各级语文工作机构，特别是国家语委要组织力量，有效地开展科研工作，为国家语言文字工作的决策和各项标准的制定提供依据。重大的研究项目和课题要实行公开招标，组织联合攻关。要把当前任务和长远目标结合起来，加强语言文字的基础研究和应用研究。

关于加强法制建设。

为使行政管理有力、有效，必须加强语言文字管理工作的法制建设。语言文字应用管理的法制建设大体有三种形式：

1. 在有关部门的法令、法规、条例中，要列入有关语言文字规范化、标准化的要求；2. 国家语委与中央有关部委（局）联合制定和发布关于加强语言文字规范化、标准化的法规、规定；3. 国家语委会同国务院法制局等有关部门拟定国家语言文字基本法。

同志们，我们要在小平同志南巡重要讲话和十四大精神的鼓舞下，振奋精神，转变作风，为促进语言文字规范化、标准化，为实现《国家语言文字工作十年规划和"八五"计划纲要》确定的各项目标而努力奋斗！

1992.12.16.

# 《中国教育报》"语言文字专刊"发刊词 *

　　《中国教育报》"语言文字"的创刊是一个喜讯。这表明，语言文字工作正在受到日益广泛的重视和支持。

　　语言文字本来就和每个人的物质文化生活，乃至社会的发展息息相关。语言是思维的载体，离开了语言，人就无法进行思维。一个人素质的提高、智力的发展，都和运用语言的能力分不开。所以，一个重视提高本民族素质，重视开发其公民智力的国家，必须重视语言文字工作。同时，语言又是人们表达思想、进行交际的工具，人们思想感情的交流、信息的传递，都离不开语言，包括作为书面语言的文字。发达国家的经验证明，一个国家愈是现代化，愈是要求它的公民具有较高的驾驭语言文字的能力。当前，随着我国社会主义市场经济的发展，商品流通、信息交流、人际交往空前活跃。这都要求我们在更广阔的范围内、更高的层次上加强语言文字工作，特别是加强语言文字的通用性和标准化工作。

　　整个国家的语言文字工作，基础在中小学。这个阶段，正是一个

---

* 载 1993 年 1 月 30 日《中国教育报》。

人思维和语言发展最重要、最关键的时期。学校要按照国家教委、国家语委的有关规定，教育学生从小养成"讲普通话，用规范字"的文明习惯，帮助中小学生掌握，并准确、熟练地运用语文这个工具。这样，整个国家语言文字的规范和统一就有了坚实的基础。在学校的语言文字工作中，教育行政部门的干部，学校的校长、教师要起带头作用，带头"讲普通话，用规范字"，并使之蔚成风气。

语言文字的规范化是件利国利民的大事，应当引起全社会的重视。特别是广播、电视、电影、报纸、杂志等大众传媒，商业、交通、旅游等服务行业，都必须严格执行国家语言文字的有关政策和规定，在全社会营造一个纯洁、健康的语言文字环境。我们要下大力气把这件事做好。

在我国，语言文字工作历来受到党和国家的重视。前不久，国务院批转了国家语委关于当前语言文字工作的请示，要求各级人民政府和有关部门坚持不懈地抓好推广普通话、推进文字规范化、推行汉语拼音等各项工作。最近，中共中央总书记江泽民同志又对语言文字工作提出了三点政策性的意见，为新时期的语言文字工作指明了方向。《语言文字》专刊要团结广大语言文字工作者和教育工作者，大力宣传党和国家关于语言文字的方针政策，以及各地落实这些方针政策的优秀经验，组织理论工作者写些通俗生动的文章，指导群众语言文字工作的实践。

1993.1.30.

# 为提高全民族的语言素质服务 <sup>*</sup>

我赞成在师范院校开设"教师口语"课，而且把它作为必修课。因为这门课是很重要的。

第一，开设这门课程，是为提高全民族的语言素质服务。语言既有口头语言，又有书面语言，但从总体上看，口头语言是书面语言的基础，是书面语言的根，是书面语言的源。书面语言是在口头语言的基础上发展起来的，它与口头语言的关系是源和流的关系。鲁迅曾经写过一篇《人生识字糊涂始》，尖锐批评了书面语言脱离口头语言实际的现象。我们国家人口众多，口头语言方面的素质亟待提高。许多同志不善于用口头语言表达思想感情，讲话离不开稿子。我认为这与我们提倡和鼓励口语训练方面的工作做得不够有关系。春秋战国时代，人们重视口语表达能力，那时候常常是以口才取士，所以能言善辩的人很多。我们的口语表达能力差，可能与后来的以"八股文"取士有关系。以"八股文"取士的时间比较久，所以大家都重视写文章。我看中国人写文章还是不错的，有很多文章，比如诗词歌赋，已成为我

---

们民族传统文化的瑰宝。这些方面的成就不能否定，但是相比较而言，我们对口头表达能力的重视不够。发展口头表达能力是与发展思维能力联系在一起的。一个人如果思维能力强、思想有深度、知识面广，他的口头表达能力也就会强。一个人是这样，一个民族也是这样。所以，我认为口语表达能力与一个民族的文化素质、精神文明建设是密切相关的。离开了提高民族的语言素质，就很难谈得上提高我们民族的整体素质。基础教育作为教育的基础，首先要抓好语文这门最基础的工具课。语文课要改变"重文轻语"的状况。尤其是我国社会发展速度很快，现代化建设速度很快，随着国内和国际统一市场的发展，不可避免地要提出语言文字规范化的问题。现在方言的阻隔还是很严重，在语言文字规范化方面，我们还有许多工作要做。语言文字的远距离传输、人机对话、社会信息化，在被方言分隔的情况下是无法实现的。所以，语言文字本身的规范化是现代化的基础和前提。要实现我们民族语言的规范化和现代化，首先还是靠教育，靠全国一千万教师，他们正在对两亿左右的学生进行教学工作。我们国家提高口语能力还得靠这个办法，就是一千万教师、两亿左右的学生或学员，带动千家万户。日积月累，由量变到质变，随着时间的推移，就会使整个民族语言素质逐步得到提高。

第二，开设这门课程是为推广普通话服务。开设"教师口语"课不单纯是为了推广普通话，但推广普通话是"教师口语"这门课程一项很重要的任务。我国的《宪法》《民族区域自治法》《义务教育法》都有推广普通话的规定。这样做的目的在于为经济贸易、文化教育、社会发展以及人们之间的交流提供一种各民族、各地区之间通用的交际工具。这是我国社会主义建设的一项重要基础工程。此外，推广普通话还关系到整个中华民族的团结和统一。普通话是把整个中华民族凝聚在一起的一个重要社会因素，我们要特别予以重视。《汉语拼音方案》是帮助我们推广普通话的重要工具，其使用在中小学教学中坚持得比较好，取得了非常大的成绩，要继续巩固提高。今后，中小学计算机教学中的汉字输入，也应主要采用拼音输入的方法。从目前众多的汉字输入系统来看，汉语拼音输入仍是最佳的一种方法，至少在中小学要大力提倡。这些都与我们的口语建设有关系。

第三，开设这门课程，可以更好地为中小学语文教学改革服务。这当然不仅仅是开设这门课程的唯一目的，但是为中小学语文教学改革服务，同样要作为这门课程的一项重要任务。现在中小学的语文课，在教学计划中可能是课时最多的一门课，但是教学效益确实不太高。之所以效益不太高，我觉得一个很重要的原因是语文课的教育教学指导思想有偏差，至少侧重点是有偏颇的。现在的语文课，讲知识、理论较多，对语言文字应用方面的重视不够；花在主题思想、段落大意、篇章结构、语法修辞方面的时间较多，在语文能力训练上下的功夫不够。不是真正把语文课作为工具课，而是在很大程度上把语文课作为知识课。语文课有人主张以阅读为中心，有人主张以写作为中心。我赞成语文课还是要听、说、读、写全面训练。只重读写，不重听说，是有片面性的。这种倾向与我们的考试制度有关系。无论是高考、中考，语文考试总是考知识多，考能力不够，尤其是标准化试题，弊多利少。语文课作为一门工具课，目的在于应用。因此要重视语文课的实践性，在教学过程着重强调训练。我主张以语文实践活动为中心来进行语文教学。我认为，师范系统"教师口语"课程开设以后，有利于中小学语文教学的改革，对提高语文课的教学效益也会有好处。

当然，现在我们不能对"教师口语"这门课程提出一些不切实际的过高要求。这门课程从现在开设，到发展，到完善，要有一个过程，可能还是一个比较长的过程。语言文字的问题很难突破，是一个渐进的过程，要经过比较长时间的实践才能见到成效。在实践过程中，我们要善于总结经验、总结教训，要善于创造。口语课作为一门课程，需要总结探索规律，上升为理论，形成课程的知识结构，成为一门学科。课程目的是应用，还要把功夫着重下在能力培养上，落实在训练上。掌握语言的过程归根结底是训练的过程、实践的过程，而不是一个单纯的知识积累过程。

当前，要着重解决口语课的师资问题。国家语委、各师范院校都可以办一些培训班。通过办培训班的方式，从现在的教师中选择一些条件适合的，担负口语课的教学任务。国家教委要制定一些政策，要求各院校为这门课程的开设提供相应的教学设备，还要编写和出版口语课程的文字教材和音像教材。总之，我们要从师资、设备、教材等方面为开好这门课创造必要的条件。此外，还要建立必要的制度：课时要有保证，教师的普通话要达到一定水平，还要进行考试。让我们从各方面努力，把这项工作逐步向前推进。

1994.4.

# 立此存照 *

　　刚才仲哲明同志做了前五年工作的回顾，我认为他的总结是实事求是的。我们这届班子是 1989 年年底任命的，当时动乱余波未息，机关各个方面的工作没有走上正轨，思想比较混乱，尤其对语言文字工作思想认识极不一致。经过五年的工作，应当说是取得了比较大的进展。取得这些进展，我觉得首先要感谢的是语委机关各个司局处室的干部和机关的全体工作人员。仲哲明同志刚才讲到的这些工作都是同志们做的，很多主意是同志们出的，很多的具体事情是大家办的。所以我认为，肯定这五年的成绩也就是肯定全体同志对语言文字工作所付出的劳动。我是很热爱语言文字工作的，因为这项工作确实非常重要。中华民族能够自立于先进民族之林几千年，原因是多方面的，但其中一个很重要的因素是语言文字。前几天，江泽民总书记召集京剧界参加梅兰芳、周信芳 100 周年纪念会的戏剧工作者开座谈会，我也参加了，非常受感动，因为他们都一致强调中华民族的优秀文化传统。我就联系到语言文字，这些优秀的文化传统都是以语言文字为载体创造

---

\* 在国家语委全体干部大会上的讲话。

和发展起来的，离开了语言文字，就很难谈得到这种有特色的优秀的文化传统。一个民族能够自立于先进民族之林，与这个国家的民族文化传统密切相关。正因为如此，我觉得为语言文字工作奉献自己的精力，甚至奉献自己的一生，都是非常有价值的。当然语言文字在不断发展和进步。我们的文字就经历了很多变革，从原来的象形文字、篆字、隶书到楷书，语言文字的发展、变化、进步是一个必然的过程。我们的语言文字也不能说到现在为止就一成不变了，今后还要发展，还要变化，但是发展变化的过程又是在"改革—稳定—规范"不断循环往复的过程中实现的。因此总要有改革，改革以后可能有各种不同的模式，又要有规范，然后完善，然后在新的高度上继续发展，总是这么一个过程。

我觉得 50 年代的几项改革是非常好的。现在讲改革，我认为语言文字的改革是做得最早的。建国以后《汉语拼音方案》的颁布、《简化字总表》的公布、普通话的推广，都是非常重要的改革，而且是基础性的改革，影响到各行各业、千家万户。改革有了成果，要在新的基础上实现规范化、标准化，所以国务院总结了多年来的经验，提出了新时期语言文字工作的方针和任务。目前阶段，我们就是要为实现国务院提出的这一新时期语言文字的方针政策而奋斗。这里面总会有不同的意见，有的说太保守，有的说太激进了。我看还是要坚持正确的方针，做好两个方面的工作。语委机关今后若干年还要继续做这方面的工作。总会有不同意见的，甚至会受到一点儿攻击，应该把这些看成是可以理解的。刚才仲哲明同志提到的事情，就是 1993 年《汉字文化》第一期上的一篇编辑部文章，对我点名进行批判。当时，我认为需要反击一下，因为他们太不讲道理了。那篇文章同志们都可以拿来看看，里面尽是一些罗织的罪名、企图置人于死地的谎言，跟"文化大革命"时期的大字报没有什么两样。他们这种做法很不明智，如果要反击的话，一点立足的余地都没有。因为他们给我扣的帽子是抵制、对抗江泽民同志的三点指示，但是他们恰恰不知道这三点指示是怎么产生的。1992 年 12 月 14 日，江泽民总书记找我谈话，那时候《人民日报》公布了几个家长打死孩子的事例。总书记找我了解一下中小学教育的情况。因为我兼任语委主任，所以就留了个心眼儿，汇报完教育的情况以后马上抓紧机会说："总书记，我现在还兼国家语委主任，语言文字工作方面还有几个问题要向您请示一下。"我就把汉字简化问题、台湾宣扬要用正体字统一汉字的问题汇报了一下。汇报完后，总书记问书法方面有什么规定？我说，按照周总理的讲话，书法既可以写简化字也可以写繁体字，因为书法是一种艺术。总书记说，那书法还是悉听尊便啰。然后他就讲了这样几点意见：简化字方向应该坚持；与台湾在用字上的分歧问题先搁置起来；书法作为一种艺术可以悉听尊便。我觉得这几点意见很重要，就问总书记："您说的这几点我能不能够在适当的会议上进行传达？"总书记说可以传达，我非常高兴。语委 16 日有一个会，所以我 14 日晚上回来把谈话整理成三条，15 日又把整理的文字稿送到江泽民同志办公室，总书记看完以后在名字上画了一个圈，签了一个日子。我拿到文件，在 16 日的会上传达了这三条意见。我只要把这个过程一摆，《汉字文化》编辑部的文章就会不攻自破。这件事情我向教委党组朱开轩同志汇报过，向李岚清同志也汇报过，向中宣部、中纪委的一些领导也都汇报过。后来中央一位领导同志找我谈话，他说："这几年国家语委的工作是正确的，在贯彻落实新时期语言文字方针方面做了大量工作，是有成绩的。汉字简化的方向必须坚持，普通话要大力推广，《汉语拼音方案》作用很大，不能否定。"我说我想写点文章反驳一下，这位领导同志说："不要写了，有些人就是想把这个问题搞成一个政治问题，引起论争，以抬高自己的身价，还是要以安定团结的大局为重。"于是我也就没再考虑发表反驳文章的事了。这件事情，今天我在跟机关干部告别的会上简单讲一讲，好让大家心里有个数。真正要把国家的语言文字方针政策坚持好、贯彻好，不会是一帆风顺的，还会有一点波浪，有的时候还会有一点斗争，但是不管怎么样，我们都要坚决贯彻中央和国务院当前的方针政策。语委机关是国务院的职能部门，在这一点上不能有任何动摇。

作为我个人来说，还有很多地方做得不够。由于我兼任语委主任，一方面因为客观原因，教委那边的事情比较多；另一方面主观努力也不够，所以很多工作都是靠仲哲明同志、曹先擢同志、傅永和同志去做的。一些比较大的事情我也做了一点。对如何宣传贯彻语言文字工作方针政策、如何进一步改善语委机关的办公条件、如何争取增加一点经费、如何改善机关干部的住房这些方面做了一些工作，但做得不够。总之，这两年我做了一定努力，经费增加了一点，但增加得不多，没能给许嘉璐同志、林炎志同志把这方面的基础打得更好。同志们对老班子如果还有什么意见、批评，都可以讲。我们能够改正的就改正，来不及改正的，也可以给今后工作作一个参考。

对新班子我是充满信心的，许嘉璐同志本身是语言文字方面的专家，而且工作能力、活动能力都很强。炎志同志也是年富力强，而且在多种工作岗位上工作过，精力充沛，有各个方面的经验。我想他们相互合作，对于语委工作来讲确实是个好事情。

对语委今后的工作，我想第一点是要强调进一步加强团结。我到语委这五年，差不多年年都强调加强团结的问题。团结对一个领导班子是最重要的。只有把团结搞好了，才能谈到驾驭全局，开展各个方面的工作。如果领导班子团结没有搞好，工作就会处于十分困难的境地。不但领导班子成员本身要维护团结，语委机关全体干部职工都要维护领导班子的团结。不利于团结的话不要讲，不利于团结的事不要做。要讲大局，讲团结，要正确处理个人利益与集体利益、国家利益之间的关系。只有不是在口头而是在行动上真正把这些关系处理好，我们的机关才能够进一步兴旺、发达。第二点建议，要加强机关干部队伍的建设。语言文字工作很重要，而且专业性很强，因此对语委机关干部的要求是很高的。同志们不但要有很强的工作能力，而且要有很高的业务水平，这就需要大家一方面工作，一方面不断地进修、学习。第三点是在战线上要进一步加强法制建设，加强舆论宣传工作。没有舆论，立了法也很难执行，但是没有法，也很难有比较广泛、正确的舆论。所以在语言文字战线上，立法工作、舆论宣传工作都是需要加强的。

1994.12.30.

# 人生识字聪明始

苏轼讲过"人生识字忧患始"，是有学问的人对仕途失意的一种感叹。鲁迅讲过"人生识字糊涂始"，是对文人们搬弄谁也不懂的词汇、使文言文脱离了人民大众的一种批评。我想改两个字，讲一讲基础教育的重要性，叫做"人生识字聪明始"。

这个题目，老生常谈。之所以还要谈，是因为在社会高度现代化的今天，有些人一方面喊着"科教兴国"的口号，一方面却又不重视基础教育这一教育的基础，甚至否定识字、读书、学文化，散布贬损基础教育的言论。请看他们传播的描绘中小学生的顺口溜："发家致富不如老子，理家不如嫂子，种庄稼不如妹子，混上几年成了二流子。"四句话30个字，把中小学生说得一无是处，把中小学涂成一团漆黑。这种论调，不仅无视中小学教育质量逐步提高的现实，偏离了实事求是的基本原则，在实践上是有害的；而且抹煞了基础文化知识和基本的学习能力对一个人终身发展的重大影响，否定了基础教育的重要意义，从而在理论上也是片面和错误的。

一个人的聪明才智是从哪里来的？是生而知之，还是学而知之？历史已经明白无误地告诉我们，知识都是从人们的社会实践中来的，从来没有什么先知先觉，唯实践能够出真知。

知识是从实践中产生的，但掌握知识，并不一定要人人、事事都通过实践。通过亲身感受和见闻获得的知识具有真实性，但局限于亲自感受和见闻，就会束缚知识范围的扩展，也会制约知识质量的提高。比如，"砒霜，大毒"，《本草纲目》中已经有了这四个字，这是前人用生命换来的知识，现代人就不必再亲自去尝试一下了。又比如核反应可以释放出巨大能量、基因移植可以改变物种性状，这些高深的知识是通过极精密、极复杂的科学实验获得的，大多数人不可能直接参与这种实验，而只能从书报、音像等传播媒体中获得这些知识。随着人类社会实践的长期发展，知识已积累成为一个巨大的宝库。谁从这个宝库中获取的知识越多，谁就越聪明；反之，便相对地更愚昧。

知识的储存和传播是通过信息符号即文字来实现的，阅读书报等出版物在今天已是获取知识的主要渠道。所以，为了获取知识，就必须学会识字。

读书无用论者总是说"认识几个字有什么用"，总是指责基础教育不产生直接的经济效益，他们要求中小学直接培养致富能手。殊不知，向6~15岁的孩子要直接的经济效益，是既没有道理又很不现实的。因为在这个阶段，孩子们正是长身体、长知识、涵养品德、训练行为规范的时期，正是为创造经济效益做各方面必需准备的时期。应当郑重指出，学习者在基础教育阶段，通过学习所获得的生活和劳动的多方面的知识和能力，大都能直接或间接作用于生产关系和生产力，具有促进经济发展的作用。

"人生识字聪明始"，识字是学文化、学科学、学技术的基础，是提高国民素质的基础。正因为如此，国际上已把成人识字率作为衡量一个国家人民生活质量的重要标准，甚至是衡量一个国家经济发展能力的重要标准。

教育经济学家鲍曼认为，识字是初等教育最重要的功能，正是这一点形成了经济发展的基础。在本世纪60年代，鲍曼发现成人识字率低于40%的32个国家，没有一个人均收入达到300美元；而20多个人均收入超过500美元的国家，其成人识字率均超过90%。鲍曼认为，识字使人们容易得到以多种形式储存、传播的信息。通过阅读，增进对异域他乡的了解，消除狭隘的地域偏见，这是任何一场商业革命形成的重要因素之一。她在分析了大量事实之后得出结论：经济起飞的门槛是初等教育。世界银行人力资源部负责人、经济学家萨卡罗普洛斯则进一步认为：初等教育的收益率是最高的，其次是中等教育，最后才是高等教育，因为初等教育的费用相对于由于识字所带来的终身收入或生产率来说要小得多。通过对60多个国家教育收益的估计，他得出了以下结论：

**教育投资收益率（%）**

| 国家组别 | 社会收益率 | | | 个人收益率 | | |
|---|---|---|---|---|---|---|
| | 初等教育 | 中等教育 | 高等教育 | 初等教育 | 中等教育 | 高等教育 |
| 非洲国家 | 26 | 17 | 13 | 45 | 26 | 32 |
| 亚洲国家 | 27 | 15 | 13 | 31 | 15 | 18 |
| 拉美国家 | 26 | 18 | 16 | 32 | 23 | 23 |
| 中等发展水平国家 | 13 | 10 | 8 | 17 | 13 | 13 |
| 工业国家 | | 11 | 9 | | 12 | 12 |

（注：工业国家已普及中等教育）

萨卡罗普洛斯还比较了各种学科的收益情况：

**各领域教育的社会收益率（%）**

| 教育水平 | 学科领域 | 收益率 | 教育水平 | 学校领域 | 收益率 |
|---------|---------|-------|---------|---------|-------|
| 中学 | 普通 | 16 | 大学 | 法律、经济、社科 | 12 |
| | 职业、技术 | 12 | | 工程学 | 12 |
| | | | | 农学 | 8 |

他指出，技术教育和农学教育等要花相当高培养费的专门学科，其收益率低于普通学科。（引自《现代大教育观》）

"人生识字聪明始"，是因为儿童和青少年以识字为基础，形成读、写、算技能，然后以读、写、算技能为基础形成学习能力。学习能力一旦形成，便可以使人从无知变为有知，从知之较少变为知之较多，从知识的片面、肤浅变为知识的全面、渊博。学习能力不仅是生活能力（包括运动、营养、保健、社交、文娱等方面）和劳动能力（包括设计方案、使用工具、生产产品、交换流通等方面）的基础，也是道德行为能力（包括勤劳俭朴、惜时守信、讲求质量、注重效益、遵守职业道德规范等方面）的基础。

基础教育的任务正是要培养每个公民的学习能力，并使他们凭借这种能力完成基础教育阶段的学习任务，使他们理解和践行社会的基本道德规范，提高文化素质和科学素质，具有参与精神文明建设和物质文明建设的初步本领，从而为自我发展与社会发展打下坚实的基础。

基础教育是公民素质教育。把专门知识教育或专门技术教育作为基础教育的任务是不适宜的。要求基础教育完成专门教育的任务，是急功近利的短期行为，是不利于基础教育健康发展的。

　　说到这里，还必须说明一点：识字只是聪明、智慧的开始，而不是聪明、智慧的终结。人们应当善于利用基础教育阶段所获得的基础知识和学习能力去进一步发展自己的聪明才智，去学习各种专门知识、专门技术。不仅仅去学习前人、他人已知而自己未知的东西，而且去探索人类的未知，去认识世界，去发现真理。人类对客观世界的认识过程是没有止境的，而识字确实使人类的认识能力产生了一次光辉而巨大的飞跃。人类正是凭借这次飞跃脱离了蒙昧时代，开拓了高度文明、高度发展的现代社会。

1995.9.24

# 中国人从小就要注意写好规范字

中国人从小就要注意写好规范汉字。小学阶段，除了要打好思想道德素质、科学文化素质、心理素质、劳动素质的基础外，还要打好写规范汉字的基础，这是非常重要的。因为汉字不仅仅是人们交流思想的工具，不仅仅是沟通和传播信息的工具，而且是中华民族文化的载体，所以写好汉字很重要。现在很多小学没有把写字教学提上议事日程，没有对写好汉字给予足够的重视，这个问题一定要解决。

写字课的任务是要学生写好规范的汉字，把汉字按照笔顺、笔画和间架结构，写正确、写准确、写清楚。写字的基本要求是笔画正确、间架结构合理，在这方面首先要有要求。至于书法，是在写好汉字基础上的进一步要求。写字应有规范而书法应提倡多种风格，写字和书法的要求是不同的。写规范汉字是民族的共同要求。在打好写汉字基本功的基础上，才谈得上学习书法。现在有些人对写规范汉字有不同看法。书法家刘炳森同志主张，汉字要认认真真地写，不赞成把书法搞成绘画，汉字不像汉字，甚至变成一种什么都不像的东西。我很赞成他的见解，即使草书，也是有规律的，不能乱来。即使是书法，也有个提倡什么、反对什么的问题。现在有些书法家写的东西，谁也不认识，我不赞成。启功先生是著名书法家，字写得很好，达到了很高的境界，他的楷书、行书和草书，都很规范，可是有些人却攻击他，说他是老保守。

作为一门写字课，首先要教学生把汉字写好，学生在写好汉字的基础上，再去学习书法。写字课教材要编好，还要下功夫好好设计，印刷得好一些，要美观大方，有较高的质量。

1996.11.9.

# 在中学外语座谈会上的讲话

英语是门重要的学科，李岚清同志非常关心外语教学，他亲自召开过关于张思中外语教学法的座谈会，为推广张思中外语教学法还作过多次讲话。

语言能力太重要了。我们不是在讲素质教育吗？语言文字能力是一个人最重要的素质之一。语言文字能力高不高，可以说在很大程度上决定了一个人的素质高不高。语言不仅仅是交流思想的工具，也是影响经济发展、社会进步最基本、最基础的工具。一个人的语言文字能力强，就为他的高素质提供了非常雄厚的基础。因此，一个人多掌握几种语言，有利于他自身素质的提高，有利于他的发展。李岚清同志感慨地说："为什么中国人学英语就学得那么慢，效果那么不理想？""你看看，我们周围的国家，如马来西亚、新加坡、泰国、斯里兰卡，这些国家的英语水平都比我们好。"如果说我们是人口大国，人家是小国，小国普及英语比较容易，那么人口大国的印度、孟加拉、巴基斯坦的英语水平也都比我们好。李岚清同志说："你看一看，在一些国际机构里面，当高级职员的印度人多，孟加拉、巴基斯坦、马来西亚、斯里兰卡这些国家在联合国的各种机构里，在一些跨国公司里面当高级职员的人数很多，但中国人就很少。为什么呢？不是中国人不聪明，是我们英语教学还没有找到一个非常好的教法，我们还没有编出更好的教材，所以我们要研究这个问题，要想办法去解决这个问题。"我国人口众多，但劳务输出有限，制约因素之一就是语言。英语是世界上使用人口最多、使用地域最广的国际通用语言之一，当然要学好。还有一些小语种，也不能忽视。你要跟人家打交道，俄、日、法、西班牙语等这些都要有人去学，要鼓励一些人去学。

要强调的是关于英语教学改革的问题，我们应该充分肯定。若干年来，特别是近十年来，我们在这方面作出的努力和取得的成绩是很大的。英语教学的范围较之十年前是大大扩展了，以前有多少学校开设英语课，现在有多少？成倍增加！学习英语的人数也成倍地增加。我们的教材较之过去的教材大有进步。不看到这些，不肯定这些，我想是不对的。审定现行英语教材的时候，大家都强调听、说、读、写四会，但可分年龄段、分阶段有所侧重。我认为强调听、说、读、写四会应该是无可非议的。掌握外语既要能够听，又要能够说，还要能够读、能够写，这应该是一个比较全面的要求。有的人认为，学英语主要解决口头交际问题，听、说就行，不能听、不能说，是哑巴英语。有的人强调中国之大，有多少人能够直接与外国人打交道，应着重抓读、写，能够看外文书就行。两派人马各执一端。我想要去掉这种片面性认识，可以从各个地方的实际出发，在不同的阶段有所侧重，但全面的要求还应该是听、说、读、写四会。

教学方法应该是多种多样的。张思中老师的教学法有很好的效果。李岚清同志提倡张思中外语教学法。我在几个地方听过课，不少老师应用张思中老师的教学法，确实课上得生动、活泼，学生掌握英语的能力、口头表达的能力都比较强。客观地说，张思中外语教学法是一种比较好的教学法，为什么不应该提倡、不应该推广呢？当然，除了张思中老师的教学法以外，也还有其他一些好的英语教学法。在中小学英语教学方面，我们应该提倡百花齐放、百家争鸣；教学法领域里面，应该提倡多样化，鼓励探索。谁有好的办法都行，谁的教学效果好都应当受到鼓励，谁的教学方法好、教学效果好都应当推广。我想从国家教委来讲是赞成这样的态度的。不要说外语教学，语文教学也是有争论的。我们前几年提倡鼓励一下"注音识字，提前读写"，马上就有人反对。有的人只许一花独放，不许百花齐放！"集中识字"我们也是肯定的，从来没有否定过嘛！我们历来赞成景山学校及黑山北关小学集中识字的经验，肯定他们的成绩。"注音识字，提前读写"是最近十年提出的比较新的方法，这种方法还没有得到大家的认同，鼓励一下、支持一下有什么不好呢？所以，现在要提倡一下好的东西也不容易，门户之见往往会阻碍我们的教改探索。就拿语文来讲，一个是"注音识字，提前读写"，一个是"集中识字"，还有一个"分散识字"。"集中识字"是教科所和景山学校倡导的；"分散识字"是斯霞老师倡导的，斯霞老师也是令大家非常敬佩的一个人；"注音识字，提前读写"是黑龙江先搞起来的。我仔细考虑这几种教改方法，都有它自己的长处，也都有它自己的短处，没有一种是十全十美的。"集中识字"一是用的时间比较短，一是掌握得比较牢，但是学生学得非常苦，书写横、折、竖、勾……学得很苦、比较枯燥；"分散识字"，字不离句，句不离篇，字在语言环境中掌握，比较活，能够加深理解，也有它的长处，但是时间拉得太长，要通过教学慢慢地去掌握。"注音识字，提前读写"可以帮助学生在认字很少的情况下，借助拼音，读简单的句子，甚至是简单的故事和文章。一旦能够夹着汉字夹着拼音大量阅读，小孩子的思维能力就能得到更快的扩展了，所以"注音识字"的功能在于让学生思维能力得到更快的发展，这是它的长处。但是它也有短处，有的时候字记不牢，容易出现错别字现象，有的字印象不是很深刻。几种教学方法各有长处，也各有短处，为什么必须肯定一种，排斥其他呢？在语文的教改会议上，我是讲有一些好的东西要提倡要支持，新生事物要提倡要支持，但不能排斥其他好的做法。其他好的做法都要提倡，都要鼓励，都要支持。对于外语教学我想也应当讲这么几条：

1. 要提倡"百花齐放、百家争鸣"。这是发展学术思想，集思广益，能取得很好效果的一个非常重要的方法。我们国家在春秋战国时有一个百花齐放、百家争鸣的时代，那个时代创造的一些好的思想至今仍然是我们民族的宝贵财富。我国那时的文化发展在当时的世界上处于领先地位，到独尊儒术的时候，我们就开始落后。只抱住一家，抱残守缺，拒绝吸收新生事物，就会走向反面。

2. 各种好的教学法都应当发扬自己的优势，逐步地完善、提高。你有长处你就发扬你的优势，在发扬优势的过程中，不断地完善，不断地提高。不要把自己的特色丢掉，不要把自己的优势丢掉。

3. 取长补短，相互促进。各种好的教学方法都有它的优点，你在发扬自己优势的同时，如果有可能把人家的长处吸收进来，就可以丰富自己，可以收到相互促进的效果。不是互相排斥，而是互相促进。

为了一个共同的目标，就是提高我们的外语教学质量，提高效益。

4. 不搞论战，重在建设，重在实践。语言是实践性很强的东西，现在如果我们去搞论战：张思中外语教学法到底是好还是不好，是有效还是无效，是科学还是不科学，争论这些东西会影响我们的改革，何必呢？李岚清同志强调：不搞论战，如果你有建设性的意见，欢迎你提出来。我在这里把李岚清同志的意思发挥一下："不搞论战，重在建设。"课程建设、教材建设、教学方法建设，从建设方面，去探索、去实践，从实践中去总结成功经验，形成科学的教学方法。如果我们有八种、十种好的外语教学法，我们就推广它八种、十种。这样我们才能够更好地使外语教学打开新局面，使中小学外语教学领域呈现出百花齐放的大好局面。在那种情况下，我们的外语教学质量会得到更有效地大幅度地提高。搞论战，搞得大家不团结了，伤和气。搞百花齐放，大家都搞试验，都搞探索，形成一种和谐、协调、共同进取、相互促进的局面，那不是更好吗？

今天开这个会，在座的同志都是外语教学的专家，你们的学识、经验可通过交流的形式，通过写文章的形式贡献出来，使得我们的外语教学能够比现在做得更好、更加有效。我到这里主要是看望大家，然后顺便讲一点意见，不正确的方面请大家批评指正。

1997.6.26.

# 说普通话 写规范字 *

　　素质是知识、能力和身心修养的综合反映，语言文字是思维表达的工具、文化知识的载体和交际能力的依托，因而是素质构成与发展的基础。对于任何学段、任何专业的学生来说，能说流畅的普通话，具有较强的语言文字能力和计算机基本操作能力是最有用的本领，在求学、求职和事业竞争中就能处于优势地位。因此，纠正多年来学校教学重知识轻能力的倾向，注重提高学生的基本素质，是教学改革的重要任务。义务教育阶段要使学生具备掌握普通话和使用规范汉字的基本能力；高中阶段要使学生实现从普通话书面语向普通话口语的转变，并进一步提高语言文字的应用水平；高等教育要成为全社会语言文字规范化的榜样。近年来，计算机教学在各级各类学校迅速普及，与此密切相关的普及普通话和语言文字规范化工作，对于人才培养的重要性进一步突出。因此，普及普通话和语言文字规范化是教育教学的题中应有之义，各级各类学校义不容辞，广大干部教师都要自觉地做语言文字规范化的宣传员和工作者。

---

\* 在 1997 年 12 月 23 全国语言文字工作会议上的讲话（摘录）。

　　不同类别的学校和专业对于教学基本功自然有不同的要求，但通用的基本功还是"说普通话，写规范字"，这是教师具有良好师德和较高业务素质的标志。应该向广大教师讲清楚，用方言教学本身就不符合教学质量的要求，教师"说普通话，写规范字"不但是教育教学的基本要求，而且是教师树立国家意识、法制意识和现代意识的基本要求之一。加强以"说普通话，写规范字"为基础的教学基本功训练，是所有学校和师资培训部门长期的重要任务。

　　要进一步加大对学校语言文字工作的管理力度。各省、自治区、直辖市教育行政部门要把"用普通话教学是合格教师的必备条件之一"的要求落在实处，把掌握和使用普通话纳入教师业务考核内容。师范院校要继续坚持把普通话水平达标列入学生毕业条件。国家实施教师资格考试办法之后，普通话水平达标将成为报考教师资格的条件之一。

　　各级教育行政部门要继续把普及普通话作为提高教育质量和学生素质的大事抓好。继续做好指导和评估工作，推出更多的普及普通话示范学校和一批先进区县。检查评估可以同教育质量督导评估和校园文明检查评比结合进行。要鼓励和支持"注音识字，提前读写"等有利于普及普通话和培养语文基本能力的教改实验。各级各类学校要坚持按照国家教委、语委的"指导标准"做好语言文字工作，坚持在教育教学中"说普通话，写规范字"，并积极发挥普及普通话和写字教学在爱国主义教育、思想品德教育和审美教育中提高学生素质的作用。学校普及普通话的目标是实现普通话成校园语言，在实现普通话成为教学语言、工作语言和集体活动语言的基础上，鼓励干部师生在校内其他场合也自觉使用普通话，促进养成他们说普通话的习惯，尽快提高其说普通话的水平，创设规范文明的语言环境。中小学教师，特别是义务教育阶段小学和初中教师，要在继续练好写字基本功的前提下，进一步搞好写字教学，逐步提高学生"写规范字"的水平。

1997.12.23

# 提倡一下吟诵 *

在青少年中提倡吟诵优秀的诗词、散文、格言、警句，是非常必要的。

名篇佳句脍炙人口，概括了人情、事理、物态，有强大的启迪力量。无论是"人生自古谁无死，留取丹心照汗青"的追求，还是"春蚕到死丝方尽，蜡炬成灰泪始干"的执着；无论是"先天下之忧而忧，后天下之乐而乐"的情操，还是"海纳百川，有容乃大；壁立千仞，无欲则刚"的品格；无论是"出淤泥而不染，濯清涟而不妖"的高洁，还是"但得官清吏不横，便是村中歌舞时"的期盼，都具有发人深省、感人至深的力量。

名篇名句是一座蕴藏丰富的精神宝库。许多人的成功，得益于一句名言的鼓励；许多名言的积淀，促进了人们文化素质的提高。烙下中华民族文化印记的金玉良言，更是形成中国人优良民族素质的重要营养。

名篇名句是一个精美典雅的艺术世界。那里有和谐的韵律，有工整的格律，有抑扬顿挫的声调，有高尚美好的情操，有令人神往的意境。而透过这些闪耀出来的，是深刻的思想和惊人的智慧光芒。

---

* 载 1998 年 6 月 3 日《中国少年报》。

中华书局为年轻的读者们送来了《萤火虫丛书》（第一辑——吟诵系列）。我相信，这些佳作警句会像一股清泉，吸引青少年读者们，使他们发现在标准化考试把语文教学搞得支离破碎的环境之外，另有一片清新的天地。

1998.6.3

# 为提高国民的语文素质而努力 *

由中国语文报刊协会、语文出版社、语文音像出版社发起举办的"21世纪中小学语文教育座谈会"是一次备受关注的会议。这不仅因为中小学语文历来就是备受关注的学科，也不仅因为参加这次会议的人员广泛，有语文教师，教育工作者，教育理论工作者以及人文、社会、自然科学工作者，还因为在最近一段时间的讨论中对语文教育褒贬不一，众说纷纭，大家希望求得更多的共识。所以，这次会议承担着重要的任务，也将产生广泛的影响。

这次会议的目的是正确总结中小学语文教育的经验和教训，坚持教改方向，探讨面向21世纪提高语文教育质量、提高国民语文素质的途径和方法。

为了把这次会议开好，我们应当有实事求是的态度，要力求对中小学语文教育的现状做出比较客观实际的分析。50年来的中小学语文教育，不是一切都好，也不是一切都坏。一切都好，不符合客观实际；一切都坏，也不符合客观实际。既要充分肯定成绩，也要认真找出存

---

* 在1999年21世纪中小学语文教育座谈会上的讲话。

在的问题。不肯定成绩，把语文教育说成一无是处，会使大家无所适从，失去前进的信心和勇气；不找出不足之处，会使大家安于现状，看不清语文改革的必要性和改革的方向。

50 年来，语文教育的成绩是巨大的。由于推行简化汉字、推行汉语拼音、推广普通话，扫盲和各项文化普及工作的进程大大加快。我国人口数量由 50 年代的 4.7 亿增至目前的 12 亿多，文盲、半文盲率却由 85％下降到 15％，即做到了让十亿人口识字。同期，图书出版由每年 7.9 亿册发展到每年 70 多亿册，期刊由每年 2 亿份发展到每年 25 亿份，报纸由每年 16 亿份发展到每年 240 亿份，电视人口覆盖率达 89％。目前我国这种文化教育大普及、科技和经济事业大发展的局面来之不易，其中就有国民识字、阅读、写作能力所发挥的效益在内，就有语文教育基础的、难以估量的作用在内。语文教育对受教育者在接受祖国优秀文化影响，培养良好品格、情操等方面所产生的积极而潜移默化的作用，更是从众多普通劳动者和许多先进模范人物的言行、修养中可以找出明显的例证。

至于语文教育的问题，我认为更多的是出在应试倾向上，而不是教材上。不是说教材不存在问题，教材建设应当在统一基本要求的基础上进一步多样化，入选课文题材应更加宽广，风格应更加多样，内容应更加贴近现实、贴近生活、贴近青少年学生，要进一步做到求实、求活、求精、求新。回过头来审视中小学语文教材，应该说总体上是好的，是在不断改革、不断进步的，所选课文大体上都是有代表性的精品，知识性、思想性、文化性都比较好。从教材的功能和作用方面来讲，语文教材是能够承担起提高国民语文素质的任务的。

第一，问题主要出在应试倾向上，出在考试思想、考试内容和考试方法上。由于考试"指挥棒"，尤其是所谓标准化试题的导向作用，语文教学存在着诸多令人忧虑、不满乃至备受责难的问题，使得语文教育在教学过程中的文化传统教育、情感熏陶、审美鉴赏等作用被淡化，语文知识也被搞得支离破碎，语文课潜移默化的升华思想感情、激励创造思维的作用，提高口语、书面语表达能力的作用，也在一定程度上被死记硬背的努力和选择现成答案的侥幸心理所淹没了。这方面的问题如何在语文教育改革中得到解决，是需要大家在求得共识的基础上，集思广益，下大功夫的。

第二，要有良好的学风。我这里主要想讲这样几层意思：提出问题要有调查研究。问题应当是客观存在的，不要无的放矢，更不能无中生有；开展批评要有善意，要与人为善，治病救人，扶正救失，而不是图个人情绪的发泄，更不能恶意中伤；解决问题要有诚意，找出问题是为了解决问题，那种离开语文教育现实的空洞指责是没有多少价值的。我们应当实事求是地找出语文教育改革的症结所在，并提出一些切实可行的改革措施。我这里提出学风问题并不是无的放矢。毛泽东同志在五十多年前指出的"装腔作势，借以吓人"的那些东西，现在也还不少。见诸文字的就有什么"误尽苍生是语文"，什么语文"祸国殃民"，什么"中学语文教育承担的重要功能，就是培养听任流氓语言支配的奴隶和奴才"，等等。从这些咬牙切齿的恨恨之声中，我们看不到严肃的科学态度，更看不到丝毫对语文教育甚至是自己言论的负责精神。

第三，要坚持"百花齐放，百家争鸣"的方针。在讨论中，提倡各抒己见，畅所欲言。允许发表各种不同的意见，即使有些意见是相互对立的，也要心平气和地坐而论道，争取在讨论切磋的深化过程中，各自求得更加全面的认识。摆事实、讲道理是最重要的讨论方法；尊重事实、服从真理是最重要也最让人心悦诚服的态度。

语文教育要不辜负社会各界和人民群众寄予的厚望，出路在于深化改革。要进一步改革教材，改革教学内容、教学方法、考试方法和评价制度，但最重要的是要改革语文教育思想。必须再一次清醒地确认这样一个道理：学生语文水平的提高，不能仅仅依靠教师对词法、语法、章法的讲解，也不能仅仅依靠对课文的详尽分析；学生语文水平的提高只有在听、说、读、写的实践活动中才能实现，只有在其主动参与的学习过程中才能实现。把语文课上成语文讲解分析课，那是不成功的语文课，甚至是失败的语文课。教师在语文教学过程中应扮演组织者、引导者、主持人的角色，而不应扮演"我讲你听""我呼你应""我考你答"的说教者，甚至木偶操纵者的角色。时刻注意培养兴趣，激发情感，启迪思维，增益智慧，变要求学生"学会"为指导学生"会学"的教师才是最称职的语文教师。

最后，我还想强调一点，对于语文教育中存在的一些问题，首先认识到并率先进行改革实践的不是别人，正是许多中小学教师和中小学教育工作者。中小学教学改革实验最早、实验最多、改革思路最活跃、最有成效的，我看还是语文学科，首先是小学语文。已经取得明显成效的"情境教学""愉快教育""注音识字·提前读写""大量阅读·快速作文""韵语识字""字理识字""集中识字""分散识字"等教改实验的涌现就是例证。因此语文教育改革的主力军，我看还是中小学语文教师。语文教育工作者、教育理论工作者应与教改第一线的教师紧密结合起来，把丰富的教改实践经验升华为理论，用科学的教育思想、教育理论来进一步指导教改实践。我相信，只要我们坚持改革方向，中小学语文教育的前景是光明的，中小学语文教育一定能够承担起提高国民语文素质这项光荣而神圣的使命。

1999.12.24

# 再谈"人生识字聪明始"*

　　小学识字教学是一项非常重要的工作，召开一次高层次、高规格的会议来研讨这项工作，非常好，非常有意义。我希望这次会议对小学识字教学，乃至对整个小学语文教学的改革能够产生重要和深远的影响。识字教学十分重要，抓好了利国利民，抓不好不利家国、殃及子孙。对识字教学的重要性，估计得稍高一些也不为过，在这里我想讲几个比较实际的问题。

　　第一个问题，要提高认识，高度重视识字教学。不重视识字教学，进而也不会重视基础教育，这在一些地方是有传统的。曾经几次批评过"大大小小"的思想，然而，这种思想很长时间里都是存在的。不要说"文革"当中的"读书无用"了，就是"文革"以后，也还有人从实用主义出发，宣传过"普通教育无用"，强调"普通教育要职业化"。有的同志，还讲了一些贬损识字教学和基础教育的话。为此我曾经写过一篇文章《人生识字聪明始》，对这些问题进行了申辩。

　　我觉得，人如果不识字，就很难设想有什么其他途径能够脱离蒙

---

* 在 2000 年全国小学语文识字教学交流研讨会上的讲话。

昧了。有一个很有趣的例子:很早很早以前,喜鹊便会筑巢,燕子便会垒窝,蜜蜂便会构建精致的蜂房,然而当人类已经离开巢穴,住进茅屋,住进瓦房,住进楼房,住进现代化的高楼大厦时,喜鹊仍然在筑巢,燕子仍然在垒窝,蜜蜂也仍然在辛勤地构建它们的蜂房,还是像千万年以前他们的祖先那样。为什么人能够取得这么大的进步?因为人有创新能力。有创新能力,这就是人区别于其他动物的地方。创新能力是从哪里来的呢?不是从天上掉下来的,也不是生来就有的。创新能力的基础是学习能力,创新能力是在学习过程当中形成的观察、比较、思考、推理、筛选、传承、改造、发展等能力的基础上形成的,创新能力实际上是一种推陈出新的能力。那么学习能力是从哪里来的呢?学习能力是以读、写、算等技能为基础形成的,而读、写、算等技能又是以识字能力为基础形成的。正是从学习能力和创新能力这个角度讲,识字使人类的认识能力产生了一次光辉、巨大的飞跃。人类正是凭借这次飞跃,脱离了蒙昧时代,开拓了高度文明、高度发展的现代社会。

　　创造文字的功勋是伟大的,但是我们还要认识到,使众多的人能够识字的功勋同样伟大,甚至更加伟大。为什么这么说呢?因为有不少种类的文字没有人认识,或者认识的人不多,结果这种文字就消亡了。我们也有这样的例子:古代就有八卦,有一些人对八卦还很有研究,但是对八卦有认识的毕竟太少,所以这种东西到现在很难流传。还有河南发现的河图洛书,现在也很难有多少人能把它搞清楚。可能它们里面都有非常深奥的学问,发明八卦或创造河图洛书的人可能是非常了不起的,但是由于这些东西没有能够被众多的人掌握,所以它们慢慢地消失了，至多也只能是少数专家学者研究的对象。回顾世界史，很多古老的文明慢慢地消失了，他们的文字也随之消失了。我们的文字能够几千年不断，流传下来，而且能够发扬光大，与识字教育的普及是分不开的。现在活着的文字，都是由于有众多的人认识它，使用它，而且在使用当中改造和发展它。有些人曾经批评基础教育，教人认识几个字算什么，光认识几个字那不是培养几个"孔乙己"、几个"酸秀才"吗？我觉得，孔乙己这样的人物毕竟是极个别的，而且是由可以产生孔乙己的时代产生的。我们广大的教育工作者，应该更加重视识字教学，研究识字教学，把识字教学推上一个历史的新阶段。现在很多同志非常重视教育，有非常急迫的心情，要多出人才，多出高级专门人才，要多办国际一流的大学。这当然是好的，但是如果真想办一流大学的话，那首先应当把我们的小学办成一流的。因为只有小学生是一流的，中学生是一流的，最终才会有一流的大学生出现，因为一流的大学绝对不会只是房子、设备这些东西。

一流的大学应该有一流的生源，这才能体现教育以人为本的精神。只要一流的大学生，而不管中学什么样，小学什么样，实际还是只要吃第三个馒头的那种哲学。真正要把小学抓好，还是要从小学的识字教学抓起。必须肯定：真正意义上的教育，是从识字开始的。在这个问题上，我希望我们更好地统一思想认识，而且在这个方面加强理论研究，加强宣传，让更多的人了解识字教育的重要性。

第二个问题，要处理好几个关系。我认为在各个学科的教改当中，语文学科最活跃，目前的情况就是这样。在语文学科当中，小学语文，尤其是识字教学的改革最活跃。从这些年的情况看，小学语文教学改革是多彩多姿的，思想是最为活跃的，成果也是最为丰富的，这一点必须充分肯定。就拿识字教学来讲，较早推出的有"集中识字""分散识字"等这样一些广为流传的教学法。近些年来推出的又有"注音识字·提前读写""字理识字""韵语识字"以及"计算机辅助识字"等多种多样的识字教学法，形势是十分喜人的。在识字教学领域里面，理论界长期以来有一种争论，就是学汉字到底是难还是易。有的说汉字难认、难记、难写；有的说正好相反，汉字是易认、易记、易学。我认为难和易是一对矛盾，既然是一对矛盾，就是可以相互转换的。难和易并不是绝对的、固定不变的，现在之所以出现这么多的汉字识字教学法，除了教育工作者的教改热情高、责任感强的原因外，汉字难学的因素恐怕也是不能否定的。汉字还是比较难学的，确实有人批评过识字教学"少、慢、差、费、低"，就是识字量少、速度慢、质量差、费时间、效率低。前两年批评还相当尖锐，认为花课时最多的是语文，但效果最差的也是语文。这里面有一个教学不得法的问题。语文教学在一段时间里存在着主要讲语文知识，分析课文层次、段落、结构，然后考语法知识、词汇知识，考试又是标准化试题，不去考语文应用能力而是考语文判断能力、选择能力等种种问题。但是应该看到，十多年来识字教改热潮风起云涌，也确实改变了或者正在改变着"少、慢、差、费、低"的状况，正使识字教学由"少、慢、差、费、低"变为"多、快、好、省、高"，即识字数量多、速度快、质量好、省时间、效率高，尤其是在计算机技术、多媒体技术引入教学过程以后，汉字难学的时代正在或已经过去，代之而起的将可能是汉字容易识记、容易掌握、容易学习。我们有理由相信，在众多有识之士、有志之士

101

的努力下，尤其是在现代信息技术在教学过程当中被广泛采用的情况下，汉字教学由难变易的目标正在逐步实现。在这里，科学的教学方法至关重要。汉字教学能否由难变易关键是教学是否得法。要解决好教学方法问题，应当处理好几种关系。

第一，要处理好知识与技能的关系，把知识传授与技能训练有机结合起来，以技能训练为主。知识要讲一点，绝不要太多。过去的弊病是知识讲得太多了，讲得太细了，而且要求太高太深。这种教学法与语言的工具性是不相适应的。掌握任何技能关键都在于熟练，熟才能生巧。卖油翁经铜钱孔注油入壶，分毫不差，关键就在于熟练。所以，技术讲求的就是熟练，而熟练的关键是训练，无论是识字教学还是语文教学，都要少讲多练。

第二，要处理好理论与实践的关系，把理论指导和实践活动统一起来，以语文实践活动为主。多年来语文课讲知识太多，把知识讲得支离破碎，把课文肢解得七零八落，影响了语文课全面、整体的功能发挥，学生学了很多无用的知识。在这方面是有教训的。要坚持听、说、读、写四会的原则。只有通过学习者自身的实践活动，才能够实现四会，才能形成学习者自身的能力。"满堂灌"要不得，"满堂问"也不见得就好。关键是要改变我讲你听、我问你答、我考你应那样一套死板的做法，让学生主动参与学习活动，要他们在教学实践当中自己去提高。老师应该起指导的作用，担任导演、节目主持人、活动的组织者的角色，而不应扮演木偶操纵者的角色。

第三，要把工具性和文化性统一起来。语文课的性质到底是什么？这个问题已经争论多年了。语文当然有它的工具性，但是仅仅把语文作为一种工具，也是不全面的，所以要把工具性和文化性统一起来。语言文字是工具，否认语文工具性的理由是不充分的，但如果把语文教成了单纯的工具课也是不成功的。文字和语言都是文化的载体，离开文化的文字和语言，实际上是不存在的，因此语文教学从来就离不开一定的文化背景。所以不要把两者割裂开，而应该把两者有机统一起来。语文课应该渗透中华文化传统教育，重视文化尤其是思想感情在语文课中潜移默化的作用，这一点也适用于识字教学。有中国特色的社会主义教育，要培养的是中国人；中国人，首先要有一颗中国心。什么是中国人？并不是黄皮肤、黑眼睛、黑头发的人就是中国人。是不是中国人，要看他有没有接受中国的文化，是不是有中国的文化传统。有中国的文化传统，有中国心，才是中国人。如果一个人有中国文化传统，他自己就能对各种价值观进行分析、判断，就会选择自己应该有什么价值观。关键就在于我们的教育，尤其是在于人之初阶段的教育，这是与我们的思想品德教育、语文教育、识字教育关系密切的。所以在语文教学当中，要处理好工具性和文化性的关系。

第四，要处理好继承与创新的关系。时代在发展、在进步，教学方法也要与时俱进，要创新。语文教学要处理好继承和创新的关系，一方面要采用现代的科学的方法，把抽象的东西变为具体的东西，把需要很多时间讲清楚的东西用很短的时间讲清楚，让比较机械、死板的东西变得生动活泼。这些通过现代教育技术手段都可以做到。现代计算机多媒体技术的应用有着广阔的前景，会使识字教学产生深刻的变革。应该认识到，面对一台计算机，不仅仅是面对一个优秀的教师，也不仅仅是面对一座丰富的图书馆，更是面对一个五彩缤纷的世界。

因此，对信息技术不重视会犯历史性的错误。我们需要利用这些技术为我们的语文教学改革、识字教学改革不断开拓新的境界，创造新的方法。另一方面，传统教育中有一些好的东西是常学常新的。比如说，"熟读唐诗三百首，不会作诗也会吟"，这种传统不要丢。对于中华传统文化当中的精华，在中小学语文教学中要提倡背，提倡诵读。它不仅仅是识字，是语文；它还是文化，是思想，是情感，是中国人的情感所在、精神寄托所在。

第三个问题，要有执法意识。《国家通用语言文字法》的颁布是语言文字工作方面的一件大事。语言文字问题是人人离不开、处处离不开、时时离不开的东西，但平时又常常被人们所忽视。我们要很好地学习《国家通用语言文字法》，并在教学实践中认真贯彻执行。一个是规范字，一个是拼音方案，一个是普通话，这三者，应该说是我们社会主义文化的三根基础性的支柱，不能动摇，动摇了就会出问题，甚至会犯错误。语言文字的规范化、标准化工作，关系到一个 12 亿人口的国家的物质文明和精神文明建设。乱造简化字、否定简化字方案、否定《汉语拼音方案》、拒绝推广普通话等思潮或行为都是极为有害的。现在有了《国家通用语言文字法》，就要增强执法意识，依法办事，努力把语文教学搞好。

第四个问题，要贯彻"双百"方针。语文教学要贯彻"双百"方针，识字教学也要贯彻"双百"方针。"一花独放不是春，百花齐放春满园"。有竞争是好事，因为竞争能够出效益，竞争能够出质量，但在竞争中应互相尊重，互相学习，互相帮助，取长补短。中国知识分子过去有一个不大优良的传统——文人相轻。总是自己好，人家不好，自己行，人家不行，看自己一朵花，看人家豆腐渣，这种影响在学术领域多少还存在。所以我们在教改实验工作中，在研究工作中，在创造各种教学法的过程中，要重视贯彻"双百"方针。每一种优良的教学法，都有一定效果，有接受的群众，有自己的长处，但也一定会有自己的不足。十全十美的教学法，我看是很难找到的。尺有所短，寸有所长，所以互相学习是最重要的。把人家的长处学过来，丰富自己，发展自己，力求减少自己的不足，使之更臻完善。教改中难免有争论，在争论中最重要的是要互相尊重。要尊重他人的创造，尊重他人的劳动，尊重他人的首创精神。只有做到了这一点，才是尊重自己。不尊重他人，归根结底是对自己的不尊重。现在各种教学法很多，这是好事，从团结的愿望出发，互相学习，互相帮助，互相促进，而不是互相指责，互相攻击，就可以形成一个团结、和谐、生动活泼的教改局面。

　　总之，识字重要，识字教学重要。人生识字聪明始，成人识字率高的民族才可能是，也一定会是一个高素质的民族。

2000.11.26

# 写真就好，有情更佳，扬善则美 *

我赞成你们对作文个性化的倡导和追求，对有这么多学校、这么多老师和学生参与到这项活动中来感到欣慰。

中国古代有一句话，叫"文如其人"，从这个意义上讲，教作文实际上是教做人。由此看来，作文意义重大，忽视作文教学，不在作文教学及其研究上下大的功夫，在教育思想和教育实践上都是不能容忍的重大失误。

你们的工作做得很好，我看了《作文个性化平台》杂志，许多学生的作文写得很好，很精彩，生动活泼，有鲜明个性特征。像《交给世界一份真诚》《观音流浪记》《老师认错》《矿泉水瓶的自述》等，都写得不错，同学、家长、老师都给予了好评。

我给《作文个性化平台》杂志题写了一句话："匡时救失，写心抒真。"为什么讲"匡时救失"？就是因为时下的应试作文法影响太大，弊端太多，危害太深。有些地方教学生背若干篇文章，看到题目之后再七拼八凑，弄虚作假，讲空话、假话、套话，千人一面，众口一词，

---

\* 在 2001 年《作文个性化平台》杂志年会上的讲话。

实在是既害人又害己。对这种倾向，非匡救不可。

"五四"时代反对过老八股，延安整风时反对过党八股，我看现在要反对新八股了。新八股的表现是讲空话、假话、套话，胡编乱造，虚情假意，冷漠无情。前几年，为应对"坚强与脆弱"的命题，一个考场竟有二三十份作文试卷写自己或缺胳膊少腿，或父母双亡，如何如何，连篇假话，满纸谎言。真是令人痛心。

作文个性化之路就是要走出应试死胡同，另辟蹊径，带领莘莘学子走上一条健康清新的作文之路。这条路怎么走，我想提三句话：写真就好，有情更佳，扬善则美。

文学创作是不能排斥虚构的。故事可以虚构，但内容不应离开生活的真实，不应离开情感的真实。尤其在学习作文这一起步阶段，真实应是一个基本要求。明代的都穆说过："但写真情并实境，任它埋没与流传。"写真实不一定就能流传，但离开了真实，则一定不会流传。现在出现了一种写作低龄化现象，十五岁、十岁，乃至于五岁孩子都开始出版小说集、诗集，家长们乐此不疲。其实那是一种商业炒作。学生家长为了在升学竞争中得利，学校老师为了扬名，出版商为了赚钱。各有所求，所以一拍即合。总之都是急功近利。希望大家不要去赶这种时髦，出少年作家并非当务之急，当务之急是提高十几亿人口的语文素质。

文章要有人看，还是要有感情。古人说："感人心者，莫先乎情。"没有感情的文章是没有感染力的，没有价值的。这样的文章产生之日，也就是消亡之时。法国一位哲学家说过："感情是唯一永远有说服力的演说家；它是一种自然的艺术，它的法则是绝无错误的；头脑最简单然而面带感情的人，较之没有感情的雄辩家更具有说服力。"我们提倡作文个性化，千万不要忘记感情因素。感情不但是重要的，而且是最富于个性特征的。

"文以载道"是一个具有普遍性的真理，尽管什么时候都有人反对它，但反对者自身的文章就载了另外的道。我是赞成作文要载道的，而针对目前的社会生活现实，我主张把"扬善"作为一种重要的价值追求，我概括为"扬善则美"。我在报纸上看到一个小孩因拾金不昧而遭到家长责骂的消息，甚为感叹。拾金不昧是一个小小的"善"，可以说是"善"的萌芽吧，就这样被扼杀了。"勿以善小而不为，勿以恶小而为之"，这是建设中华民族道德长城的大原则。卢梭说："儿童第一步走向邪恶，大抵是由于他那善良的本性被人引入歧途的缘故。"正是基于这个原因，我很喜欢《交给世界一份真诚》，这篇文章就从一件小事上体现了扬善的原则。另一篇《一盒饼干》，也是写小事，但充满了人性之善和人性之美。我们生活的世界，到处有暴力、杀戮、欺诈陷害、坑蒙拐骗等丑恶现象，我们不是希望这个世界更安定一些，更和谐一些吗？而人性之善、人性之美，恰恰是世界和社会安定和谐的基石啊！正因为如此，我认为把"扬善则美"作为一种理念、一种希望、一种价值追求提出来，应当是适宜的。

2001.1.11.

# 《心露集》自序 *

　　我少时即酷爱中华诗词。幼随父叔背诵，敏于记忆，年长始知其义，兴致益深。中华诗词内容之博大精深，形式之齐整有致，韵律之和谐优美，世无伦比。朗读时抑扬顿挫，吟诵时荡气回肠；写景使人流连忘返，状物叫人拍案惊奇；动情处催人涕泪俱下，激奋时令人拔剑而起；穷哲理宏微，横连中外，述人情事态，纵贯古今。真可谓国之瑰宝，世之奇葩，展现了高度发达的民族智慧。绵延数千年，至今仍光辉夺目，良有以也。

　　中华诗词一大传统是讲求"言为心声"。刘征先生说："凡我所写，不论是豪语、庄语、快语、悟语，还是低语、谐语、愁语、愠语，都是我的心语。我的诗词就是用诗行勾画的我（自然并非全部）。"这段话深刻地概括了"言为心声"的传统。我想这也正是中华诗词感人至深、长盛不衰的原因所在。我的诗词，也是我的心声。实际上，我的文章多是我对工作、对教育的思考、认识，而我的诗词则是我欣喜与忧愁、快乐与伤感、爱与憎、消沉与奋起等情绪的内心独白。这

---

* 载 2002 年 3 月 14 日《中国教育报》。此文为柳斌《心露集》自序，该书已由人民教育出版社出版。

些诗词多半是于跋涉途中在车上构思的，曾想命名"轻车行"；也有不少是在失眠时借以打发漫漫长夜的，故又拟名为"不眠吟"。然而作诗目的确实不在发表出来，公诸于众，而是作为自我调整心理状态的方法，或发泄情绪，或自我抚慰，或寄情山水之类的东西，说是"自润心田"，似乎更加贴切。这就是取名"心露"的原因。

中华诗词的另一个传统是讲求格律。诗有律诗、绝句、古诗之分，有四言、五言、七言、杂言之分，词则按词牌要求，有长短句的限制。讲求平仄，故能抑扬顿挫，声调铿锵；讲求押韵，故朗朗上口，声韵和谐；讲求对仗，则排列整齐，珠联璧合。然严格按照这些要求来办，束缚太多，影响思想感情的表达。所以今人多主张对格律要适当放宽。讲平仄但不过分拘泥，要押韵但大致相近即可；少用典，提倡口语入诗。这些我认为都是很合理的，是诗词理论的一种进步和发展。

本人自知浅陋，然当有感于怀时，常有效法前人，附庸骚雅之心，辄尝试之，积百余首。友人劝付梓，自思虽无补于社会国家，然从所咏所陈之中，亦约略可见作者之心路历程，依稀可察当世之风土人情、世态炎凉，盖亦不是毫无价值者也。嗟乎！境非真处即为幻，俗到家时自入神。我的诗俗，而又不到家，类同白开水，谬误之处，敬请方家校正。

友人张志和，南阳人也。师从启功先生，攻文献学，获博士学位，工书法，楷行俱佳，犹精于楷书。启先生曾评曰："其才可用，其人可靠。"启先生为人严谨，能当先生此八字者，不亦鲜有而至幸哉！及《心露集》付印之初，志和君闻而欣然允诺楷书全卷，亦本人引以为大慰平生之快事也。是为序。

2002.3.14

# 学好汉语拼音 热爱民族语言 *

　　"注音识字，提前读写"实验 20 周年了，走过了一条艰难而光辉的道路。这项实验不仅对语文教学做出了重要的贡献，对整个语文建设都起到了很好的作用，我们要十分重视它，要继续把这项工作搞好。

　　"注·提"实验的形势，应当说总体上是好的。现在 28 个省市都有"注·提"的实验学校，几百万学生在接受这个实验。特别是有一批一线教师，他们正在为这项实验取得更大的效果夜以继日地奋斗、拼搏，但也要看到，在"注·提"实验搞了 20 年的现在，仍存在一些困难。比如，社会的大环境对"注·提"仍然不大宽松，尤其现在出现了一种叫"淡化汉语拼音"的思潮。我不知道这个思潮是从哪里来的，很可能是与一些人人为地制造"汉字要拼音化"的谣言有关系。汉字并没有要拼音化，我们国家解放以后，从没有汉字拼音化的政策出台。也可能有一些人，是在利用"汉字要拼音化"这种传言，来否定《汉语拼音方案》。从简化汉字开始，从制定《汉语拼音方案》的时候开始，周恩来总理在《当前文字改革的任务》里就已经明确指出，《汉语拼

---

* 在 2002 年"注音识字，提前读写"实验 20 周年座谈会上的讲话。载《语文教学与研究》2002 年 7—8 期。

音方案》的职能，不是代替方块汉字，它的作用一个是为汉字注音，推广普通话，再就是为大量的出版物、工具书、资料编制索引，为旗语、手语、哑语提供一种辅助的手段，而且为国际上使用的汉语人名、地名正音。《汉语拼音方案》的作用是很大的。正因为有了它，上述这些方面的工作取得了巨大的进展，尤其是在实施推广普通话这项宏伟的战略任务方面，发挥了和正在发挥着重要而有效的作用。可以说《汉语拼音方案》已经成为我们国家新文化的一根重要支柱，这是不容否定的。在新时期我们仍然要重视《汉语拼音方案》的推广和应用，这项工作还要继续加强，不能以任何借口去淡化。

　　第二层意思，我还想讲一讲，我们要非常热爱中华民族的语言。为什么？因为语文素质是一个人全面素质的基础。我们现在不是讲素质教育吗？要全面提高一个人的素质，首先要帮助他打好民族语言文化的基础。没有很好的语言素质，怎么能有很好的文化素质呢？没有很好的语言和文化素质，怎么能有很高的国民素质呢？我确实是非常热爱我们中华民族的语言的，所以中国语言逻辑大学要我给他们题词，我就题了一句："爱我民族，兼爱我语言。"英语是世界上的强势语言，现在大家都在学英语，国内也掀起了学英语热。学习英语重要不重要？我觉得当然是重要的，尤其是当我们改革开放的时候，当我们已经进入世界贸易组织的时候，我们需要扩大视野，需要培养有国际视野、有国际交往能力的一代新人。但同时要强调，要在学好母语的前提下掌握外语工具，要处理好母语和外语的关系。这一点，在国外的人士可能比在国内的人士体会得更加深切。一个加入了美国国籍的中国留学生说，她最忧虑的，就是担心她的孩子将来不会讲中国话。她自己非常热爱中国的文化，所以她现在既要完成自己的工作任务，又要当老师，在家里教她的孩子说中国话，写中文。她对孩子有一条规定，就是上学的时候可以讲英语，一回家必须讲汉语。为什么？因为她很怕中国文化传统在她的子女身上丢掉了。我们在国内可能还缺少这种意识。世界上很多国家，都在为自己的民族语言争一席之地。他们采取了各种措施，包括立法和其他多种政策措施。现在我们颁布了一个《国家通用语言文字法》，我们的任务就是要增强法律意识，很好地贯彻、执行这个法律。

中华民族的语言具有很多优越性，内涵很深刻，组词的功能强，表情达意的功能强。正因为如此，联合国的文件中，最简明扼要的是中文本。我们语言文字表情达意的功能强，语言简洁明快，对发展思维特别有利。我们的语言文字有它的优越性，也有它的难处：难认，难记，难写。不承认这"三难"，不是实事求是的态度，也不是唯物主义的态度。正因为如此，我们的小孩子至少要到小学三年级以后，才能开始阅读和写作。开展"注·提"实验，恰恰就是针对这个问题，并解决了这个问题，使学生在识记汉字的同时，还能借助于拼音工具，提前开始阅读，提前开始写短句、短文，这不就为我们优秀的汉字文化插上了腾飞的翅膀吗？这有什么不好呢？所以我觉得我们应当很好地来研究这些问题，来思考这些问题。这项工作搞好了，对于我们的语文教学、语文建设，对于我们开发学生智力，提前发展学生的思维能力，作用是巨大的。

2002.6.16.

# 热爱母语 重视作文 *

我非常高兴有机会在这里跟大家见面。看到今天开题会的盛况，我深有感触。大家十分关注这个课题，对搞好这个课题有着饱满的热情，使我深受鼓舞。由此想到，我们的教育科学研究要更加切合中小学教改实际的需要，才会受到老师们的欢迎。

教育是培养人、塑造人的事业，而人是一切社会关系的总和。要搞好教育工作有三个东西离不开：第一是道德，第二是情感，第三是智慧。如果教育离开了道德、情感和智慧，很可能是不成功的，甚至是危险的、缺乏创造活力的。如果我们把整个教育过程变成一个单纯的应试过程，那么这种教育就可能离开道德，离开情感，离开智慧。教育是这样，语文教育也是这样，作文教育也是这样。

中央教科所提出了"作文个性化发展研究"的课题，课题组邀请我当总顾问。我问教科所所长朱小蔓同志，作文个性化是什么意思，需要解决什么问题，小蔓同志给我讲了一下。我听了以后很高兴，觉得这个课题很有针对性，我欣然同意并表示支持。为什么要支持？最重要的是想要借此进一步推动我们的中小学语文教改。

---

* 在 2002 年"中小学生作文个性化研究"开题会议上的讲话。

我们民族的语言是世界上最优秀的语言之一，一定要重视我们自己优秀的语言文化传统。中国语言逻辑大学校庆时要我题词，我写了一句话："爱我民族，兼爱我语言。"爱我们的民族一定要爱我们的语言，不要以为我们的语言现在在世界上已经占有很有利的地位，情况并不是这样。我们的语言是十分优秀的语言，大家可以举出很多例证去说明。我曾经在几次会议上都讲到，我们的语言准确、鲜明、生动、简练，既适合于发展人的逻辑思维能力，也适合于发展人的形象思维能力，好得很！人家说中国学生的数学好，确实好。中国的高中生到国外留学，数学往往都是他们班里最好的。其中有很多原因，比如我们的数学老师好，我们对数学教学重视，数学课时多，再加上中国考试频繁，所以学生学数学的压力也大。除了这些原因以外，我们的语言对学习数学也非常有帮助。简单的算术，外国人觉得很困难，我们觉得很容易，为什么？因为我们的语言可以把很复杂的问题用很简单的方式表述得非常准确、非常清楚。七个九相加是多少，七乘九是多少，用其他语言表达相当复杂，用我们的语言四个音节就解决了：七九六三。更不要说我们的珠算啦，珠算把很复杂的问题简单而又形象地解决掉。三下五除二，四退六进一，无论是在个位、十位、百位都可用，解决了多么复杂的数学运算问题呀，外国人听不懂。以上讲的是逻辑思维，形象思维方面的例子也举一个。大家都是教语文的，教过字谜，有一个谜语的字面是："在娘家青枝绿叶，到婆家骨瘦皮黄。不提起倒也罢了，一提起眼泪汪汪。"谜底是"撑船的竹篙"。28 个音节，惟妙惟肖地勾画了一个童养媳的形象，又押韵又朗朗上口，表达的意思又深刻又形象。要爱我们的语言，我们的语言确实是世界上最优秀的语言之一，但是我们的语言在世界上并不是优势语言，现在的优势语言还是英语。随着经济的全球化，随着改革开放进程的加快，我们当然要提倡学英语。年轻人不学英语就不能更广泛地进行国际交流与合作，就不能使我国进一步走向世界，学好英语无疑是十分重要的。但是，我觉得现在大家在学习英语方面也有一些偏差，学英语达到了疯狂的程度，学英语超前到学前阶段、幼儿阶段，有的要从零岁开始，这就值得研究了。学英语与学母语的关系是什么？必须热爱我们本民族的语言，要在学好母语的前提下学习外语，位置要摆正。如果这个位置摆不正，我看不但母语学不好，英语也学不好。

我们要十分重视作文问题，小蔓同志提到作文的问题实际上是做人的问题。我国古代有个提法，叫做"文如其人"，反过来其实也是一样：人如其文。作文与做人是一个问题，作文是做人的一种表现、一种反映。热爱本民族的语言，对本民族的语言有很深厚的感情，才能把语文教好，把作文写好。在"文化大革命"中，陈伯达带领中央文革小组几个人到北京师范大学搞斗、批、改，学校造反派头头谭厚兰请示他中文系教改怎么搞？陈伯达说："中国人说中国话，写中国文，要办什么中文系？中文系要彻底砸烂！"这是一个深刻的教训。正因为我们是中国人，所以要说好中国话，要写好中国字，要作好中国文，这样的人才是一个真正的中国人。以上是我要强调的第一个方面。

第二个方面，对我们的作文、对语文教学产生干扰的可能不只是对语文不重视、不热爱的问题，因为不重视、不热爱的只是少数人，多数人是重视、热爱语文的。更大的干扰来自功利主义。以应试为目的急功近利的倾向，对语文教学和作文教学的干扰可能更大。常见的做法就是频繁考试，多考多写，要求考高分—上大学读研究生—出国—拿绿卡，这一套思路。为此，学生就要用种种方法去应付考试。前几年，我一个劲儿地反对标准化试题，说它实际上是在诱使学生受骗上当、跌进陷阱；答案又是唯一的，常常束缚学生的思维，不利于创新精神的培养。现在，美国都发现标准化试题对教学不利，人家都不用了，我们这里还很流行。我着力反对了一下。

要减少一些客观题，就要增加一些主观题，语文试题也增加了作文所占的比重。现在又出现了很多对付的办法：编故事，或背熟若干篇作文，或者用如何开头，如何转入高潮，如何结尾，分解成种种模式的方法；到了考场上，碰见什么题目，就来凑；还有人用计算机设计了很多主题，很多故事情节，很多开头，很多结尾，教学生碰到什么题目，选什么内容、开头和结尾。真是上有政策，下有对策。模式化实际上也是"标准化"。这种东西不但害人，害了学生，也害了国家。用这种方法怎么能够提高学生的作文水平？怎么能够提高学生的语文素质？

针对上述这些问题，我们的语文教改需要深化，作文教改需要深化。中央教科所的同志提出一个作文个性化的课题，非常有针对性，非常及时，非常重要。人与人之间是千差万别的，重视这种差异性，让每个人拥有自己的个性，并发展自己的个性，这是最宝贵的教育资源。只有这样做，我们的世界才会有多样性，才会有丰富性。我希望有更多的老师，更多的教育工作者积极地参加这个课题，把这个课题搞好。

个性化课题组准备出版《作文个性化平台》刊物，有高中版、初中版、小学版。我为刊物写了一句话，八个字："匡时救失，写心抒真。"作为对课题的赠言，也是对老师们的赠言。

2002.10.

117

# 热爱和保护祖国的语言文字 *

受教育部、国家语委的委托，我们对北京市语言文字工作的考查评估正式开始了。我谈一点对语言文字工作和评估工作的想法。

大家都知道经济全球化的趋势为我们提供了良好的发展机遇，也提出了严峻的挑战。在新的形势下，热爱、保护祖国的语言文字，建设、完善我们的语言文字，非常重要，这日益成为我们的一项紧迫任务。

历史上，以汉语汉字为载体，中华民族曾创造了光辉灿烂的文化，如唐诗、宋词、元曲等。在现代生活中，汉语、汉字同样帮助我们在经济、文化、科技等方面进行着新的创造。改革开放以来，特别是十三届四中全会以来，国家各项事业的飞速发展，对语言文字工作的开展提出了新的要求，提供了难得的机遇，做好语言文字工作也有利于加快各项事业的发展。世界上有几千种语言，在一些"优势"语言排挤下，处于劣势的语言以相当快的速度在减少。很多国家都在为本国语言的发展而努力，想方设法推广本民族的语言。在新形势下，我们既要学好外语以方便对外沟通，又要保证本国语言健康发展，使汉语走向世界。

---

* 在 2002 年北京市语言文字工作评估汇报会上的讲话。

汉语是否被排挤、消亡，关键要看汉语能否纯洁、健康地发展。新中国成立后，《人民日报》数次发表社论，呼吁为语言文字的纯洁和健康而奋斗，今天我们更要进一步增强这种意识。

新中国成立后，我国语言文字工作经历过波折，但总趋势是好的，有创新、有发展。语言文字的发展是一个从改革、发展到规范的螺旋式上升过程，现在我国的语言文字处于稳定、规范阶段。2001 年开始实施《国家通用语言文字法》，语言文字规范化走上依法工作的新轨道。在新阶段，要增强执法意识，使语言文字工作为国家各项事业的发展做出贡献。

这次评估是教育部、国家语委首次组织的对城市语言文字工作的评估。北京是首善之区，语言文字工作也是首善之区的重要工作内容。北京市各方面对此次评估非常重视，北京工作做得好，对全国将产生积极影响。这次评估的目的主要在于促进和推动语言文字的规范化。重在过程，重在建设，不是以检查出一个最终结果为目的，而是以评估为动力，全面推进北京市的语言文字工作。北京市的自查自评、纠正改进，实际上已经产生很好的效果。评估要达到五个方面的效果：

——增强执行《国家通用语言文字法》的执法意识。

——落实各项政策措施。

——更好地总结北京市语言文字工作的经验。这次是一次向北京市机关团体、企事业单位、广大市民学习的好机会。

——形成推动语言文字健康发展的有效机制。评估是促进工作的手段。语言文字工作没有什么强硬的措施，主要靠教育、引导，靠舆论监督。评估有利于形成贯彻法律法规的好的机制。

——产生积极的效果。做好评估工作对贯彻法律法规会产生好的作用、影响，最终提高语言文字工作的效果和市民的语言文字素质。

希望各有关部门共同努力，为北京市语言文字工作的发展做出积极贡献，同时也为做好其他城市的评估工作提供有益的经验。

2002.12.20

# 提倡一下口头作文

我十分赞成口头作文。口头作文活动的广泛开展，将有力地促进中小学生语文素质的提高。

时下作文之大弊，在于作文的公式化、概念化倾向；在于说假话、说空话，矫揉造作；在于缺乏真情实感，因而没有鲜明的个性。要消除这些弊端，从总体上讲，有赖于教育改革的深化和应试倾向的纠正。从作文教学来说，提倡开展个性化的口头作文活动，应是一种提高教学质量的有效办法。

口头作文的大体做法是：教师将学生导入情境，启发诱导学生触景生情、因事立意，展开想象的翅膀，抒发心底的感情，揭示事理的逻辑，从多种角度选题，以多样的形式表达并当场演讲。然后，教师引导学生研讨自评，最后教师评点总结。

口头作文活动有许多优点：第一，有利于表达真实情感；第二，可较好地体现学生个性特点；第三，增强作文教学的公开性、互动性，有利于共同切磋提高；第四，有利于训练和提高学生的观察能力、想象能力、思维能力和表达能力。

口头作文，贵在临场发挥，贵在真实、清新、自然，切忌把它作为猎取荣誉的手段，重复"应试"的老一套。

2003.2.16.

# 读书活动意义重大 *

　　全国青少年爱国主义读书教育活动从 1993 年起到现在，已经坚持了十年，有三亿多人次参加，具有重要意义。

　　作为教育部门，我们既是这项活动的支持者和参与者，也是受益者。中宣部、全国妇联等有关部门都在帮助我们对青少年进行爱国主义教育，做好中小学生的课外读书活动。所以我们要把开展这项活动与"减负"很好地协调起来。"减负"是要减轻中小学生过重的课业负担，更主要的是要减轻他们过重的心理负担和精神压力。"减负"以后，学生有了更多的自主支配时间。这个时间用来干什么呢？就是要引导青少年把这个时间用于更好地、更多地开展各种课外活动，包括课外读书活动。

　　我认为，开展读书活动的意义远远不止于配合"减负"，做好青少年的教育工作，还有更深刻的意义。

　　中国有句古话："人之患，在好为人师。"我想把这句话改造一下，我认为现在这个时代，"人之患，在不好读书"。这是很让人忧虑的

---

* 在2003年第十一届全国青少年爱国主义读书教育活动大会上的讲话，载2003年8月29日《中国教育报》。

事情。《中国教育报》开展了两项社会调查，一项是调查学生的阅读情况，另一项是调查教师的阅读情况。调查的结果令人忧虑。高中学生中70%～80%的人不看名著，不但不看外国名著，中国的名著也不看。我们的教师也是这样，除了自己所教的那门课程外，对其他的东西、重要的作品有更多了解的，为数不多。

不好读书，是值得我们忧虑的一个问题。因为在信息社会，获取知识的主要渠道是阅读。一个不重视阅读的学生，将会是缺乏获取新知识的能力，因而缺乏发展潜能的学生；一个不重视阅读的家庭，将会是一个缺乏文化内涵的平庸家庭；一所不重视阅读的学校，将会是一所呆板、沉滞、令人窒息的学校；一个不重视阅读的社会，将是一个没有希望的社会。

我们把读书活动开展好，不仅对教育工作本身，而且对转变整个社会风气、移风易俗都有重要的作用。我们引导青少年开展读书活动，更重要的是要帮助青少年养成良好的阅读兴趣和阅读习惯。我们并不要求青少年一读书就要读深、读透。陶渊明讲过一句话，好读书，不求甚解。现在我们把它作为贬义的话，意思是这个人喜欢读书，但不求深入理解。其实好读书又求甚解当然很好，但是在大多数情况下，好读书又求甚解比较难做到。所以首先是要让青少年好读书，能够好读书，现在不能得到甚解，能得到略解、粗解、浅解，甚至于一知半解，也是好事。读死书、死读书这样一种风气，使学生厌学，甚至弃学。在这种情况下，求甚解的结果是学生不好读书了。好读书，"解"在其中；不好读书，什么"解"都没有。

我们也要重视在读书过程中引导青少年，培养学生的阅读兴趣、阅读习惯，教给他们良好的阅读方法。有些省的做法非常好，他们就是把读书活动的过程变成实践活动的过程，变成培养创新精神、创造思维的过程。这就非常有价值，非常有效益。

我们还应该研究一下怎样把读书活动开展好。让青少年好读书、多读书当然重要，但更为重要的是要引导青少年读好书。中国有一句古话叫做"开卷有益"。这句话到现在不太完全了。现在很多书籍已经不是开卷有益了，"开卷有害"的书籍很多。现在书店销售的书五花八门，有的书非但无益，反而有害。即使是虽然无益，但也无害的东西，我们也不能让它占据青少年宝贵的时间。一些无用的信息，特别是网上的知识垃圾浪费我们青少年宝贵的时间，也无异于图财害命。所以，对于缺乏鉴别能力的青少年，尤其要倡导他们读好书，要选择好的东西让他们读。全国妇联牵头开展的这项活动，正符合这些要求。引导青少年读好书，开展爱国主义读书教育活动尤其重要。

在新的国际形势下，我们更加感到，通过读书活动培养青少年的爱国主义精神尤其重要。落后就要挨打，自古以来就是这样，今天仍然是这样。中华民族如果想不再像一百年前那样在列强的铁蹄下过日子，我们就必须奋发图强。联系国际形势，我们应当更加有效、更加深入地开展爱国主义教育活动。

中央印发的《公民道德建设实施纲要》，强调要围绕"五爱"开展对青少年的教育。尤其是在诚信方面，我们要很好地对青少年进行教育和引导，而且要用有民族文化传统的东西进行教育和引导。

江泽民同志在哈佛大学做过一个演讲，其中讲到经济发展的趋势是经济全球化，但是文化要多元化。经济全球化，文化多元化，我觉得讲得非常好。教育也属于文化范畴，江泽民同志讲的文化要多元化，符合我们国家、民族的利益。你看美国无论什么人，衡量是非的标准首先是是否符合美国的利益。我们也得考虑，我们的一些原则、一些规定、一些口号，是不是符合中国的利益。"教育国际化""文化国际化"，实际上就等于教育西方化、文化西方化，而西方是围着美国转的。所以这种口号实质上是教育美国化、文化美国化，全盘接受美国的价值观念。这些问题都值得我们思考。在开展读书活动的时候，要思考这些问题。比如我们要解决诚信问题，有很多资源呢。过去语文书里有一篇课文，讲的是有一个放羊的孩子，狼没有来，他在山上大喊"狼来了"，大家跑过来，看到狼没有来，他却哈哈大笑。等狼真的来了，他再喊时，人家都不来了。我觉得像这样的故事、寓言在孩子小的时候讲一讲是非常必要的，不要从教材、课外读物里删除掉，这是非常好的东西。再比如《东周列国志》中"烽火戏诸侯"的故事，周幽王因为失去诚信，最后导致国破人亡。类似的内容在我们民族传统文化宝库里有很多，我们可以充分利用这些东西，引导青少年建立诚信的观念，培养这种意识。所以读好书，是更加重要的问题。

全国妇联组织开展的读书教育活动，每年都为不同年龄段的学生编几本书，编得都很好，应该说都是精品。当然除了读这些书以外，还要让青少年更广泛地读一些好书。

要多读书，更要多读好书，这才是我们的目的。

2003.8.29

# 语言文字必须实现规范化 *

大家都知道，语言文字不规范不行，尤其是在社会主义现代化建设中，经济的现代化、科技的现代化、文化的现代化，各方面的现代化都需要以语言文字作为基础。因此，语言文字必须实现规范化。

语音不能不规范。我们出差到广东、上海等地，如果当地人都讲方言，很多人就会听不懂。文字也是一样，在社会活动中写封信，签订一个合同，有时因一字之差就可能造成误解或经济上的重大损失。就拿我听到的一件事来说，一份合同中将"订金"写成"定金"，就给企业造成很大损失。因为从法律上说，如果不履行合同，"定金"是不能退还的。所以一字之差，意义有很大的不同。

2001 年年底，教育部和国家语委发布了《第一批异形词整理表》，主要想解决困扰我们书面语言规范的异形词问题。本来教育部有关部门早就明确表示过，在近期考试中不要涉及异形词的问题，因为异形词的规范有一个过程，但 2003 年高考语文试卷改错题，就出了一条成语"伶牙利齿"让学生改正。答案要求将"利"改为"俐"，这就无

---

* 载 2003 年 12 月 25 日《中国教育报》。

意中触及了异形词问题。有的学生改了，得了分；有的学生未改，丢了分。丢分的学生不服，指出历史上"利齿"就有不带"人"字旁的写法，并举出当代一位著名作家也是这么写的，还说有的词典中在"伶牙俐齿"后注明"也作'伶牙利齿'"。官司打到一些专家那里，专家和老师只能说服学生，现代汉语中的规范写法应该是"伶牙俐齿"。规范现代汉语不能以古代为准，也不能以某一个人或某一本词典为据，应该以当代约定俗成的写法为准。由上可见语言文字规范的复杂性和重要性。

语言文字的真正规范化，需要在很长的时间里去实现。1986 年在党中央和国务院召开的第一次全国语言文字工作会议上，中央就确定我国语言文字工作要以规范化和标准化为中心。2001 年颁布实施的《中华人民共和国国家通用语言文字法》，更使语言文字规范化工作走上了法制化的轨道。国家有关部门多年来不断致力于制定和完善语文规范标准的工作，制定了一系列规范标准。但要把这些标准具体落实到每个字和词上，让群众查检方便，有了疑惑可以找到正确答案，就需要编写规范的字、词典。如果仅仅依靠我们公布的《简化字总表》《第一批异体字整理表》《普通话异读词审音表》等是不行的，因为人们不可能随时去翻检一个一个的表。《现代汉语规范字典》正是把这些表中所有应该规范的标准都统一到一本字典上，这就为规范提供了一个非常便利、非常基本的范本。在我们这样一个人口众多、方言复杂的国家，汉字这么多，编写规范性工具书供群众使用，是十分必要又很有意义的工作。这也是《现代汉语规范字典》出版以来深受广大读者欢迎的原因。

　　《现代汉语规范字典》在原有的基础上，经过认真修订重新出版，它的质量有了很大提高，将会为群众学习语言文字，为语文规范化工作发挥更好的作用。我认为编者们为我们国家的语言文字规范化工作做了一件非常好、非常有意义的事情。从我们教育工作来讲，语言文字规范化的基础还是在中小学。中小学是积累字词、掌握语言文字的基础阶段。为此，我希望我们教育界的老师们、同学们和广大的教育工作者，都来使用这本规范字典。通过使用这本字典，增强语言文字的规范化意识，提高正确使用祖国语言文字的能力，从而为提高我国国民语言文字素质打下一个良好的基础。当然，在使用这部字典的过程中，也可能会发现一些不够完善和不足的地方，发现后可以再进一步去完善，使这部字典将来能够发挥更好的作用。

2003.12.25.

# 珍视我们自己的语言 *

　　这是第七届华人少年作文比赛的颁奖会。这项活动坚持了十多年，现在看来取得了一定的成效，我们还会一如既往地将这项活动搞下去，而且希望能够做得更好。

　　在这里我要感谢大家的积极参与。首先要感谢国内外广大师生的积极参与；感谢组委会的各个成员单位，他们对这项工作给予了大力的支持；也要感谢北京市文联，他们对这项工作给予了特别的关照，而且对各项业务工作作了指导；当然也要感谢教育部的有关部门，他们对这项工作也非常重视，尤其是汉办，这次新加入进来，为活动提供了经费方面的支持和帮助；另外，我们也要特别感谢波兰驻华大使馆的文化参赞，这是头一次有外国使馆的人士参加我们的活动；我们还要感谢波兰小朋友——罗兰，她在这次活动中取得了很好的成绩，不但她和她的妈妈感到高兴，我也感到非常的高兴。我们希望今后有更多非华人的少年儿童能够参加这项活动。有人建议把比赛改成"华文作文比赛"，这是一个很好的主意。有华人和非华人参与，改成"华

---

* 在 2004 年第七届华人少年作文比赛颁奖会上的讲话。

文作文比赛"，这样就把参与面扩展了，非常好！

开展华文或华人作文比赛的一个重要意义就是促进中华民族的通用语言——汉语能够加快步伐走向世界，我想在这方面它是有深远意义的。现在世界上最强势的语言是英语，大家都在学习英语，我们感到非常高兴。现在连英语的教学法都有"疯狂英语"，说明学英语的热潮已经在国内掀起。这是一个好现象，说明国人迫切地需要掌握外语这门工具，以更好地走向世界，但与此同时，我们也要看到各个国家都想把本民族的语言推向世界。最近我看到一个新闻，法国总统希拉克参加国际能源会议的时候，听到一个法国商人在用英语发言，希拉克总统说："我对于一个法国人在国际会议上用英语发言感到惊愕！"他问："难道要让未来的世界只剩下一种语言吗？！"他感到很愤慨，接着就退场了。可见，希拉克作为法国总统对推广法语、使用法语是多么重视。当然，我们注意到法国在推广法语方面是不遗余力的，他们在世界上 138 个国家建立了一千多个法语联盟的教学点；我们也看到了德国的歌德学院在世界上大概三十几个国家建立了分部，以此来推广德语。此外，还有许多的国家都在采取措施，推广本民族的语言。我想这是好事情，世界的文化应该是多样化的，每个民族的语言都是一座文化的宝库，每个民族的语言都值得珍视。

我们作为中华民族的子孙，理应珍视自己的语言，但我们现在看到一些不重视、不爱护母语的现象存在，比如说胡乱简化汉字、不遵守规范要求滥用繁体字等。另外，网络语言里面有很多不规范，或者说是一些特别怪异的用法。这在网络上出现，我们不予非议。为什么？它限于网络嘛，为了有趣或者是简便，在网络上流行我们不提出异议，但是不应当把网络语言搬到传统的大众出版物上来，比如报纸、书籍、期刊杂志上。网络语言如果大量侵入到传统媒介，或者是侵入到我们正常的文化交往生活当中，会造成很大混乱。小孩子用网络语言写的东西父母一般都看不懂了，无法交流了。这些问题我觉得我们还要重视，当然怎样解决还需要进行一些讨论。在这方面，我比较高兴的是上海市好像出台了专门的政策来应对网络语言的侵袭。

语言在发展，今后网络语言的一些词汇可能会逐步被大家接受，按照中国语言文字的习惯——约定俗成，很多词汇就会进入规范语言的范围。在这些网络语言还不是规范语言的时候，我们还应当按照规范化的要求，用规范的语言文字来表达我们的思想，来互相沟通、互相交流、传递信息和表达情感。

我想，要让汉语走向世界，华人首先应该承担起自己的责任，要爱护母语，然后要积极地参与向世界推广母语的行动，要通过开展活动让汉语能够更快地走向世界。汉语是非常优秀的语言，但任何一种优秀的语言如果使用的人很少，它也会逐步失去存在的意义。我国现在有13亿多人口，汉语仍是使用人数最多的一种语言。可是国外使用汉语的人数还是很少的。据汉办统计，国外使用汉语的人口仅3000万，这在世界上来讲不算一个大数目。因此，相对来讲，汉语还是一种弱势语言。随着我国经济、文化等各个方面的发展，很多国家都开始出现"汉语热"，他们希望学习汉语，能够用它来跟中国人打交道。我还看到一个消息，美国已经采取了鼓励学习汉语的措施，士兵如果能够掌握汉语，就会被加薪。在这种大家都愿意学习汉语的形势下，我们自己要更加重视汉语的学习、汉语的规范、汉语的使用。

　　作为华人少年作文比赛的组委会，我们会更加尽心尽力地做好作文比赛这项工作，因为这项工作可以使汉语成为一种交流的手段，成为一种文化的载体，加快汉语走向世界的步伐。这几年国内活动开展得比较好，尤其要感谢北京市政府、北京市教委，因为他们采取了很有力的措施，北京市参与这次作文竞赛的数量比上一届有了大幅度的增加。其他一些省市，包括山东、河北等地，增长的数量也很大。我们感谢各地的教育行政部门和文化部门对这项工作的支持和帮助。

　　今天的会议还有一项新内容，我们决定开展世界中小学汉语教师作文教学论文比赛。这个我想也要说几句。真正要把语文教学这项工作搞好，关键还是在教师。因此，组委会秘书处的一些同志提出要开展教师论文比赛，将来搞一次评奖，这是非常有意义的。当然，这项工作我们刚刚开始做，希望大家能够提出意见和建议。怎么办得更好，怎么办能够使得这项活动收到更好的效果，我们愿意倾听大家的意见。

2004.6.10.

# 为营造良好的语言环境而努力 *

首届全国语文规范化知识大赛为贯彻《国家通用语言文字法》，增强全社会语言文字的规范意识，推进语言文字的规范化、标准化做出了积极贡献。大赛历时半年，全国各地有近二十万的学生、教师和语言工作者参加，规模之大、覆盖范围之广皆属首次。更为可贵的是，一些偏远地区的少数民族也参加了这次大赛，这是十分令人鼓舞的！大赛组委会在活动期间收到大量的信件，除了安排专人认真回复外，还特别聘请语言文字专家就容易答错的试题进行分析、答疑，并在多家报刊刊登。大赛最终评出一等奖 100 名，二等奖 500 名，三等奖 2000 名。

语言文字工作关系到国家的统一、民族的团结、社会的进步。实现国家通用语言文字的规范化、标准化，是促进各地区各民族间交流、普及文化教育、发展科学技术、提高工作效率，为现代经济和社会发展服务的一项基础工程，对社会主义物质文明建设和精神文明建设具有重要意义。尤其是在我国经济实力不断增强、对外交流日益扩大的形势下，加快推进语言文字规范化、标准化，更是刻不容缓的大事。

---

* 在 2005 年全国语文规范化知识大赛新闻发布会上的讲话。

我们已经注意到，目前语言文字的应用现状与社会发展的要求相比，还存在着某些滞后的现象。近年来，虽然各级政府在贯彻《国家通用语言文字法》、规范语言文字方面做了大量工作，全体语文工作者做出了巨大的努力，但是全社会的语言规范意识还有待加强。

2004年12月26日，教育部、国家语委公布了历时五年完成的"中国语言文字使用情况调查"结果，部分统计数字显示：我国能用普通话与人交谈的比例，全国为53.06％，城镇为66.03％，乡村为45.06％。上述统计数字既反映了我国语言文字使用的一些基本情况，也部分揭示了我国语言规划的得失和今后的方向。当前社会上用词、用语的混乱状况仍然比较严重，学校中语文教学受重视的程度有所削弱，最近甚至有人还不恰当地提出"保卫方言""语言拒绝规范"等口号，这一切都说明我国语言文字规范化、标准化工作任重而道远。当我们放眼世界，看到许多民族正面临着在世界舞台上丧失母语的话语权，不得不依附于西方强势语言文字，从而使本民族文化弱化的危机时，我们更感到肩上担子的沉重。我们希望通过类似语文规范知识大赛这些活动，不断强化大家的语言文字规范意识，提高广大群众语言文字的应用能力，培养热爱祖国语言文字的情感，使每一位语言文字工作者，每一个使用祖国语言、热爱祖国语言的民众，都把普及通用语言文字、规范语言文字应用作为一项重要任务，为在社会上营造良好的语言环境贡献自己的力量。

日前，教育部已将第二届全国语文规范化知识大赛活动纳入国务院确定的第八届全国推广普通话宣传周系列活动。这说明对我们这项活动，领导是重视的，群众是欢迎的。希望各主办单位和承办单位一起做好工作，把这项有意义的活动继续深入开展下去，不辜负全国师生和广大人民群众对我们的期望。

2005.9.8.

# 阅读改变人生 *

　　目前，中小学教育应当说是走到了一个很关键的阶段。首先是义务教育的发展。现在全国约94％的人口地区已经实现了义务教育，新课程的推广也到了全面铺开的关键阶段，但应看到的是，与此同时，应试倾向登峰造极。现在的情况是，按规律办事成为不正常的现象，不按规律办事反倒成了正常现象。中央提出要建设终身学习的社会，要建设可持续发展的社会，要建设和谐社会，十六届五中全会又进一步提出要建设创新型社会。目前教育这种发展势态能够适应中央提出的高标准要求吗？把所有的学生都逼进应试的死胡同，逼使所有的教育行政干部、校长、教师都承认"分数决定命运"，能够使我们的教育充满生机、充满活力，使得我们的下一代品学兼优、充满创造精神吗？就是在这种疯狂应试的背景下，阅读被忽视了。究其原因，我认为首先是在认识上有误区。事实上，只知道分数决定命运是不够的，对于一个人、一个学校来讲是这样，对于一个社会、一个民族来讲也是如此：阅读改变人生，阅读改变社会，阅读改变一个民族。

---

\* 在中国图书馆学会中小学图书馆委员会第三次全国代表会议上的讲话。载《中国德育》2006年第2期。

我们现在最大的隐患是什么？前几年我就讲，现在是"人之患在不好读书"——一种浮躁的心态。有人说，现在已经由"读字"时代进入了"读图"时代。我不反对"读图"，但如果只是一味"读图"，一个人就会变得越来越肤浅。没有耐心去看有字的书，光是看图，看卡通、动画、连环画，是不行的。当然这些不能不要，尤其是对孩子来说，图画、连环画、动画这些东西形象直观、一目了然，加上现代的技术手段，非常生动、活泼、有趣，容易理解，有很多优越之处。但是，一个人不能一味地只是"读图"，只"读图"有很大的局限性，大量快节奏的强刺激，常常使青少年处于一种被动接受状态，常常把青少年在学习过程中那种必要的思考给排挤出去，不容许有思考的余地。小孩子多看点动画，倒还情有可原，但是如果年纪稍大后，该读书的时候也不读书，仍热衷于读图，那负面影响就大了。我们的民族还能不能够成为一个善于思考的民族呢？没有思考的能力还能不能够有创新的能力呢？"读图"我们不反对，现在我们希望多一些精美的、优秀的图书，但同时我们要提倡"读字"，要提倡阅读，因为很多东西是要通过阅读才能够深化，才能够把所看的东西通过思考内化为自己的认知。诚然，汉字中的象形字曾经也是图画，但经过漫长的由具体到抽象的演变和发展过程，现代汉字已经远离图画，成了代表特定意义和声音的符号。现代汉字的概括能力、构词能力、表达能力，较之初始的汉字已经产生了巨大的飞跃，其强大的思维表达功能已是图画所无法比拟，也无法替代的了。因此，很多东西是"读图"得不到的。

也许讲理论比较抽象，我举一个例子。庄子讲过一句话："一尺之棰，日取其半，万世不竭。"你看看，一尺长的棍子，每天取一半，一万年也取不完。12个字可使人思索很久很久。一尺之棰，每天取二分之一，就是0.5；0.5再取二分之一，就是0.25；0.25再取二分之一，就是0.125；0.125再取二分之一，就是0.062 5；0.062 5再取二分之一……取下去吧，不要说我们今天取不完，一万年也取不完。从哲学讲，这就说明了"无限"存在于"有限"之中的道理。像这样深刻的思想是通过读书才能获得的。

再比如，有一首小诗："在娘家青枝绿叶，到婆家骨瘦皮黄。不提起倒也罢了，一提起眼泪汪汪。"四句话，28个字，你看看包含着多少意思，读图怎么能够解决这个问题啊？这是一个谜语，谜底是撑船的竹篙。在娘家就是指在山上的时候，青枝绿叶是竹子，到婆家就是到了船家的手里，已经是骨瘦皮黄，变成一竿竹篙了；竹篙在水里不提起倒罢了，一提起就滴水，眼泪汪汪，多形象！它同时又是一首很押韵的诗，塑造了一个童养媳的形象。像这样的诗在现代社会里不可能产生，它是在有童养媳的那个时代产生的，打上了时代的烙印。像这些东西你不读字，怎能有这些体会呢？更不用说《红楼梦》《水浒传》《三国演义》《西游记》那些名著了。现在很多人一说要看大部头的书就头疼，宁愿找电视连续剧来看。其实，有的电视连续剧仅仅是肤浅地反映名著的一些内容，有的甚至是片面的。即使是好的电视剧，反映的也只是编导、演员对原著的思考和理解，并不能代替你自己的思考和理解。你只有看书，看了书以后才能够有自己的心得。比如说，描写时间过得快，我们总是用"光阴似箭""日月如梭"这两个比喻来表达，但是还可以有更细微的表达。像朱自清的《匆匆》："燕子去了，有再来的时候；杨柳枯了，有再青的时候；桃花谢了，有再开的时候。

但是，聪明的，你告诉我，我们的日子为什么一去不复返呢？"然后再讲时间是怎样从人身边溜走的，文章细致入微，作者倾注了很深的感情在里面。你不通过阅读怎么能够体味到这种细腻的思想感情呢？

我举这几个例子无非是要说明，阅读是不可以用其他方式代替的。阅读是重要的，因为阅读给了我们很宽裕的思考空间。只有在阅读（尤其是默读）时，阅读者本人才能处于一种主动的地位，而不是跟看动画片似的，处于一种被动接受的地位。在阅读过程中他随时可以联想，可以思考。如果有一些不同的看法，他可以怀疑；如果有同感，他可以加上自己的体验，加以发挥、发展。因此，很多发明创造是在阅读过程中结合自己的一些想象产生的。没有阅读、没有思考，怎么会有创造性，怎么会有创新能力？创新能力是我们民族的生存之本。如果不是我们自己有创新的能力，载人飞船能够上天吗？一些国家到处围堵、设限、禁运、禁售，除非你甘心永远跟在人家屁股后面，否则人家是不会把好东西卖给你的！凡是好东西都要自己去创造。一个民族没有创新精神，没有创新能力怎么行呢？因此，党的十六届五中全会把建设创新型社会的任务摆到全国人民面前，这实在太重要了！李敖访问大陆时说，中国的过去可以用两句话概括：一句是挨饿，一句是挨打。我们要想不挨饿、不挨打，就要依靠自己的力量，依靠民族自己的创新能力。只有走创新之路，我们才能够依靠自身的力量自立于世界民族之林。但是，如果我们只是一味地去发展学生的应试能力，而不管发展这种应试能力需要付出多么大的代价，那不是说明我们教育的价值取向存在严重问题吗？

我认为，要重视图书馆的建设，要提倡读书，要提倡读文字的书，这是很重要的。当然，我们还应看到，在目前这个时代，信息来源的渠道太多了，尤其是互联网上的信息量大得惊人。很多青少年沉溺于网吧，因长时间连续上网导致猝死的事例已是不少了。网络上各种信息鱼龙混杂、泥沙俱下，而青少年恰恰处于缺乏识别能力和选择能力的成长阶段，很容易上当受骗，很容易被一些不良信息、有害信息所吸引。因此，我们需要对青少年读书加以正确的引导。如能开展一些读书活动，不但会大大有益于青少年的成长，也会大大有益于我们这个社会形成良好风尚。开展读书活动要持之以恒，要精心组织、精心策划，要吸引更多的青少年参与，而且要通过读书带动其他方面工作的开展，取得综合效益。读完书以后要开一点座谈会，开一点演讲会，写一点作文、读后感，这样读书活动就能够产生更大的社会效益。

2005.11.1.

# 爱我中华，兼爱我语言 *

　　非常高兴出席"作文个性化发展研究"课题第三届年会。看一看在教育界，在语文教育界，有这么多领导同志，有这么多专家和学者都来出席这一次会议，我想就可以说明这次会议的重要性。"作文个性化发展研究"是语文教学改革的一项重要内容，是与新课程新教材配合的，它的目标是要推进素质教育的发展。可能老师们都已经注意到《中国教育报》正在重新开展对素质教育的大讨论。为什么要重新开展对素质教育的大讨论呢？就是因为应试倾向这几年有一个大的回潮，学生负担进一步加重，教育的功利化倾向进一步加剧，而一些地方又以升学指挥棒、分数指挥棒来指挥教育实践。这种情况达到了十分严重的程度，乃至于像南京市这样原来教育思想比较端正、教改也做得比较好的地方都受到严重的冲击。加上有一些舆论媒介，从炮制新闻的角度制造轰动效应，使得应试行为愈演愈烈，这就引起了社会各界的注意。学术界也有一些并不了解中国目前教育实际状况的教授、专家（当然是个别的），在理论上与之呼应。他们发表文章，说什么

* 在 2006 年"中小学生作文个性化发展研究"课题第三届年会上的讲话。载 2006 年第 5 期《中小学生作文个性化发展研究课题联合通讯》。

基础教育转向素质教育的要害是轻视知识。其实目前的状况哪里是轻视知识呀，是知识第一、知识至上，在重视知识方面已经走到了无以复加的地步。有的人甚至发表文章，说什么"为科举制度正名"的时候到了，要为科举制度翻案。所以我觉得我们的老师，我们的校长，我们的教育工作者，要正确地认识教育改革发展的形势。因为应试倾向进一步加剧，无疑会冲击教育方针的全面贯彻落实，会冲击教育质量的提高，会冲击素质教育的进一步落实，也会阻碍新的课程教材改革的推进。

昨天我看到《基础教育课程》杂志上的一篇文章，题目叫《做未来的守望者》，作者举了一个例子，他说在管理科学上有一个名词叫"煮蛙效应"。"煮蛙效应"是什么意思呢？就是把生动活泼、充满生机的青蛙放在一个逐渐加热升温的大水锅里，而青蛙却意识不到危险的逼近，大祸临头而浑然不觉。作者以此比喻家长和社会对应试教育的不觉悟，甚至是虔诚追求，将学生逼进十分危险的境地。我觉得这个比喻很形象，也很贴切。目前就是这样，很多人对应试倾向冲击德育、冲击体育、冲击美育的现象熟视无睹，哪个地方分数少两分，升学少一两个，就视做非常严重的问题。这样一种社会环境对素质教育发展是很不利的。正是在应试倾向反弹而且有愈演愈烈趋势的时候，中央领导同志批示，要重视素质教育，要求有关部门进一步研究如何把素质教育落到实处。这就是从去年10月份到今年2月份《中国教育报》再一次开展素质教育讨论的背景。推进素质教育很难。为什么很难？首先不是因为我们的校长、老师不愿意推进素质教育，是推进素质教育的外部环境不大好，各方面体制改革还不配套。中央提出要以人为本，建设和谐社会，建设可持续发展社会，建设创新型社会，这就要求我们的教育应当是全面提高国民素质的教育，是能够激发国民生动活泼的创新精神的教育。但目前社会在很大程度上还是以文凭为本，教育在很大程度上是以考试为本，评价在很大程度上还是以分数为本，学生在很大程度上就只能是以应试为本了。这就是素质教育推进所遇到的主要难题。当然我们也无需悲观，因为现在实际上这些问题很多同志都看到了，而且有关部门正在出台各项措施以深化改革。人事制度、劳动就业制度，现在都在改，中央和国务院也发布了相关文件。以前选拔人、使用人，主要是以文凭为依据的，今后将主要以能力和贡献为依据。这是一个很好的发展趋势。劳动制度方面，最近也有重大的变化。一些地方，尤其是经济发展比较快的一些地方，人才的录用已经不仅仅看文凭了，而是要看能力，看劳动态度，看他的德和才。你看看像深圳这些地方，大学毕业生有本科文凭的，甚至有研究生学历的，有的时候找一个工作岗位相当困难，但是有某一方面高级技能的人才可以以年薪十几万乃至二十万被争相聘请，而且这种现象也不仅仅限于深圳，温州、义乌这些地方也不少。今后这种现象会越来越被大家所接受。现在用人单位招聘人才，已经很看重品德了，是不是忠于职守啊，是不是能合作共事啊，是不是有社会责任感啊。这说明社会需要的是有很高素质的公民，是有很高素质的劳动者。在今后的社会里，文凭当然还是一个重要因素，但它不会成为一个决定性的因素，决定性的因素是一个人的素质，是他的德、能，是他的业绩，是他的贡献。我们为什么要推行素质教育呢？就是要改变目前人才培养的模式，要让人才培养模式多样化，要能够适应经济和社会高速发展的形势。把应付一次考试作为评价标准去衡量人才，局限性太大了。我也注意到，有一位教授写了一篇文章，说你们现在提倡素质教育，是骑驴找驴呀！意思还是十年前的"应试教育中有素质，素质教育中有应试"那一套。早就有这种舆论，所谓应试是最大的素质，应试是最高的素质。总是有人要把应试的本质、应试的负面影响、应试的危害性用各种方式掩饰起来，其实那是掩饰不了的。

物极必反，一个事物发展到登峰造极的时候，会走向它的反面。应试倾向也是这样，它必然走向它的反面。作为它的反面，素质教育一定会走向成功。一个很简单的事例就是随着高校大规模的扩招，用不了多久大学文凭就会相对贬值。文凭贬值会伴随着能力的升值，以后用人单位是要品德，要能力，要技术，要才能，要创新精神。当一个社会高度重视你的能力，高度重视你的精神，重视你的创造的时候，应试的问题就会相应得到解决。那个时候，再集中全部精力去应付一场考试这种现象，就会逐步消亡。

为什么要推进素质教育呢？推进素质教育就是为了培养德才兼备、品学兼优的人才。素质教育看中的是德才、品学，而不是单一的文凭。

作文个性化的问题，在座的这些专家比我讲的好多了，我就不去讲了。

除此以外，我还要讲另外一个事情，就是我们要意识到我们的母语，我们国家通用语言文字的重要性。我们不是常常讲要发扬爱国主义精神吗？不是常常讲要"爱我中华"吗？我想"爱我中华"首先要"爱我语言"。为什么？因为人生活在语言当中，语言是我们的生存环境，是我们文化的载体，也是我们文化、教育以及其他各个方面，包括经济、政治、科学科技的基础。

唐诗、宋词、元曲都是世界文化的宝藏，甚至可以说是无法企及的宝藏。过年的时候，大家都发短信息。许多短信息千篇一律，趣味不高。我选了一副对联，上联是"天上月圆人间月半月月月圆是月半"；下联是"今宵年尾明日年头年年年尾接年头"。大年三十晚上发出这样一副对联，我觉得很好，很贴切，不仅仅反映了时序衔接，还反映了我们汉语言文字的优美。你看一个是天上，一个是地下；一个是月圆，一个是月半（每个月的十五）；"月月月圆是月半"，三个"月"字；下联一个年尾一个年头，而且"年年年尾接年头"，三个"年"字。无论是对仗、平仄，都很工整。我想如果用外语怎么能产生这种效果呢？

另外，大家都知道，中国学生在中国上了中学和大学后到国外去留学，最普遍的评价是中国学生的数学真好！为什么人家都说中国学生的数学好呢？当然与我们的中小学重视数学教育有关。其实，它不仅仅与我们重视数学有关，而且跟我们的语言有关。因为汉语简洁，便于记忆，又准确，对数学的思维非常有利。我们为什么不重视自己的语言呢！我们还有很多非常好的诗词，那是世界一绝呀！今天在座的刘国正老师不仅仅是语文教育学家，他的诗词也写得非常好。他是中华诗词协会的负责人之一。我们有很多好东西需要发掘，需要发扬光大。

怎样才算是一个好的语文老师？可以有各种评价标准，但是我以为，最重要的标准是你把你的学生教好了。什么叫教好了？你的学生热爱母语，对母语有浓厚的兴趣，能够主动地去学习母语，学好母语，这就是一个好的语文老师最重要的衡量标准。如果你让学生在考试卷子上把选择题、填空题全都答对了，但是这个学生不热爱母语，不喜欢语文，甚至一出学校就说"哎呀！这下可熬到头了"，把语文课本都丢掉了，我看这不能说明你是个成功的语文老师。一个成功的语文老师应当让自己的学生热爱母语，对母语有浓厚的兴趣，在学校里面他学习母语，毕业以后他仍然热爱母语，热爱用我们的语言所写出来的各种文章和文学作品。我报考北京师范大学中文系，与我在小学和初中时候的语文老师有着密切的关系。是他们培养了我对母语的热爱，培养了我对母语的兴趣，至今回忆起来，都觉得十分亲切。他们给我们改作文，把我们的积极性都调动起来了，那是由于他们自己对母语的热爱，当然也是由于他们对学生的热爱。我们最愿意上作文课了，最愿意看老师给我们批改过的作文。比如说，你这个句子写得好，老师就在旁边用红毛笔画两个圈；句子写得特别好，老师会在旁边连画三个圈；要是你这一段都很好，老师用红笔点点点、点点点画两个圈，再点点点、点点点又画两个圈。哎呀，我们看了以后非常高兴，而且互相传阅。在作文后面老师会精心写一个评语，既充分肯定你的成绩，也会给你指出要怎么改进。所以我要讲，一个好的语文老师，首先要培养学生对语文的热爱、对语文的兴趣。这一点培养好了，就可以说是成功了。但是，如果我们老是帮助学生去应试，我看是很难培养出这种兴趣的。尤其现在已经发展到用电脑来帮助学生应试，搜集若干个开头，若干个结尾，若干个如何发展、如何高潮，然后根据试题来进行套用。这样做简直太糟糕了，哪里会有什么思想，哪里会有什么感情，又怎么会有精神和创造呢？为什么要提倡"作文的个性化"？因为它是按照素质教育的理念来指导作文的。这个项目搞好了，能够很好地促进语文教育，也能够很好地推动素质教育。我希望参加这个项目的各个学校、各位校长、各位老师重视这个项目，努力把这个项目搞好。把这个项目搞好了，大家都可以从中受益。非常感谢老师们在这个方面付出的辛勤努力，也感谢中央教科所的同志们，为我们的教改做了很好的工作，感谢各位专家对我们这个项目所做出的指导！

2006.2.9.

# 读报给孩子以成长空间 *

我首先对《中国儿童报》创刊 60 周年、《中国少年报》创刊 55 周年致以热烈的祝贺！我对这两份报纸是很有感情的。我没有忘记，正是共青团中央、少工委，以及《中国少年报》的一些负责同志，推选徐惟诚同志、石宗源同志和我为中国少年儿童教育先进工作者，这是我这一生当中最珍贵的荣誉。

我觉得要办好少年儿童报纸，一项很重要的工作是吸引更多的人来读，要使得这两份报纸的读者数量再增加一些，从而使得关心这个报纸、评论这个报纸的读者更多一些，当然包括少年儿童，也包括他们的老师和家长。我想这对于在已经办得很好的基础上，把这两份报纸办得更好，非常重要。

那么如何进一步让大家重视读报呢？这个问题比较复杂，进入市场经济社会以后，竞争的激烈迫使很多人急功近利，普遍地存在一种比较浮躁的心态。就拿教育来讲，社会对文凭的追求十分激烈，使得升学竞争已发展到了无以复加的程度。因此，整个社会似乎是要迫使

---

* 在《中国儿童报》60 周年、《中国少年报》55 周年庆祝会上的讲话。

每一位学生、每一位家长、每一位教师、每一位校长，都承认"分数决定命运"，都拜倒在分数的魔杖之下。素质教育常常被边缘化，阅读更是常常被挤掉了，或者说是在很大程度上被忽略了。小孩子有时间想要读一点课外书，父母认为他没有做作业，没有读课本，于是就把他的课外书收走甚至扔掉，这种现象并非偶然。

在这种情况下，我觉得我们要做一项很重要的工作，就是要让全社会认识到：决定命运的不仅仅是分数，更重要的应该是阅读。阅读可以改变人生，因为阅读是当今时代获取新知识最重要的渠道。毛主席说，知识是从哪里来的？是从天上掉下来的吗？不是。是人的头脑里固有的吗？也不是。知识只能从实践当中产生，因此实践是第一性的。

我为什么说现在阅读是获取知识最主要的渠道呢？所有的知识都是从实践当中总结出来的，这是毫无疑问的，但是世界发展到现在，人类从实践当中总结出来的经验已经非常丰富了。在当今社会，我们要获取知识，已经不需要人人、时时、处处都通过实践。比如，鲁迅先生就讲过，"砒霜，大毒"，《本草纲目》当中已经有了这四个字，现代人就不必再去尝一尝砒霜是不是有毒了。前人已经把经验总结成了知识，写在书本里面，现代人就可以通过阅读去获得它。再比如，核聚变能够产生巨大的能量，细胞的融合可以使物种产生变异，这样一些知识，因为科学家已经通过科学实验一再地证明了，所以获取这些知识也不需要人人都去做那些个科学实验，通过读书就可以获得了。我举这些例子无非是想说明，我们应当重视阅读，因为阅读是当今世界获取知识最重要的手段之一。

那么当前有一些什么因素阻碍我们重视阅读呢？除了我刚才讲的

应试倾向激烈之外，也还有别的一些影响。比如，由于互联网的产生，现在很多人开始"读图"，重视"读图"，认为现在已经进入了一个"读图"时代，读文字已经变得不那么重要。我觉得这种舆论的产生，可能会对我们提倡阅读、培养阅读能力产生负面的导向作用。当然我不反对"读图"，尤其是少年儿童，他们多读一点图有好处，因为图像毕竟形象直观，再加上动画、动漫这些现代科技手段，很生动活泼，有强大的吸引力，所以它有它的优势。让孩子们读一些图没有坏处，但即使在这样的情况下，我也认为，既要重视"读图"，也要重视"读字"。比如说低年级可以多读一点图，在高年级就应当更多地读一点字，到初中、高中以后，应该用主要的时间去读文字的书籍。为什么？因为读图毕竟有许多局限性，特别是网络信息或者是电视机里面的动漫，节奏快、刺激强，少年儿童处在那种强烈刺激之下，容易把在阅读过程当中必要的思考给挤掉，无暇去思考，而思考是阅读最重要的组成部分。如果把思考从阅读当中排除出去，把阅读变成一种被动的吸收，削弱了思考的能力、联想的能力、质疑的能力，这对一个人的发展，乃至对于一个民族、一个国家的发展，将会带来极大的负面影响。如果我们民族不能成为一个善于思考的民族，那我们怎么能够建设一个创新型的社会呢？

我可以举一个简单的例子，我的上小学三年级的小孙女前几天拿了一个脑筋急转弯的题目来考我。她说："爷爷，铁锤锤鸡蛋，锤不破，你说为什么？"我说："鸡蛋可能是铁蛋吧！"她说："不是，你还没有转过来呢，是'锤不破'。"我琢磨了半天，她说的"锤不破"，指的是锤子不破。这里的"锤"，可以理解为动词也可以理解为名词。像这样一个词性变化的含义，其思维的深度，就是"读图"所难以达到的了。

阅读需要选择。少年儿童作为阅读主体，还缺乏必要的鉴别能力和选择能力，而另外一方面，他所面对的阅读对象、阅读世界比较复杂。刚才有同志讲到"开卷有益"。这在过去很可能是一个真理性的认识，但是在现在，已经不是完全的真理了。它具有很大的相对性。在现时代，可能开卷有益，也可能开卷无益，甚至有害。即使是开卷无害的东西，占用了儿童少年的宝贵时间，那也正如鲁迅先生所讲的："无端的空耗别人的时间，其实是无异于图财害命的。"正因为如此，选择是十分重要的。回到我今天发言的主题，《中国儿童报》《中国少年报》的图文是经过了编辑人员、记者和很多教育工作者精心选择后提供给儿童少年的精品。我们应该更好地做一些宣传，向老师、家长做一些介绍，好东西要让更多的人能够享用。

徐惟诚同志刚才还跟我讲，《中国儿童百科》是非常好的一套书，但是由于很多老师、家长和孩子不知道，所以发行量有限。因此，对于好的东西，既然是精心制作，我们大家都有义务、有责任做一些引导工作、宣传工作、帮助发行的工作，让这些精品"粮食"能够为儿童少年真正享用。

最后，我祝愿，让《中国儿童报》《中国少年报》这样好的报刊常伴少年儿童健康成长。

2006.2.16.

# 汉语，要让学生喜欢学，学得愉快 *

我要强调的是，语言文字工作的重要性问题、语文教育工作的重要性问题远远没有得到很好的解决，仍然是需要大家为之努力、为之奋斗的一项重要工作。语言文字问题是非常重要的，很多国家非常重视，有的国家很明显地有危机感。法国总统希拉克在一次讨论能源问题的国际会议上，听到一个法国商人用英语发言时就站起来质问："在这样重要的会议上，一个法国人竟然用英语发言，难道要让这个世界将来只剩下一种语言吗？"然后愤然退场。这说明法国人现在对保卫法语很有紧迫感。俄罗斯总统普京十分重视俄语，近两年他们制定了一项法律，并由总统签署，以保障俄语在社会生活当中应有的地位。我们国家也制定了《国家通用语言文字法》，也非常重视汉语的标准化、规范化工作。人家说英语入侵，我们不用"入侵"这个词，但就目前情况看，在不该用英语的时候滥用英语的现象太普遍了。我们确实有一些政策是轻视母语而重视外语的。袁隆平为什么评不上科学院院士？杂交水稻那么伟大的发明，取得了那么大的成效，创造了那么多的价

---

* 在 2006 年中国语文报刊协会年会上的讲话。载 2007 年第 1 期《语文教学通讯·小学刊》。

值，却评不上科学院院士，其中很重要的一个原因就是说他不懂英语，没有著作。袁隆平的著作是写在大地上的。作为一位科学院院士，最重要的资格是什么？是他的创造，是他的成果，是他对我们国家和人民的贡献。为什么要把英语、把著作作为首要的条件来卡住他呢？当然后来这个问题解决了，但是这样的现象在评职称当中是很普遍的。英语不过关你能评教授吗？搞古汉语研究的教授，对他首先的要求是英语过关，这是什么道理？我们是不是应该深刻反思一下我们自己制定的一些方针政策乃至法律法规呢？现在有很多在中国开的国际性研讨会，不用汉语，全部用英语，当有人提出要有同声传译或要有翻译时，还不予理睬。这样的现象不少啊！有一些学校开设的课程专门用英语讲课，不能用中文讲课。最奇怪的是有一位研究生，他的专业是汉语研究，可他竟然到美国去拿汉语研究的学位。这些现象说明，我们对自己的母语不重视，而这种不重视可能会带来严重的后果。我们的报纸杂志，经常出现"VS"，许多报纸还滥用英语字母词缩写，有的一篇里面就有几十个。在英文报刊里有没有加几个中国字的现象呢？没有。所以，我认为我们要制定一些条例，出现了这类问题，就对这些报刊发通知让它整改。今年，语文报刊协会及语言逻辑大学等单位联合了几十家报刊专门给报刊挑毛病，算是咬文嚼字。这项活动已经开展几个月了，即将公布活动的结果。

最近王蒙同志写了一篇文章，在讲到中国文化和中国文化的载体——汉语时，他说看到一些社会现象后就想，如果汉语消亡了，中国人都不会讲汉语，只会讲英语了，那将是一个什么后果？他说那将是一场空前的灾难。因为这不仅仅是语言的问题，这意味着中华民族文化的消亡。因为我们的文化是以我们的语言为载体、为依托发展起来的。我们的文化跟其他语言文化有很多的不同，有很多自己的特色和优点，有很多优越性。王蒙举了个例子，他写了一篇散文《夜的眼》，被翻译成了十几种外文。这一翻译不要紧，差不多这些国家在翻译这篇文章的时候都给他打电话，要请教一个问题：这个"眼"是单数还是复数？王蒙费了很大劲，觉得没办法回答人家的问题。他说夜的眼就是夜的眼，不存在单数和复数的问题。但是外国人一定要问，王蒙就说：如果是单数，难道它是独眼龙？如果是复数，难道是很多很多的眼睛？我们中文里面"夜的眼"就是"夜的眼"，没有单数和复数。再比如说牛，我们是字根文化，"牛"就可以组成很多的词，比如黄牛、水牛、白牛、黑牛、大牛、小牛都是牛，牛毛、牛皮、牛尾、牛骨，都与牛有关。然后还能引申出"牛脾气"，还可以生发出"老黄牛精神"，还可以引申出"牵牛鼻子"，从一个牛字可以生发出很多与牛有一定关系的词语来。有的时候是引申出了另外一种新的意思，如"老黄牛精神"就是在讲人的一种精神境界，"牵牛鼻子"是一种方法论，这就是中文独有的特点。但如果拿外文来讲，外文中"牛"是一个词，"大牛"是另外一个词，小牛、花牛、黑牛也都分别是一个词。汉语是在一个字根上去组合就可以表达，外语不是，所以思考问题就的方式不一样。

对于这些语文现象，我们要珍视，要知道我们的语言有很多自己的优点，它承载着几千年的文化积淀。读徐志摩的诗，"轻轻的我走了 / 正如我轻轻的来"，就这么两句话，那么的温馨，充满一种含情脉脉的情调。但像这样的诗早在两千年前就已经有了，如"昔我往矣，杨柳依依。

今我来思，雨雪霏霏"。在那个时代，就已经有了这样好的语言表述，表达的思想感情已经那么深刻，那么细致，那么微妙。所以我们现在要提倡在中小学语文课堂里面增加一些古诗词的分量、古文的分量。最近，我翻了翻孟子的语录，发现"老吾老，以及人之老；幼吾幼，以及人之幼"用英语去翻译是很难的。所以培养年轻一代、培养我们的学生对母语的热爱和对学习母语的兴趣，要作为语文报刊一项非常重要的任务来做。

2006.10.21.

# 读书与思考 *

对"动漫"怎么认识？今后我们怎样来发展动漫产业？我们怎样用动漫的手段推进素质教育的实施？我想有很多文章可做。

—

在哈尔滨市举办如此高规格的活动，来研讨我国的动漫产业发展问题，是一件大事情，也是一件很紧迫的事情。时代发展到今天，动画在育人过程中的影响和作用都是不容低估的，低估了就要犯错误，甚至要犯很严重的错误。目前我国城乡居民拥有电视机大约是四亿台（全球大约是十四亿台），我国电视机用户达到了三亿六千万户（全球大约是十亿户）。无论从户数还是电视机台数来看，我们都占到了全球的三分之一左右。我国中小学生总数是两亿左右，如果每人每天看动画片半小时，则一天达一亿小时，如果看一个小时将达两亿小时。时间之长，加上动画情节、角色造型，以及利用现代声光电各种特技手段等综合因素带来的诱惑力之大，使得动画对少年儿童有着巨大的不可替代的影响。在学校教育、社会教育、家庭教育当中，动画都扮

---

* 在 2007 年哈尔滨第一届中国国际青少年动漫周"教育创新国际论坛"上的讲话。

演着不可或缺的角色。因此摆在我们面前的任务，不仅是要发展动画产业，更重要的是要发展什么样的动画产业。必须十分明确，我们要发展有利于青少年健康成长的、有中国文化特色的动画产业。

应当说我国动画产业发展是很快的，成绩也不小。我国动画作品中像《宝葫芦的秘密》《大闹天宫》《小蝌蚪找妈妈》《阿凡提的故事》《海尔兄弟》等都是非常优秀的，而且流传和影响都很广泛。当前，我国动画产业可能还存在不少问题。我认为最主要的问题有两个：一个是崇洋媚外的倾向，一个是粗制滥造的倾向。不解决这两个问题，中国动画就很难有旺盛的生命力，不但谈不上走向世界，就连服务本国也将是一个大问题。外国的优秀动画作品应当学习和借鉴，这是毫无疑问的，但是不应该跟在人家屁股后面，亦步亦趋。中国动画发展最重要的任务还是要扎根在中国传统文化的沃土之中，弘扬中华民族艺术的精神，传播中国文化的核心价值观，这样才能满足中国老百姓的心理需求和审美需要。否则你做得比唐老鸭还唐老鸭，又有什么意义和价值呢？粗制滥造也是不可取的。现在有的动画因为急于求成，粗制滥造，不但画面非常粗糙，内容也非常贫乏。有的只是把《三侠五义》《西游记》等作品中的人物角色换成了猫、狗、兔一类动物，生搬硬套，毫无新意，更谈不上对青少年的身心发展有什么价值。因此，要搞好我国的动画产业，与我国全面实施素质教育一样，要做很多基础性的工作。

今天到会的很多都是教育工作者，当然还有一些文化工作者、文艺工作者，还有一些动画产业工作者。我认为要把发展动画产业和全面推行素质教育紧密结合起来进行考虑。去年6月份实施的《义务教育法》已经把素质教育写进了法律。实施素质教育已经不仅仅是政府倡导的行为，而且已经变为了国家的意志，代表着人民的长远利益。我想，不论从动画自身发展的情况来看，还是从推进素质教育的需要来看，我们的文艺工作者、教育工作者、科技工作者要一起努力，扎扎实实做好两项基本功，这就是"读书"与"思考"。

二

目前我国社会经济体制正在转型,市场经济体制带来了经济繁荣,但也带来了不少负面影响。这些负面影响表现在几个倾向性的问题上，如个性浮躁化倾向、思想浅薄化倾向、教育功利化倾向、文化市井化倾向、趣味低俗化倾向、语言缩减化倾向、精神贫困化倾向等等，这些倾向性的问题无时无刻不在构成对教育事业的冲击和干扰。在这种情况下，如何应对这些冲击和干扰，是每一个教育工作者、文化工作者、科技工作者都应当深刻思考的问题。现在急功近利的倾向可以说近在眼前，前不久，某个新闻记者炮制纸箱肉馅包子的新闻，就是典型案例。应对这些干扰和冲击的方法是多方面的。我们要采取各种有针对性的措施。我认为，最重要的、最基本的方法，一个是读书，一个是思考。

一要读书。我国有句古话"人之患在好为人师"。针对如今的现实，我觉得，应是"人之患在不好读书"。人生活在文化中，生活在语言中，生活在历史中。观今宜鉴古，无古不成今。现在是由过去发展而来的，没有昨天，也就没有今天，更不会有明天。今天的一切，都来自昨天的吸纳和积累；而今天以前人类的宝贵经验和痛苦教训，都保存在浩如烟海的书籍之中。在现代社会，一个不重视阅读的学生是一个缺乏获取新知识能力、缺乏发展潜能的学生；一个不重视阅读的家庭是一个文化内涵浅薄的平庸家庭；一所不重视阅读的学校是一所呆板沉滞、令人窒息的学校；一个不重视阅读的民族，必然是一个没有希望的民族。

如今，在各种信息铺天盖地而来之际，阅读却与我们渐行渐远。根据第四次国民阅读调查，中国国民阅读率六年来持续走低。我国识字的人每年每人阅读图书大约是 4.5 本，而俄罗斯是 55 本，美国是 50 本。世界上许多国家早就开展了"全民阅读活动"，而我们的许多家庭，许多学校为了"应试"，采取种种手段禁止学生读书。有的学校竟规定不准看课外书。所以有人质问："当读书成为违纪，那么学校变成了什么？当读书成为违纪，那么教育还剩下什么？"有的同志现在发出了"书山有路题为径，学海无涯考做舟"的感叹。学校成为训练答题技巧的集中营，教育只是为一个终极考试做准备。变态的学校，制造了畸形的学生。面对这种情况，我们的教育工作者、文化工作者、科技工作者都应当给予认真的关注。所以我觉得现在是应当提倡一下读书的时候了。

首先要对读书的重要性有深刻认识。对此，清华附小窦桂梅老师就讲得很好，她说："热爱读书是超越功利的。我们爱李商隐，并不是指望靠他的诗来换钱糊口；我们爱康德，也并不指望康德哲学能帮助我们炒股致富。""一个真正爱书的人能在文字中体会到难言的满足、幸福和富有。""对于珍视生命的人来说，只活一生是不够的，我们要在那些优秀的作品中再活一次，甚至是再活十次——这样的人生才是有意义的！"前不久国家语委针对本年度中国语言生活状况召开了新闻发布会，从发布的信息中我看到，我们语言的纯洁性受到了严重的冲击，文字使用现在相当混乱，但除了一些小学老师，包括专家学者很关心这一现象以外，其他人对此大都不很关心。其实，人是通过拥有语言的方式来拥有世界的，语言的极限就是认知的极限，语言之外的世界对于人来讲，是一个未知世界。谁语言掌握得多，谁的世界就更深沉，就更广阔。所以为什么要提出多读书呢？我觉得多读书，与一个人自身的修养、知识的积累和品行的发展是紧密联系的。正如林清玄所说，读书的目的就是"使我们今天比昨天更有智慧，今天比昨天更慈悲，今天比昨天更懂得爱，更懂得宽容，更懂得生活的美好"。

当然，除了要认识读书的意义之外，我们还要让读书成为一种生活方式，成为一种工作方式。在座的有不少是校长，我介绍两位：一位是四川成都高新区实验小学校长陈光前，一位是河南焦作许衡中学校长张璧宏。这两位校长的治校方法就是倡导读书。他们要求自己，也要求教师每周每个月多读一点书，大家一起看，读完以后都写读后感，然后互相交流。交流方式有会上演讲、发表文章，校长对每位教师的读后感都阅读，而且写评语。他们正是用阅读的方式，架起了全校师生心灵沟通的桥梁。这两个学校用读书的方式把学校办得很好。陈光前校长说："决定一个人品位和境界的，是他的胸怀和内涵；而影响一个人胸怀和内涵的，则是他阅读的数量和质量。"其实制作动画也是一样。对于我们的动画工作者、教育工作者、科技工作者、文化工作者来说，如果你读的书太少，要想制作一部好的动画作品那是很难的。它不会有深度，不会有血有肉，不会有强大的感染力。只有读的书多了，人格内涵丰富了，品格高尚了，情感充实了，生产出的精神产品才会有强大生命力，才会为受众所欢迎、所喜爱。

三

读书重要,但只读书不思考,还是不够的。所以一要读书,二要思考。对于思考的重要性我们更要有深刻的认识,要把培养自己的思考能力,培养教师的思考能力,培养学生的思考能力,作为一个重大的理论课题和实践课题提上议事日程。

现代物理学的奠基者爱因斯坦十分强调思考的重要性。他说:"发展独立思考和独立判断的一般能力,应当始终放在首位,而不应当把获得专业知识放在首位。"他还说:"提出问题远比解决问题更重要。"法国作家巴尔扎克说:"一个能思考的人,才是一个真正的力量无边的人。"恩格斯也讲过:"地球上最美的花朵是思维着的精神。"思维这么重要,但是在我国教育应试倾向束缚下,存在的严重问题就是重视传授而不重视思考能力的培养。2005 年举办的"世界物理年在中国"活动期间,杨振宁、李政道、彭桓武、冯端、张杰等世界著名物理学大家都来了,并分别作了精彩报告。每场报告都留出十分钟给听众提问,但场场报告都没有人提问。学者们对此不仅感到诧异,而且伤心。又如中国的新闻发布会,往往是新闻发布完就散会了,而在国外的新闻发布会上,记者争相提问。为什么没有人提问? 我们的习惯就重在你发布多少,我接受多少,至于你发布的新闻对不对,什么背景,合理不合理,有什么矛盾,没有多少人思考。有则笑话可以看作是对我们的教育当中缺乏思考能力培养的批评。这则笑话是这样说的:美国有个国际班,有一天老师对学生提出一个问题,问有谁思考过世界上其他国家粮食紧缺的问题。这个班本来是很喜欢发言的,但是这回安静了,没有一个人举手，为什么呢？因为非洲的孩子不知道什么叫"粮食"，欧洲的孩子不知道什么叫"紧缺"，美国的孩子不知道什么叫"其他国家"，而中国的孩子不知道什么叫"思考"。这当然只是一个笑话，但是这个笑话抓住了一些特点。一个人、几个人不会思考，不会影响全局；如果一代人、一个民族缺乏思考能力，那后果就只能是落后挨打了。对于青少年来说，知识当然重要，但最重要的还是思考能力的培养。2006 年我到山西平遥孔庙参观，看到孔庙牌匾上的字非常漂亮，其中就有"学思"两个字。"学思"就是既要重"学"，也要重"思"，强调要学会思考，可见中国古代也是重视思考的。

我们现在的教育模式最大的弊病就在于不是学思学问，而是"学答"——学答问题。我们聘请了很多老师、专家去设计题库，去炮制答案，然后把它拿给学生，让他们死记硬背。要是把这些题目中的答案都掌握了，你考试就容易了，你就能拿高分了，你就可以进重点学校了，甚至你就可以进清华北大了。我们的教育模式在很大的程度上变成了一个"学答模式"。李政道有几句话我觉得讲得非常好，他说："求学问，需学问；只学答，非学问。"做学问就是要学会提问题。学问，思考就在其中；学答，只是记忆在其中。把人家炮制好的答案再答一遍，只能说明掌握了这个知识，意义有限。学答学得再好，也只能是"青出于蓝而止于蓝"；能够会提问，才能够做到"青出于蓝而胜于蓝"。要想"青出于蓝而胜于蓝"，除学思、学问之外是没有别的办法的。有人说中国的传统就是学答，其实不然。从孔夫子开始，一部《论语》就证明了当时不是学答的模式，而是学问的模式。孔子的学生向孔子提出问题，孔子根据自身的知识能答的就回答，回答不了的就讨论，讨论解决不了再去请教有专门知识的人。不过后来，教育开始采取"学问"的模式进行，到科举制盛行时，就变成主要是读经学答的模式了。科举制的负面影响，至今仍未肃清。教育模式变成了学答的模式，而且很多都是把答案炮制好，然后死记硬背。这种学答的模式在当代中国，尤其是从美国引进标准化考试后更趋严重。现在美国已开始抛弃标准化考试了，而我们却把标准化考试发展到了极致，只有一个唯一的答案，即使学生的答案比标准答案更合理、更正确、更好，也判为错答。为什么？因为不符合标准答案。

在这种情况下，如何让学生培养思考能力呢？孔子就是"每事问"的倡导者。"每事问"的精神是非常宝贵的，至今我们仍然需要提倡。其实，中国古代的学人都是喜欢思考问题的，屈原写《天问》，一口气提出了一百七十多个问题，天上、地下、人间、自然、社会全问到了，但他没有作答，给后人留下了无尽的思考空间。直到唐朝，思想家柳宗元写了《天对》，才对屈原提出的一百七十多个问题逐一作了自己的解答，引起了当时学问家的极大反响，于是《天论》《天说》等作品相继产生。现在国家正在通过加大深化教育体制改革的力度，加大考试改革的力度，来解决这个问题。我们不是要建设创新型国家吗？创新从哪里开始呢？创新应当从提问开始。学会提问、学会思考，则前途光明。动画应当在思考能力的培养方面发挥很好的作用。我们有几部片子是不错的，如《海尔兄弟》，其中就提出了很多问题，帮助学生通过提问去思考，去解决问题，去培养能力，孩子们也很喜欢看。我觉得这是一部拍得很好的国产片。《阿凡提》《蓝猫淘气三千问》等也很不错。

　　所以我觉得教育工作者、文化工作者、艺术工作者们，如果真的想把我国的动漫产业搞好，不但对国内青少年的发展产生巨大的影响，而且能走向世界，那么我们就要在读书和思考两个方面下更多的功夫。

　　中国的动画有很大的优势，至少有两方面优势是别人不能比的：一个是我们的受众群巨大，有 13 亿人口，市场广阔。另一个是我们有上下五千年悠久的历史文化，动画题材取之不尽，用之不竭，连美国都开始用《花木兰》《西游记》和其他一些中国的题材来开发他们的动漫产业了。一个是广阔的市场，一个是深厚的文化底蕴，我们把这两个优势发挥好，加上动画产业工作者良好的读书基本功、思考基本功，我们的动漫产业一定会走向一个非常美好的明天。

2007.8.24.

# 庆祝《中学语文教学参考》创刊 35 周年

《中学语文教学参考》35 年来，为学生良师，为教师益友，多有建树。特书数语，以表祝贺。

语文之道：教学相长，感悟体验，厚积薄发，笃学慎思。

教无定法。要在随机生成，以语文兴趣为重点，心领神会，举一反三成佳话；

学无妙诀。要在多读勤写，以听说读写为中心，潜移默化，不会吟诗也会吟。

柳 斌

2008 年

# 每个人的心灵都是一首诗 *

来到淮安这个地方，深深地感受到诗教氛围的浓厚。选择淮安作为诗教会议的现场，非常好，非常适宜。可以说淮安是诗教之市，你们的每个县区是诗教之县、诗教之区，下面的乡镇是诗教之乡、诗教之镇，然后还有很多学校、工厂，都是诗教基层单位。作为一个教育工作者，我感觉到，教育部门是诗教活动的受益部门，学校是诗教活动的受益单位，我们的师生是诗教活动的受益人群。正因为如此，我觉得我们的学校、我们的老师、我们的同学，要以更加积极的态度，投入到诗教活动当中来。

我认为重视诗教活动的开展是实施素质教育的重要内容，是实施素质教育的重要组成部分。

其实我们应该认识到，诗教对于一个人的发展，尤其是其早期的发展是非常重要的。因为每个人的心灵实际上都是一首诗。如果培育得好，开发得好，他就能和谐健康地发展；如果培育不好，开发不好，那就可能对人的自身带来很多问题，并对社会的发展造成不良影响。

---

* 在 2007 年江苏淮安诗教现场会开幕式上的讲话。

讲到这一点，我就想，在小学和初中，也就是义务教育阶段的教育中，尤其要关心学生生命情感的发育。因为教育要落实到学生身上，而学生都是活生生的生命个体存在，只有我们的教育落实到这个生命个体的存在上，他才能够产生实在的效应。讲诗就要讲情，对于小孩子来讲，就要保护他的童心、童真、童趣；把小孩子的童心、童真、童趣保护好了，也就为诗教打下了很好的基础。这不仅是为诗教播种，实际上为这个人本身今后的发展打下了很好的基础，包括身心发展的基础、心理素质的基础。所以我们不要动不动就去对小孩子的一些想法加以否定或者训斥。

有一个作家认为每一个孩子都是天生的诗人。为什么呢？他就把有些小孩子对一些问题的思考做了一些搜集和积累。他说，有一个小孩在医院打吊针，看到输液管的盐水一滴一滴地滴下来，这个小孩怎么说呢？"小水滴排好了队，一个一个地走下来。"另外一个小孩，他的妈妈捧着他的脸。这个小孩说："妈妈，我是你手心里开出来的一朵花。"还有一个小孩，他的爸爸出差了，这个小孩给爸爸打电话，他说："爸爸，我睁开眼睛看不见你，我闭上眼睛就看见你了。"这都是一些孩子生活当中讲的话，这些话都充满了诗意。所以作者认为"宝宝天生是诗人"。问题是，小孩子这种美好的心态能不能得到保持，并且在精心呵护之下得到开发，得到发展呢？如果得到了保护，得到了开发，得到了发展，那就不仅能让这些小孩子心灵走向和谐，而且也会使得我们社会的人际关系走向和谐，我们国家实现和谐社会的目标也就要容易得多了。

诗教的意义当然不仅仅是这些方面。我想更重要的方面是，他能帮助我们继承和弘扬中华民族优秀的传统文化。中国人是什么样的？黑头发、黑眼睛、黄皮肤，这只是中国人的一种生物属性。只有这种生物属性是不能够、不足以说明你是中国人的。中国人的本质属性除了有黑头发、黑眼睛、黄皮肤之外，还在于你是不是有中国文化，是不是有因中国文化的熏陶而形成的一颗中国心。我们的诗教在这个方面会产生深远而广泛的影响。我们甚至可以认为，如果没有接受中国传统文化的熏陶，不知道"秦时明月汉时关"，不知道"唐诗宋词"，这样的人他能够在多大程度上算是一个中国人呢？正因为如此，在继承和弘扬民族传统文化方面，对于诗教活动开展的意义，应有足够的估计。

江苏中小学里面有一批老师诗教工作做得相当好。苏教版的语文教材第十册里面有一课书，叫《望月》，是一篇散文。文章很短，写的是作者跟他的小外甥在一个有月亮的晚上，在船上看月光下的景色。开头描写月亮和月亮之下的景物，然后舅舅启发外甥想一些中国古代与月亮有关的诗词。甥舅两个在一番对话中背诗背词，让小孩对月亮产生了更多的兴趣。望着天空的月亮，他觉得月亮真是天的眼睛，对月亮产生了很多联想、幻想。江苏一位特级教师把这篇课文教活了，不但对课堂产生了很好的影响，而且对整个小学语文课堂都产生了很好的影响。他通过引导，启发学生把课文分成几个部分。第一部分是眼中月，就是看到的月亮；第二部分是诗中月，就是背诗词所了解的月亮；第三部分是幻想中的月，是小孩子的联想。他在课堂上扮演课文当中的舅舅，让学生自告奋勇来扮演课文里面的外甥，然后要求他们与老师自由地用课文当中的诗句，和课外知道的有关月亮的诗句对话，尽可能多。他们有一段非常有意思的对话：学生背"小时不识月，呼作白玉盘"，老师说"明月几时有，把酒问青天"；学生背"床前明月光，疑是地上霜"，老师背"野旷天低树，江清月近人"；学生说"月落乌啼霜满天，江枫渔火对愁眠"，老师说"峨眉山月半轮秋，影入平羌江水流"……就这么背下去。最后，老师用一个很幽默的句子作为总结。有个学生讲到"秦时明月汉时关，万里长征人未还"，老师就来了一句："月儿弯弯照楼台，楼高又怕摔下来。"学生哄堂大笑，说老师你这个不是诗。老师就说："怎么不是诗啊，这句是京剧《望江亭》里面杨衙内的打油诗。虽然是首打油诗，但是杨衙内也算古人啊。"这个老师是有意识地用这样一首诗，来为他们这段有关月亮的诗词对话作一个总结。那堂课效果相当好。

我现在的感受是，像这样生动的课堂教学太少了。通过这些活动，可以拓展学生的自然知识视野。其实就自然科学知识来讲，一个人从他一两岁起，从他的视力能够达到天空的月亮上这个时候开始，他就对月亮进行认识了。然后到小学阶段，老师在黑板上画一个圈，问是什么的时候，他可能回答是零，是鸡蛋，是苹果，是太阳，还可能会说是月亮。到"望月"这个阶段，他已经对月亮有了更深入的认识。但是，讲老实话，即使是我们这些白发苍苍的老人，对月亮的认识也还只停留在比较粗浅的阶段，不然为什么我们现在还要搞"嫦娥工程"呢？我们现在搞"嫦娥工程"，开始用高科技手段，来进一步加深对月亮的了解。所以仅仅是对月亮的认识过程，它就不是几年、几十年的问题，不是一个人一辈子的问题，而是多少代人的问题。在科学上是这样，其实从人文上看也是这样。由对月亮的观察所产生的各种心态，所表现出来的喜怒哀乐，也是无穷无尽的。如果能够把这种感情，用美好的词句记录下来，那都是很好的心灵诗章。正因为如此，我想我们中小学教育还应当进一步深化改革，让我们的教学改革与我们诗教委员会所开展的这些诗教活动能够紧密地结合起来。

诗教既是一项文化工作、文化活动，也是一项教育改革。我感谢江苏淮安对诗教工作的重视，我也感谢我们的院士，像杨叔子教授，还有几位科学院的教授，他们这样重视诗教活动。杨院士不但在自然科学方面有广博的知识，而且在人文科学方面也有非常深刻的见解。他把自然科学与人文科学结合起来，思考一些问题，达到很高的高度，我非常敬佩。有这样一些文化人，如梁东先生，不但诗词书画有非常高的造诣，而且多少年如一日，献身于这一项事业，精神非常可嘉。其实我们把在场的一些同志们的事迹、他们在各个领域的造诣总结总结，加以宣传，那就是一个个非常生动活泼的诗教课堂。

2007.12.2.

# 潜心打造精品的范例 *

《母语教材研究》这部巨著是洪宗礼老师学风、人品、水平的全面代表。透过这部书，我看到了一个丰满伟岸的实践型教育理论家形象。

第一，这部书的出版发行填补了教育科研领域的一个空白。关于母语教材，我了解的情况不多，但我知道，他们对母语教材的这项研究，至少填补了国内的空白；在国际上的影响，应该由我们的钟启泉教授、顾明远教授等去研究和评价。

第二，这套书是他们精心打造的一部精品，是母语教材研究的一个精品。我粗粗地翻了一下，看到里面收集了大量的素材、大量的资料。其中引用的或保存的中小学课本里的一些精品，都是在过去已经深深地留在许多人记忆之中的。我 1957 年从高中毕业，使用的正好是倡导文学和汉语分家时的那套教材，他们对此做了很好的分析。此外，对于很多中小学教材当中多年来一直传诵不已的那些篇章，这部书进行了很好、很中肯的评价和分析，包括对叶圣陶老先生《小小的船》这样的儿童诗的评析。这样的儿童诗在教材里面应该是非常好的，但我们也有老师从科学的角度提出问题，我就收到过这样的信。有一位教师，是江苏的小学教师，他写信给我，建议把这篇课文去掉。为什么？他说，在《小小

* 载《洪宗礼与母语教育》，北京师范大学出版社 2011 年 4 月版。

的船》中，"我在小小的船里坐，只看见闪闪的星星蓝蓝的天"，按照科学规律，在月亮上是看不到蓝蓝的天空的，更看不到闪闪的星星，在月亮上看天空是一片漆黑。因此，他说这样的诗歌不符合科学实际，不能用来教育学生。因为他郑重其事而且态度非常认真，所以我还是给他回了一封很短的信。我说，这首诗是广为传诵的，已经深受小学教育界师生们的欢迎，我们是不是不一定用科学的、精确的观点去理解这篇课文，而从人文的角度去理解这篇课文呢？毕竟我们的世界既需要科学精神，也需要人文精神啊！你认真的态度和研究的精神是非常可贵的，建议你对这个问题再思考思考。这套教材也对此进行了很好的评价。

第三，我觉得这部书的出版创造了一个非常好的范例。什么范例？潜心研究的范例。想想看，他们收集了多少资料？花了多长时间？如果有浮躁的心态是不可能有这样的精品的。然而，现在无论是在高等学校，还是在基础教育领域，浮躁的心态是普遍存在的。高等学校教师要写论文，论文每年要翻番，于是粗制滥造，甚至抄袭、剽窃这类现象层出不穷。中小学校搞公开课，也是要在短时间内炮制出"精品课"，请多少人来听，然后推广，这都不是一种很踏实的心态。在这种浮躁的心态下，教育界可能出了很多书，但这些书对我们的学术研究、教学实践有多少实际价值呢？现在我看到的这套书，是花十几年的工夫，收集了大量资料，反复研究论证之后编写成的，它不但内容充实，而且做了很多的点评、分析，然后又归纳出若干条基本的母语教材建设经验。这都是十分难能可贵的。可以说，这套书的编写，创造了一个潜心科研、打造精品的范例。

2008.2.25.

# 为教好语文而努力 *

在这里，我想发出的呼吁是：大家都来重视语文教育。我们作为教育工作者，尤其要重视语文教育。为什么？因为人是在语文世界中生活，在语文世界中发展，在语文世界中完成生命的传递，并借以推动社会的持续发展的。正是在这个意义上，我们说语文素质是国民素质的根基。西方有一位哲人讲过："你因为拥有语言，所以你优于动物；如果你语无伦次，那么动物就优于你。"我想确实如此。人没有尖牙利爪，如果没有语言，很难跟各种猛兽相比。人没有语言，在动物世界中也是弱者。正因为如此，我们要把语言文字工作做好，要把语文教好。作为一个好的语文教师，应当为完成三项任务而努力：第一项是培养学生对语文的兴趣，引导学生热爱母语，热爱母语文化；第二项是培养学生的读书习惯、思考习惯，并引导他们把读书和思考的习惯融入生活之中；第三项是要训练每个学生，使之有良好的口头交际能力和书面表达能力，从而提高公民的语文素养、民族的语文水平。

现在有两种观点争论得很激烈：一种是强调语文的人文性，一种

---

* 在 2008 年个性化作文教学年会上的致辞。

是强调语文的工具性。我认为，我们不要去扩大这两种观点不同的方面、对立的方面，而是要把它们各自的真理性认识综合起来，既要重视人文性，也要重视工具性。

只有这样才能更好地完成上述三项任务。

2008.12.6.

# 保护母语　传承文化 *

首先请允许我代表中国教育国际交流协会，向所有应邀出席"第十届国际母语日"活动的中外嘉宾表示诚挚的欢迎！今天，我们齐聚在江西南昌这个具有悠久历史文化传统和丰富民族文化资源的地方，围绕着"保护母语，传承文化"这一主题进行研讨和交流，这是一个难能可贵的机会。希望来自全国各省市地方教育行政部门、国内各高校、教育文化科研机构以及各国使馆和国际组织的专家、学者能够各抒己见，畅所欲言。

本届活动的主题是"保护母语，传承文化"，它体现了联合国设立"国际母语日"的宗旨，表达了人类社会保护文明家园的愿望和决心。中国古代教育家、哲学家孔子提倡"和而不同"，就是讲各种不同的思想、理念和文化是可以和谐共处并相互促进和提高的。事实证明，我们生活的这个世界只有各种不同文化繁荣共存，才能真正实现世界的和平与共同发展，并最终达到建设和谐世界的目的。

语言是文化的载体，也是传承和发展人类有形和无形文化遗产的

---

\* 在 2009 年"联合国教科文组织第十届国际母语日"庆祝活动开幕式上的致辞。

基本工具。保护世界各民族的语言，对于传承和发展丰富多样的世界文化、维系人类生态文明以及推动国际社会的平等和多元化发展具有重要意义。

2009 年是中华人民共和国成立 60 周年。在中国传统文化里，"六十"为一甲子，代表了人生旅程一个阶段的结束，同时又是一个全新征程的开启。中国是一个民族众多、文化底蕴深厚的国家。在近六十年的发展过程中，中国政府完成了 55 个少数民族的鉴别和认定工作，在民族地区设立了大量为少数民族开办的学校，普遍实行双语教学，让少数民族更好地享有受教育的权利，积极推进文化事业的健康发展，努力营造各民族安定团结、多元文化和谐发展的局面。在新的阶段里，我们将继续积极面对全球化的发展趋势，在保护民族多样性、推动各民族和谐共处、维护多元文化共存的基础上，为世界发展做出更多的贡献。

秉承着"促进交流、增进理解"的理念，中国教育国际交流协会愿与社会各界同人为推动文化教育事业的发展共同努力。我相信，基于过去三年成功举办"国际母语日"活动的经验，此次在江西省举办的第十届"国际母语日"庆祝活动，将会在扩大活动影响、提升民众意识、促进社会共识方面取得更大的进步。

2009.3.6.

# 重视写字的育人功能 *

近来得知中国语文报刊协会规范汉字书写专业委员会连续组织四届规范汉字书写大赛，并编写了一套小学生规范汉字书写教材，我认为这些工作很有意义。计算机的普及使汉字手写的训练遇到困难。大家重视写字，义不容辞。提倡写好字，不是一件小事。我们应当深刻挖掘、全面总结写字教育的作用，并充分发挥好这些作用。对此，我想谈一些个人的思考。

第一，写字是培养学习能力的奠基工程。学习能力是由什么构成的？是由识字能力、阅读能力、写作能力、计算能力构成的。学习能力的核心是阅读、写作、计算，一个人具备了这三项能力，就具备了基本的学习能力。具备了基本的学习能力，就为一个人的终身发展打下了坚实的基础。有这个基础和没有这个基础大不一样。新中国刚建立时，我国有 80％的人都是文盲，国民的整体学习能力很弱。随着新中国教育事业的发展，特别是改革开放以后，教育普及程度极大提高，目前我国青壮年文盲率下降到了 3.58％，全国 15 岁以上人口平均受教

---

* 载 2009 年 6 月 9 日《中国教育报》。

育年限超过 8.5 年，新增劳动力平均受教育年限达到 11 年。劳动力素质能够支撑国家 30 年来经济腾飞这样一个事实，就说明了识字（包括写字）、学习的极端重要性。我们国家的经济和社会高速发展，就有识字、写字所发挥的基础性作用在内。识字与写字相结合，是个很重要的环节。表面上认识一个字与深刻认识一个字是有差距的。不写，只读，印象是不深刻的，通过写字可以更好地识字。因此，在中小学阶段要提倡手写，在计算机打字普及的情况下，尤其要重视手写。大脑细胞对手写和打字的刺激反应是不同的。打字往往比较机械，写字则需要更多的思考。为什么要重视手写，值得进一步研究。我认为，手写汉字，思考在其中，理念深化在其中，审美追求在其中。因此，基础教育阶段应重视手写。我们可以把写字看作学习能力的奠基工程。

第二，写字是行为规范的养成工程。写字并不很难，但也不容易，从小把字写好，对一个人是很好的熏陶。小时候没有经过训练，年纪大了再来学习是非常困难的。从小受过训练跟没有受过训练大不一样。行为规范可以迁移。写字时认认真真、一丝不苟，当你写好之后，自己也觉得有成就感，这种成就感就可以迁移到做别的事情的过程中。

提倡养成做事一丝不苟的习惯，是非常重要的。现在市场经济发展很快，好的方面是促进了发展，负面影响是容易让人心里浮躁、急功近利。人们的追求一个是高享受，另一个是快发财，"空手套白狼"、弄虚作假处处皆是。浮躁心态已经严重侵入到教育行业中。中小学里那种华而不实的"做课"现象和高校学术论文作假现象都是例证。尤其在高等学校，学术打假已是不打不行了。有人说，什么是大学？大学，非大楼之谓也，是大师之谓也。我担心三五年过后，"大师"就成灾了，人们会采取各种方式去炮制"大师"。学术打假，从哪里做起？从写字做起。从小学阶段开始养成认真的习惯，不要弄虚作假。一笔一画，有实事求是之意。要养成良好的学风，甚至还要从标点符号做起，要从引用他人文章加引号做起。这就要求从小学阶段开始进行行为规范的基本训练。写字就是这样一项行为规范的养成工程。

第三，写字是文明传承的工程。教育事业的目标是建设中国特色社会主义现代化的教育体系。这里的中国特色是什么？其实中国特色可以从教育思想、体系、制度方面讲很多，但最根本的一个特色就是语言。中国特色寓于中华民族的语言中，寓于各个民族的文化当中。如讲中国特色，第一步就要热爱母语，热爱我们自己的文字，热爱母语文化；从通用语言文字的角度讲，应提倡热爱汉语、汉字。对学习外语无疑应非常重视。我们需要学习各国优秀文化、先进科学、一些好的理念，并且吸收、消化，变成自身的东西，但母语文化作为文明传承的启蒙工程，一定要重视，要早抓，到大学再抓就晚了。简化汉字、推广普通话、制定和推行《汉语拼音方案》三项工程，是新中国建立以后最早、最大的改革，也是最大的创新。用简化字培养的人接近12亿，如恢复繁体字会引起很大混乱。写字、写规范汉字要从小抓起，老师、校长都应重视这个问题，使写好规范字成为一种良好的习惯。

2009.6.8.

# 还有四亿人不能用普通话交流 *

我们应该搞一个"语言文字安全与政策"的项目，之后可以相应地出一份"语言文字安全与政策研究"动态。因为很多问题不是语委想解决就能解决的，需要及时向各级领导干部反映。事实上，现在有很多这样的问题，比如台湾地区领导人马英九就提出了"正体字""汉字申遗"等不少问题，当然也还有与民族语言文字相关的问题，这都涉及语言文字的安全和政策。因此，"语言文字安全与政策"项目应该落实到比较有实力的研究机构，而且要能够经常化。这项工作应该由国家语委来做，没有任何一个部门能代替。

语言文字培训与岗位准入制度的建设也需要加强，对中小学校长更要加强普通话的培训。他们的普通话问题不解决，想抓好学校的普通话教育是很难的。据 2004 年的统计资料显示，世纪之交全国有 53.06% 的人口能够用普通话交流，也就是近 7 亿人。现在 10 年过去了，如果数据达到了 60%，测算一下应该是 7.8 亿人；如果增长的数据再多一点，那就是 8.45 亿人，就算 9 亿人，也还有 4 亿人不能用普通话

---

* 在 2010 年国家语委咨询委员会上的发言。

交流。

    我估算了一下，从 1956 年推普开始，如果我们的推普工作做得好的话，小学一年级入学每年有 2 000 万人，从 1956 年算起到现在，理想的估计应该有 11 亿人能讲普通话，但现在可能只有 9 亿，跟理想的估计还相差 2 亿。这说明我们的推普工作还存在一些问题，还有很艰巨的任务要完成。

2010.2.24.

# 把汉语学好 把汉字写好 *

王登峰司长已把开展"中华诵·全国学生规范汉字书写大赛"的主旨、意义、做法进行了详细介绍。很多媒体都非常关注和重视这项活动的开展，在这里感谢各类媒体的参与，希望能够继续得到你们的重视与关注，以使得这项活动更加深入人心、更加普及。

我在这里首先提出一个问题：我们生活在哪里？

对于这个问题的回答，可能说"我们生活在地球上"，也可能说"我们生活在世界上"，也可能说"我们生活在中国"，等等，但一个很容易被忽视的答案是，我们生活在语言文字当中。我们是生活在语言文字里，因为人类正是借助于语言和文字的创造发明，才脱离了低级的动物世界，从一般的动物跃升为人——最有智慧的动物。有了人类的创造活动之后，就出现了一个与自然世界不同的、人类的文化世界，而人类文化世界的重要基石就是语言和文字。中国的语言文字是世界上最优秀的语言文字之一，因为它沿用几千年，至今仍有众多人使用，这种语言文字为世界的教育、文化、科技各个方面做出了巨大贡献。

---

\* 在"第二届全国学生规范汉字书写大赛"新闻发布会上的讲话。

因此，我认为语言文字最基本的功能有四个：沟通信息、表达情感、传承文化、发展智慧。所有这些，如果离开了语言文字，将是不可想象的。但是，我们却常常忽视语言文字的重要性，不重视保护语言文字，不重视保护语言文字的纯洁性和健康发展。国家语委、语用司十分重视这项工作，而且从 2007 年开始开展"中华诵"活动，去年又将写字纳入这项活动，这是一个很有远见的举措，也是很重要的一个举措。

我们现在讲教育的发展纲要，提出的非常响亮的口号是"均衡发展"，义务教育要均衡发展，要在 2020 年实现均衡发展的目标。我觉得对"均衡发展"也要进行深入的思考，"均衡发展"仅仅是良好的校舍吗？仅仅是良好的师资吗？仅仅是仪器设备、图书资料吗？我认为："均衡发展"一个很重要的内容是能读、会写能力的均衡发展！

一个人最基本的发展能力基础是能读、会写。有了这两个基本能力，以后就能自己去拥有知识、拥有文化，否则，就无法实现自我发展。现在文化的差距、教育的差距、贫富的差距，归根到底就是人与人之间在能读、会写能力上的差距造成的。当然，还有制度、经济、文化等其他因素的制约，但对每一个人来说，构成基本能力的就是能读、会写。真正要实现均衡发展必须让每一个孩子在能读、会写的能力方面得到均衡发展，必须缩小农村和城市的差距。就语言文字的问题，我们应该想得更深远一些。

对于这项活动，我希望在以下三个方面取得成效：

一是让爱写字成为良好的习惯。目前，我们离这个目标的距离还很远。希望通过开展此项活动，尤其在小学阶段的开展，能够使爱写字成为良好习惯这一目标得以实现。写字非常重要，要想写好字必须有良好的习惯，良好习惯不仅对写字本身会产生很大影响，对学好其他功课，对养成一个人的学习习惯、生活习惯，以及待人处世各方面习惯，都会产生好的影响。因为养成一个好习惯，这种习惯是可以迁移的，一个字写得好的人，也会是一个井井有条的人。

二是使写好字成为坚毅的品性。把字写好是需要很大毅力的。字是人的第一名片，写字比书法更重要，我们不要求人人都成为书法家，但我们要求人人都能写一手好字。为什么不在终身要用的工具上下功夫呢？在这方面我们应该有追求和要求。

三是使崇尚书法成为优良的传统。现在，我们提倡走向世界，但是，走向世界的应该是优良的中国文化，是要用优良的语言文字素质走向世界。只有民族的才是世界的。汉语、汉字、汉字文化是我们民族最根本、最核心的东西，把汉语学好、把汉字写好，应该作为永恒的、第一位的重要内容。因此，这项活动的开展，希望得到大家更多的支持与帮助。

2010.5.2.

# 努力打造辞书建设的新局面

《现代汉语规范词典》第二版面市是我国社会语文生活中的一件大事、一件好事。我在这里表示热烈祝贺！

《现代汉语规范词典》自 2004 年问世以来，对促进人们树立语文规范意识、正确使用国家通用语言文字起到了积极的作用，受到语文界及社会各界的欢迎。现在发行的第二版收单字 13 000 多个，通用词语 86 000 多条，并本着与时俱进的精神调整了收字收词内容，增补了 2 600 多条新词语，突出规范性，重视实用性，并彰显原有的提示特色，新增辨析性提示 1 700 多条，使提示总量增加到 5 500 多条，具有十分鲜明的特色。

《现代汉语规范词典》的出现有其历史的必然性，它在我国社会语言文字生活的需要中产生，也必将在我国社会语言文字生活的发展中不断发展，不断完善，并逐步臻于完美。

《现代汉语规范词典》的产生首先是由于我国语言文字工作规范化、标准化的需要。大家知道，"文化大革命"中汉字乱简化和"文革"后几年间繁体字回潮，给我国语言文字生活带来了极大冲击，造成了严重混乱，同时也由于以计算机为核心的信息化技术发展迅猛，所以语言文字工作面临规范化和标准化两项重大任务。为此，国务院于 1986 年召开了全国语言文字工作会议，决定把语言文字规范化、标准化工作作为新时期的重大历史任务。吕叔湘先生说得好："随着国家有关规范标准的修订和增加，总得有词典来加以体现。"这就是《现代汉语规范词典》应运而生的原因之一。

《现代汉语规范词典》的出现是基础语文教育工作发展的需要。"事随发展异，语因认知新"，随着新事物大量涌现，新词新语不断产生，如克隆、宇航、非典、海归、减排、低碳、软实力、和谐社会等；一些已逐渐消失的词语重新进入语言生活，如夫人、小姐等；一些词语又增加了新的含义，如导航员、世情等。这些词语已高频、稳定地进入社会语言生活，不少已成为基础语文教学阶段无法规避的用词用语。吕叔湘先生说得好："随着语言的发展，总得有新的词典来反映语言的变化。"《现代汉语规范词典》应运而生，正是适应了语文生活和基础语文教育发展形势的需要。我国是一个有 13 亿人口的大国，随着九年义务教育的普及，高等教育逐步走向大众化，各级各类教育事业蓬勃发展，建设终身学习的学习型社会已逐步成为我国政府和人民群众的宏伟奋斗目标。在这种情况下，语文辞书和其他各类专业辞书的建设，成为学界和出版界一项十分重大的任务。要完成这项任务，首先需要明确的是辞书建设和发展中的多样性问题。客观事物是多样的，事物的发展是多样的，人民群众的需求是多样的。我们应当认识到这种多样性，适应这种多样性的要求，为满足这种多样性的需求做出努力，做出贡献。应当说，《现代汉语规范词典》正是顺应这种潮流而产生的。也还是吕叔湘先生说得好："我们是一个人口众多的大国，应该有适应不同读者需要的不同层次和规模的各种词典，才能满足群众语文学习和教学的需要。"

我认为我们应当以一种博大的胸怀、包容的心情、支持的态度来看待《现代汉语规范词典》的诞生，因为它以它的特色、质量和严谨的编写风格说明，它确实是现代汉语辞书园地中的一朵鲜花。我国有句名言叫"一花独放不是春，万紫千红春满园"。事实证明，只有适应社会语文生活发展的需要，适应语言文字规范化、标准化的需要，适应人民群众对字典、词典多样化的需要，我们才能开创辞书建设的新局面。

让我们对《现代汉语规范词典》编写人员在汉语辞书建设工作中表现出的求实求是、开拓创新精神，艰苦奋斗、竭诚奉献的志愿者精神表示关心，表示支持，表示敬意吧！《现代汉语规范词典》已经有了非常良好的开端，它的前途无疑是光明而美好的！

2010.8.28.

# 大家都应当读点儿诗词 *

我认为中小学生应当读点诗词，大学生应当读点诗词，中年人、老年人也都应当读点诗词。道理孔老夫子早就讲过了："不学礼，无以立""不学《诗》，无以言"。无以言，就是指不会讲话，或者话讲得没有文采，甚至指不能获得话语权。要知道，讲话没有文采，那后果是很严重的啊！孔夫子说："言之无文，行而不远。"这就已经涉及思想和文化传播的大问题，涉及话语权问题，是传播学研究的范畴了。

其实，读点诗词不仅是语言问题。中华诗词语言优美，词汇丰富，表现力强，音韵和谐，富于音乐美，是一座高雅艺术的宝库，这些自不必多说；其蕴藏于语言之中的情感之真切、思想之丰富、意境之深邃、操守之坚贞、品格之高雅，更是一座十分难得的精神宝库。针对提倡学点历史，有人理直气壮地质问：不知道秦始皇、唐太宗又怎样？不知道《阿房宫赋》又怎样？不知道唐诗宋词又怎样？当然，我们确实不能把这样的人怎么样！总不能让他们不吃饭吧。但人和人之间是有种种区别的：脾气有好坏之分，度量有大小之分，素质有高低之分，

---

* 2010 年 11 月 5 日在武汉中华诗教会议上的讲话。载 2010 年 11 月 28 日《中国教育报》。

趣味有雅俗之分，品格有优劣之分，精神世界有丰富与贫乏之分，等等。有道是"腹有诗书气自华"，读点历史、读点诗词，可以使自己变得更有知识一点，更智慧一点，认识更全面一点，修养更多一点，品格更高一点，精神世界更丰富一点。能做一个素质比较高、文明程度比较高的中国公民，又何乐而不为呢！

唐宋诗词是中华文化中一个难以企及的高峰，也是世界文化中一个难以超越的高峰。其内容之博大精深，风格之多种多样，形式之齐整有致，韵律之和谐优美，世无伦比。朗读时抑扬顿挫，吟诵时荡气回肠；写景使人流连忘返，状物叫人拍案惊奇；动情处催人涕泪俱下，激奋时令人拔剑而起；穷哲理宏微，横连中外，述人情世态，纵贯古今。真可谓国之瑰宝，世之奇葩者也。品读它，吟诵它，欣赏它，玩味它，陶醉于其中，那是一种多么好、多么难得的审美满足，又是一种多么珍贵的情感、哲理、人生的极致享受啊！

其实学好语文并不是一个小问题，学好母语对于每个国民来说都是第一要务。我们不是常常讲爱国吗，爱国首要的、最根本的是热爱并且保护好我们的语言文字。道理十分简单，我们既生活在物质世界里，同时也生活在语言文字世界里。我们民族的语言文字，是我们民族赖以生存、赖以发展、赖以走向世界、走向未来的不二根基。

我十分赞成"语文学习应自诗歌始"的见解。如果要说语文学习有捷径的话，这就是捷径；要说有妙诀的话，这就是妙诀。现在有人主张国学从文字启蒙阶段就开始学，即从小学阶段就开始读经，读《论语》《孟子》《大学》《中庸》《左传》《国语》等。这其实是不妥当的，要求太高，操之过急，不符合儿童少年心智发展规律，而诗词中却有大量适合少年儿童阅读、吟诵、欣赏，并对他们的精神与心灵有启蒙作用的好作品。有的可以上学即读，如结合认识十个基本数字，就可以读类似儿歌的诗："一去二三里，烟村四五家；亭台六七座，八九十枝花。"又如："一片一片又一片，两片三片四五片，六片七片八九片，飞到水面都不见。"稍长即可读李白的《静夜思》："床前明月光，疑是地上霜。举头望明月，低头思故乡。"苏轼的《花影》："重重叠叠上瑶台，几度呼童扫不开。刚被太阳收拾去，却叫明月送将来。"李绅的《悯农》："锄禾日当午，汗滴禾下土。谁知盘中餐，粒粒皆辛苦。"以及杜甫的绝句《漫兴》、白居易的《桂华曲》、贺知章的《咏柳枝》等。唐宋词中也有许多适合少年儿童诵读的佳作，如辛弃疾的《清平乐·村居》："茅檐低小，溪上青青草。醉里吴音相媚好，白发谁家翁媪？大儿锄豆溪东，中儿正织鸡笼，最喜小儿无赖，溪头卧剥莲蓬。"这是多么自然、清新、恬静的一幅村居画卷啊！在这个阶段不但要多读，而且要多背诵。想要"腹有诗书"，就要趁年纪轻、记忆力强的时候在"背诵"上下点功夫。背些诗词的特殊功效是可以在潜移默化中影响人一生的。

主张年幼时背些诗词的，不仅是许多社会科学的专家学者，也有许多自然科学的专家学者。钱学森先生、苏步青先生这些大家都主张背诵些诗词。苏步青是微分几何学的大家，但对诗词和文学无比爱恋。他小时候放牛，在牛背上背诵《千家诗》《唐诗三百首》。年长了，于工作繁忙之际，每晚仍要在睡觉前花二三十分钟念诗词，神情专注，乐在其中。苏步青先生认为"语文是成材的第一要素"。他在任复旦大学校长的就职宣言中说："如果允许复旦大学单独招生，我的意见是：

第一堂先考语文，考后就判卷子，不合格的，以下的功课就不要考了。语文你都不行，别的是学不通的。"苏老一生中写了近千首旧体诗词。96 岁高龄时出版了《苏步青业余诗词钞》，收诗作 444 首，词 60 首。1978 年 11 月，苏老在《解放日报》上发表《夜读聊斋》："幼爱聊斋听说书，长经世故渐生疏。老来尝尽风霜味，始信人间有鬼狐。"这是用来批判"四人帮"的。今天在座的杨叔子先生也是如此。他是中科院院士，在机械工程领域，在机械工程与电子技术等新技术结合的领域，取得了一系列突出成果。但他在任华中科技大学校长期间和卸任以后，都花了大量精力去加强大学生的人文素养教育。就是他，要求博士生必须会背《老子》和《论语》前七章，不读不背的，不接受论文答辩。这一举措在全国引起了轰动效应。近些年来，正是杨叔子先生和中华诗词界各位志士仁人一起大力倡导让中华诗词走进大学校园，让诗教走进大学校园。杨叔子先生热爱中华诗词，自己也写了近千首诗词。他为江苏 88 岁的颜仁禧先生《诗风吹绿校园春》一书写了一首诗作为代序，这首诗是："诗风吹绿校园春，米寿诗翁续力耘。寄愿儿孙诗志在，国魄凝处是诗魂。"这最后一句正是从杨叔子先生的内心深处喊出来的。胡适是大家都熟悉的人物了，但他曾饶有兴味地亲自编撰过一本古代诗歌选集的事，大家则不一定都知道。1934 年 4 月 20 日，胡适在这本诗歌选集第一册付印时写的序言是："从今天起，每天写一首我能背诵的好诗，不论长短，不分时代先后，不问体裁。一年之后，这些诗可以印作一本诗选，叫做《每天一首诗》。"《每天一首诗》是胡适的一个计划，想选 365 首。因各种原因，历经五年，只选了一百多首，他很不甘心，希望以后还能继续完成这个选本。

党和国家许多领导人都是诗词爱好者，不少领导同志本身就是诗人。毛泽东是诗词大家自不必说了，朱德、董必武、林伯渠、吴玉章、徐特立、谢觉哉等老同志的诗词都写得很好。江泽民、温家宝同志在政务活动和社会活动中也都表现了很好的诗词素养。江泽民同志还在视察高校时，与大学生一起背诵苏轼的"大江东去，浪淘尽，千古风流人物"，以及"明月几时有？把酒问青天"等脍炙人口的千古名篇。

近两年来，教育部、国家语言文字工作委员会倾注极大精力在大中小学开展了中华诵大型文化活动，取得了丰硕成果。诵读中华经典，弘扬中华文化，让雅言传承文明，让经典浸润人生。亲近经典，承续传统，这不就是文化建设的根本之所在吗？

杨叔子先生刚才引用美国大诗人罗伯特·弗罗斯特的话"诗者，译之所失也"，他指出：诗是不可译的，因为每首诗依附的语言本身，有其独特的美感，是不可能由另外一种语言简单传递的。我认为讲得很好，尤其是中华诗词，深具这一特点。字词或可浅译，诗中的神韵何从传输啊！

中华诗词的优秀与我们的语言文字之优秀是分不开的。我们的文字是字根文字，是表意文字，这种特性决定了中华诗词成为文化艺术高峰的内在品质。智慧的文字催生了文字的智慧，艺术的语言创造了语言的艺术。2007 年华中师范大学杨再隋教授对我说，某君作一字谜很好，谜面为"刘邦闻之喜，刘备闻之泣"，打一个上下结构的汉字。思之再三，恍然大悟。我深感这个字谜文化底蕴深厚，构思精妙，难度系数也大，就作了一首释谜小品："一命呜呼羽不飞，刘邦欣喜刘备悲。自是嫩绿颜色好，亦项亦关莫问谁。"后来在一次有十几位大学校长参加的聚餐会上，谈到中国语言文化的话题时，我给大家打了这个谜语，并附了这首释谜小品，让他们什么时候猜出来了就回信息给我。只有清华大学胡东成副校长在第二天给我发来信息："哈哈！我猜出来了！"欣喜之情，溢于言表。在座各位是否也想一试呢？还记得杜甫"两个黄鹂鸣翠柳，一行白鹭上青天"的诗句吗？这是意境多么优美、平仄对仗多么工整的一副对联，又是多么漂亮的一幅风景画啊！上面那个谜语的谜底就隐藏在其中。

我最后要说的就一句话：热爱我们民族的语言，热爱中华诗词吧！让我们大家诗意地栖居在我们的语言家园之中。

2010.10.28．

# 语文教学应重视“诵读” *

时下，对语文教学意见不少。历经多次改革，改来改去，赞之者少，责之者众。也难怪，众口难调啊！仁者见仁，智者见智，听谁的是好？我认为，工具论也好，人文论也好，语言本位也好，文学本位、文章本位也好，论来论去，都难得十全十美。语文教师要充分发挥学生的主体性和自己的主导性，对待各种见解，择其善者而从之，其不善者而改之。针对当前语文课讲得多，练得少，花样多，学得累，获益少，示范课做作得多、表演多、实效少的状况，我赞成提“返璞归真”这个口号。

什么样的老师是好语文老师？如果能够把各种理论流派和考试分数放在一边，暂时不去管它，我认为能够让学生热爱语文的老师就是一个好语文老师。勤劳为益友，热爱是良师。要让学生学好语文，最重要的一点是要让他们热爱语文。当然，让学生懂得语文的重要性，自觉学习，诚然好，但也难；让学生通过尝试，对语文产生浓厚兴趣，喜欢语文，进而养成日积月累、乐此不疲的学习习惯，则是更为重要、

---

* 载 2011 年 5 月 5 日《中国教育报》。

更值得追求的理想境界。这大概就是"知之者不如好之者，好之者不如乐之者"的道理吧！

提高学生的语文能力和语文素养，靠批评、训责不是好办法，靠考试施压不是好办法，靠详细分析、讲解也不是好办法。有没有好办法呢？我觉得有，应该有。这就是：一个字，"读"！两个字，"熟读"！学生在教师的引导下，选可读之文章，读！选精美之文章，熟读！这不但是个办法，而且是个学语文的好办法、大办法，是最根本的办法。"熟读唐诗三百首，不会作诗也会吟""旧书不厌百回读，熟读深思子自知"，这些已经被千百年历史证明是真理性认识的慧语哲言，一到我们的教学过程中怎么就被抛到脑后去了呢？

语文是什么？首先，语文是一种能力，是通过表达能力、交流能力、获取信息能力等体现出来的生存能力；是通过概念、表达、是非判断、逻辑推理等思维能力体现出来的发展能力。其次，语文是一种素养，是一种通过诗、词、歌、赋、小说、散文等语言形式的创作、欣赏和传承体现出来的艺术、文化素养，人类正是通过这种素养使得其创造的物质文明和精神文明得以世代相传。最后，语文才是一门知识，一门关于语言、文字、文章的知识课程。因此把语文作为一门单纯的知识课程，围绕着百十个所谓核心知识点讲来讲去、考来考去，难道不是舍本逐末吗？

所谓"能力"，就是指完成某项任务、解决某个问题、实现某项目标的一种能量、一种本领。这种能量或本领是实践主体在实践过程中从对客体的重复接触、多次尝试和反复练习之中获得的。语文既然是一种能力，那么语文课就应当按能力培养的模式去运作，即语文能力要在学习者听、说、读、写的实践过程中去获得，要在学习者听、说、读、写的实践过程中去提高。在这里，出人之口，入我之耳，谓之听；出我之口，入人之耳，谓之说；借由书本等媒介物，入我之眼，出我之口，发而为声，谓之读；出我之手，录于纸质或其他媒介物，谓之写。听、说、读、写，互为依存，互为助力，是一个整体。我们说要多听、多说、多读、多写，为什么要强调"多"？因为能力也好，技艺也好，是依靠多次重复才能获得的。多次重复可以使生疏演变为熟练，多次重复可以从熟练中产生技巧，具有了"熟能生巧"的活力，创新能力也就在其中了。我想，这就是德国狄兹根所言"重复是学习之母"的道理吧。在小学和初中阶段，尤其要重视的是"读"，"读"是基本的语文技能。多读多诵，体验就在其中；多读多诵，感悟就在其中。因诵成好，因诵成悟，因悟入巧，因巧入神，语文素养就是这样一步一步升华的。因此，诵读是语文能力获得的重要基础。

怎么读？我赞成出我之口，发而为声，入人之耳，激越有神地朗读；主张要放开喉咙读，要口、耳、心、脑全面投入，全神贯注地读；尤其欣赏读得出神入化、摇头晃脑、陶醉于自我朗读之中的境界。在这方面，古人的经验是值得重视的，宋代朱熹就说过："要读得字字响亮，不可误一字，不可少一字，不可多一字，不可倒一字，不可牵强暗记，只要多诵数遍，自然上口，久远不忘。"当代作家夏丏尊、叶圣陶也强调："朝夕诵读，读到后来，文字也自然通顺了，文义也自然了解了。"晚清重臣曾国藩更加强调发声朗读和动情吟咏，他说："非高声朗读则不能展其雄伟之概，非密咏恬吟则不能探其深远之韵。"他对读出气概、诵出神韵的办法的有效性，体会是很真切的。这里必

197

须说明，有些人把语文教学中的熟读和背诵说成是"读死书"，这是极其错误的。如非误解，就属偏见。要知道，有时候偏见比无知更可怕；"书到精绝潜心读，文穷情理放声吟"，这是语文教学应当追求的一种境界，现在的问题是有这种境界追求的人太少了。

诵读经典，吟咏美文，传承文明，提高语文素养，丰富精神世界，可以融思考于其中，可以蓄能力于其中，可以寓创造于其中，一举多得，何乐而不为呢？这不正是学习主体主动、生动活泼的语言习得的实践活动吗？那么，要不要发挥教师的主导作用呢？要的，很需要，非常需要。教师应当是导演，要为整个学习过程的有声有色、卓有成效进行精心设计。教师不要包办一切，主持课堂要少讲、精讲，贵在点拨。在这里，点是"点石成金"的点，拨是"拨乱反正"的拨，责任不可谓不重大啊！

我以为，语文课应当重视"练背功"。国家颁布的中小学语文教学大纲对名家名篇一贯要求背诵，只是这项十分重要的原则在许多地方、许多学校、许多教师那里被有意或无意地忽略了。据统计，中小学语文教材中要求学生背诵的有192篇课文、106个段落，总计近300篇（段）。这一数字在语文课内是否还是少了些，可以讨论。如果课内课外加起来算，相对于12年的时间来说，显然是少了。如果每年能背30到40首诗词、20至30篇美文，整个中小学阶段有六七百篇诗书（或者更多一点）装在肚子里，那就好了，那就会如伯洛所言，在今后的生活里"绝不会缺乏真实的朋友、有益的顾问和愉快的伴侣"。做学问、写文章，就可以体会到朱熹"读书之乐何处寻，数点梅花天地心""问渠那得清如许，为有源头活水来"的境界了。诵读工作做好了、做实了，学生因诵读而抑扬顿挫，因诵读而慷慨入神，因诵读而兴趣盎然，因诵读而一往情深，热爱母语之情油然而生，这不正是国民素质提升的重要体现吗？少年儿童正处于脑子好、思维活跃、记忆力强的最佳年华，在这个阶段多背诵点诗词和文章，不仅是在人生旅途中处处用得着、可以终身受益的事情，而且"腹有诗书气自华"，应当也是幸福人生的一大要素啊！

2011.3.10.

# 写好汉字很重要

中小学学语文有两项大任务：一项是能读，一项是会写。还有别的任务吗？当然还有，比如会讲，比如会用，但最基础的是"能读""会写"（这里，会写包括写字、写文章）。能读会写之所以重要，因为它是现代社会中每个人生活的基础，生存的基础；是一个国家国民素质的基础，是一个国家经济、政治、科技、文化、教育及社会各方面发展的基础。正因为如此，在中小学阶段尤其在小学阶段，培养学生读的能力和写的能力很重要，不是九分重要，而是十分重要。因此，要下大功夫，倾注心血，务求落实，认真做好。

陆定一同志不赞成提"四会"：会读，会写，会讲，会用。他认为对小学生来讲，"四会"要求太高了。他五岁读书，第一本是清朝的教科书。那是戊戌政变后才有的。第一课八个字"天地日月山水土木"。六岁就是"民国"了，"民国"的教科书第一课一个字："人"。再后来，"教育学发达了"，第一课是一张图，没有字。再后来，第一至第五课都是图，到第六课才有字。"教育学越发达"，学生识字越少。

打听原因，原来教育学主张，学生要"四会"。识一个字，要会读，会写，会讲，会用。所以，每课的字越少越好。会读会写，这办得到。

会讲会用，必须识得很多字以后才办得到。对识字很少的人，要他会讲会用，那只能记豆腐账。

内容上也变得奇怪。《三字经》《千字文》一上来就讲大道理，"教科书"却是"大狗跳，小狗叫，叫一叫，跳一跳"，根本不讲做人的道理。

他主张：中小学生，记忆力最好。应该让他们多识字、快识字，不懂的字他们也能记。识了三千字，看书看报，不懂的字也就懂了。

新课程标准规定，写字是义务教育阶段的基本训练之一，搞好写字教学，对学生的学习和今后的工作都有重要作用。近几年来，大部分小学和一部分初中重视了写字教学。江苏是做得最好的，不但普遍在小学开设了写字课，而且培训和配置了写字课教师，编写了写字课教材，江苏《七彩语文》杂志还出版写字专刊。还有，深圳南山实验学校的"八岁能读会写"也搞得很好。是继集中识字、分散识字、"注音识字、提前读写"、情境教学和"大量读写、双轨并行"之后，又一具有重大意义的语文课程教材教法改革。也有一些小学的高年级和多数初中对写字教学重视不够，对学生缺乏严格的要求和训练，学生在书写方面问题很多，缺乏良好的书写习惯。字迹潦草，行款不整齐，卷面不整洁，滥用不规范的简化字，写错别字的现象也很常见。

要采取有力措施，切实贯彻执行教学计划，保证落实小学语文教学大纲关于写字教学的要求。保证上好写字课，进一步提高写字教学的水平。

小学和初中各学科的教师，对学生的写字都要严格要求，加强指导，使学生养成良好的书写习惯。在作文、各科作业和各科考卷的书写方面，都要要求学生把字写正确、端正、清楚，行款要整齐，卷面要干净。

对书写潦草的，要采取措施，及时纠正。

各学校可根据实际情况，在普遍加强写字教学的基础上，开展课外活动，吸收书法爱好者参加，定期进行书法练习和书法展览，培养或发展学生的兴趣和特长。

提高师资水平是加强写字教学的关键。各师范院校在语文基础知识教学中，要认真抓好写字知识的讲授和写字训练，使师范生具有指导学生写好字的本领。所有任课教师在板书和批改作业等方面要为学生做出表率。

对写字要有严格要求：一年级开始学习写字，要写得正确、工整、干净；二至四年级要写得正确、端正、整洁；五年级要写得正确、端正、整洁，行款要整齐。从始至终都要培养良好的书写习惯。

2011.6.17.

# 《柳斌题赠墨迹》自序

中国人写中国字是天经地义的事情，然而，要把方块汉字写好却并不是一件很容易的事情。我上小学时已开始流行用铅笔和钢笔写字，很少使用毛笔，写字基本功缺乏训练。在很长一段时间内，我都觉得写字是很个人的事情，写得好不好，无关大体。直到担任国家教委副主任以后，才深深体验到字写不好的尴尬、惭愧和苦恼。每到一所学校，视察工作、了解情况之余，校长、老师们就请你写字，宣纸、笔墨都备好了，无数双期待的眼睛注视着你。这种场合常常逼得我满头大汗。写吧，实在难以入目；坚决不写吧，切切实实地让对我寄予满腔厚望的人失望，给他们火热的心泼了一盆冷水，心里很不是滋味。有了许多次这样的经历之后，我想试着从零开始学写毛笔字，但已是"六十岁学吹鼓手"了，还能有什么指望吗？

记得有一年春节，去给启功先生拜年时，我谈到年轻时没有练好毛笔字的懊恼。启功先生鼓励我说："现在下功夫，时犹未晚。"他讲起了自己学习书法的故事。他年轻时学习绘画，颇有功底，他的叔祖要他画一幅画用以送礼，但嘱他不要在画上写字。之后，叔祖另请人在画上题了字。此事让年轻的启功受到刺激，知道叔祖对他的字不满意，于是他便发奋习书。后来，他在书法方面的成就远远超过了在绘画方面的成就。这次谈话无疑对我产生了深远的影响和巨大的鼓舞。

我兼任国家语委主任之后，更深深领会到：我们生活在语言文字之中，我们民族的精神家园存在于我们民族的语言文字之中。讲好中国话、写好中国字是做中国人的根基。我曾经强调：写字是培养学习能力的奠基工程，写字是行为规范的养成工程，写字是文明传承的启蒙工程。现在看来仍觉得是有道理的。

遗憾的是我的字始终写不好，直到从任职岗位退下来之后，才稍稍有点长进。中小学校的校长、老师们长期工作在艰苦清贫的岗位上。他们夜以继日，为培育祖国的花朵，生命不息，奋斗不止。每遇或十年二十年或百年校庆，不少学校通过各种途径要求我为他们的节日作出一点表示，写一句话可以，写几个字也可以。他们不计较我语言的浅陋，不计较我书写的笨拙，他们要的仅仅是我的一份心意。他们是把我作为在长途行军中的伙伴，在同一条壕沟里的战友来对待的。我十分理解他们这种心情，只能常常因自己无法让他们满意而深深自责了。

就这样，几十年积存下来的题词、寄语也达数百条之多。友人劝付梓。我想，如无碍大局，就选若干则印出来，作为几十年来个人的一串脚印吧。有心者可从中受到点滴启示，生厌者则弃之可也。姑名曰：柳斌题赠墨迹。

柳 斌

2011 年 12 月 27 日

于万寿路甲十五号院二区小院

# 《胡云复书法作品集》序言

胡云复教授是我的校友，从家乡来讲，又是我的近邻。他的书法集要出版了，嘱我写篇序言。书法，我是门外汉，但写序一事，于情于理，都应努力为之。云复是一位大学教授，但他特别钟情于中小学写字教学和书法事业，给我留下了深刻印象。

有人问我：中小学为什么要如此重视写字，以至于教育部多次强调要把写字和书法纳入课堂教学？我回答说：讲中国话，写中国字，这是做中国人最起码、最基本的要求。如果讲真理，这就是像一杯清泉那样纯真、那样透明的真理，难道还需要什么特别的理由吗？

中国人固然都有黄皮肤、黑眼睛、黑头发，但有黄皮肤、黑眼睛、黑头发特征的并不一定就是中国人。中国人的本质特征是拥有中华文化传统，并拥有因这种文化传统孕育、涵养、凝铸出来的中国心。

那么，中华文化又在哪里呢？答曰：在中国的语言和文字之中。正因为如此，讲好中国话，写好中国字，是做中国人的不二根基。

为什么要把写字纳入课程之中呢？因为汉字书写是中国人学习能力的奠基工程，是中国人行为规范的养成工程，是中国人文化传承的启蒙工程。写字的基本要求是正确、整洁、美观，把字写好的要求对每一个公民都是适用的，而书法作为一门艺术，则是少数有志于此的人才能达到的更高境界。但接受书法艺术的熏陶，具有感知和欣赏书法艺术的一般能力，则仍适用于每个公民。

云复同志是湖南醴陵人，我是江西萍乡人。我家后面有一座山，翻过山就是浏阳；我们村前有一条麻石河，跨过河便是醴陵。萍、浏、醴都是好地方，山好、水好、民风好。三地同在罗霄山脉的北段，历史上有名的秋收起义就发生在这里。与萍乡、浏阳一样，醴陵也是以烟花爆竹和养猪业闻名的地方，还有陶瓷产品名扬中外。这里山清水秀，人杰地灵。历史上的左宗棠、吴猎等名人就不去说了，就是在革命战争和社会主义建设期间，这里也涌现出了李立三、左权、杨得志、耿飚、宋时轮等许多高级干部和军事将领。民间尊师重教，助学成风，所以文化气息浓厚，诗人和书法家层出不穷。云复同志正是在这种拥有古代文化传统、近现代革命传统以及良好的文化生态的环境里长大成人的，这些因素都在他成长为一位优秀的教育工作者和著名书法家的过程中产生了潜移默化的影响。云复同志把他的首届书法展取名为"墨润乡情"，并坚持在家乡醴陵举办，就是这种浓烈乡情的充分体现。

云复同志在北京师范大学求学和任教期间，常有机会向启功先生求教，接受启功先生的教诲和点拨。对许多人学启功书法，以一笔一画酷似启功笔迹为荣的现象，启功先生本人深以为不然。启功先生认为，即使你仿得再好，也不过是启功第二。启功先生极力主张，为书要临帖，学习前人的长处，但更要有自己的个性，有自己的风格。云复同志谨遵先生教诲，勤学苦练几十年，在博采众长的基础上，独树一帜，创造出了自己的书法风格，并获得广泛好评。

云复同志毕生从事教育、出版、写字教学、书法创作和书法教育工作，勤勤恳恳，任劳任怨，成效卓著。他在任师大出版社副总编期间主持编写的《写字课本》，在全国产生了广泛影响。他的书法创作和书法教育生涯则更加多彩多姿。云复同志在诗词上也深有造诣，诗写得又快又好。谨以这次"墨润乡情"为例，他以"醴陵"二字立意，写下的诗句和对联即达几十首（副）之多。

陆游有诗句云："汝果欲学诗，工夫在诗外。"真是一语破的，抓住了事物的本质。云复的字好，诗也好，他的"工夫"也是在字之外诗之外的。就让我录一首我的近作《谈诗论句》于后，作为这篇序言的结束语吧。

遣词须着意，

造语但率真。

桑麻关国是，

风雨系民心。

云天堪放眼，

山水足怡神。

吟哦韵味隽，

诗外功夫深。

2012.2.19.

# 书法课的重点是写字 *

民族文化之根存在于语言文字之中。开设写字课是我国小学的优良传统。我上小学的时候低年级普遍开设写字课。在高科技时代，不但不能削弱写字教学，还应当加强。我认为写字有如下功能：

写字是学习能力的基础。学习能力主要是以识字、阅读、运算三种能力为核心的。在识字阶段，既要重视字的认读，又要重视字的书写。不动手写就不会有深刻印象。规范、端正、整洁地书写汉字是进行书面交流的基本保证，是学习语文和其他课程以及形成终身学习能力的一项基础工程。

写字还是一个习惯养成的工作。做学问要有良好的习惯，良好的习惯从什么时候开始养成？从小开始。从哪里开始？从写字开始。一笔一画，规规矩矩，不但要写得正确，还要写得美观。写字的过程就是培养孩子一丝不苟、精益求精学习习惯的过程。

写字还可以修身养性，提高审美情趣和文化品位。我国书法艺术源远流长，在世界上独树一帜，是人类文化艺术宝库中的一朵奇葩。

---

\* 在语文出版社"书法课教材编写座谈会"上的讲话。

中国书法作为一门艺术、一种文化，会永远流传下去。在全面推行素质教育的今天，搞好书法教学，不仅能使学生掌握书法的基础知识和基本技能，继承这一优秀的传统艺术，而且能促进学生德、智、体、美的和谐发展，其多方面的育人功能是不容忽视的。

写字还是传承文明的基础工程。要弘扬中华民族文化，离不开语言，也离不开文字。文字是有声语言在书面上留下的痕迹。"举头望明月，低头思故乡"，虽然我们听不到李白吟诵的声音了，但通过文字，诗句得以保留下来。我认为在写字的基础上更进一步，学习书法，是十分必要的。这是一项传承中华文明的重要工程，正因为如此，我赞成开设写字课或者叫书法课。

我曾经担任中小学教材审定委员会主任，发现教育管理部门的考虑与书法家的角度有些不同。中小学课程一直很多，学生负担很重。中小学是基础教育，弘扬祖国传统文化义不容辞，学生写好字也是让其一生受益的技能。加强中小学生的书法教学，使广大中小学生用硬笔正确、工整、熟练地书写汉字，而且学习写软笔字，对良好书写习惯的形成和能力的培养，有着十分重要的意义。但我们应该明确，在中小学开展书法教育不是为了把学生都培养成书法家，而是为了提高国民汉字识认和汉字书写的水平，当然也为书法家的涌现打好基础。与写字有关的课程和教材可以叫"书法"，但目标不是直接培养书法家。汉字书写基础打好了，未来就一定会有许多书法家涌现出来。因此，书法教材的编写要以此为主旨，注重打好学生的写字基础。

写字课或者书法课，应当在写好字的基础上，养成学生对传统文化精华的基本鉴赏能力，培养学生书写的兴趣。书法课的重点应为"写字"，"写好字"可以作为对全体学生的要求，但书法是一种艺术，并不强制要求每个学生都掌握，只能鼓励他们努力拥有欣赏书法的兴趣和能力。同时，民族文化之根存在于语言文字之中，讲好普通话，写好规范字，也是对每一个公民都应提出的要求。书法家更多的是从对书法艺术有浓厚兴趣和爱好的学生中涌现出来的，有了兴趣，多写多练，在练习中不断进步，产生创造的灵感，最后获得飞跃。因此，书法课程应当鼓励学生多动手，因为写字是一种技能，技能不是讲出来的，是练出来的，必须多次反复。没有重复练习就不可能生巧，也不可能把字写得很好。因此，书法教材要加大学生练习篇幅，适量减少教师讲授知识的比重。

语文出版社组织专家编写一套适合中小学使用的书法教材，是一件好事情。希望教材减少知识的传授，增加练习的比重，比如增加练习册，旧时"描红"的做法很值得借鉴；也希望语文出版社拓展出版空间，不单单在教材上下功夫，也要为大众诵读和大众书写活动提供有文化含量的小册子，出版一系列类似口袋书这样的适合诵读、适合提笔写字、便于携带的产品。另外，可以围绕语言文化组织活动和比赛，丰富人民群众的精神文化生活。

2012.5.12.

# 推动语文教改深入开展

国家语委语文出版社牵头推出了真语文讨论活动，希望通过这场讨论，推动中小学语文界能够形成一种求真务实的风尚，从而收到"把语文教真，把语文教实，把语文教好"的目的。我认为这是具有重大现实意义，也会产生深远影响的好事情。

大家都是语文教师或语文教育工作者。语文教师和语文教育工作者应当十分重视语文教育。既要重视语文的"教"，更要重视语文的"学"。为什么？因为每一个人都在语文世界中生活，都在语文世界中发展，都在语文世界中完成生命的传递并借以推动社会的持续发展。从根本上说，语文素质是国民素质的根基。

一个好的语文教师应当完成的任务是：第一，培养学生的语文兴趣，引导学生热爱母语，热爱母语文化；第二，培养学生读书的习惯和思考的习惯，引导他们把读书和思考融入生活过程之中；第三，训练学生良好的口头表达和书面表达的能力，努力提高国民的语言素养和语文水平。

我曾给《作文个性化平台》杂志题写过一句话："匡时救失，写心抒真。"为什么讲"匡时救失"？就是因为时下的"应试"作文法影响太大，弊端太多，危害太深。有些地方教学生先背好若干篇应试文章，看到题目之后再七拼八凑，弄虚作假，讲空话、假话、套话，千人一面，众口一词，实在是既害人又害己。对这种倾向，非匡救不可。

另外，当前的语文课讲得多，练得少，花样多，学得累，获益少；示范课做作多、表演多、实效少的状况也相当普遍。针对这种状况，我赞成提语文教学要"返璞归真"这个口号。

就拿作文教学来说，当前的重要任务就是要走出"应试"死胡同，另辟蹊径，带领莘莘学子走上一条求真求是、健康清新的作文之路。这条路怎么走？我想提三句话：写真就好，有情更佳，扬善则美。

文学创作是不能排斥虚构的。故事可以虚构，但内容不应离开生活的真实，不应离开情感的真实。尤其在学习作文的起步阶段，真实应是一个基本要求。明代的都穆说过："但写真情并实境，任它埋没与流传。"写真实不一定就能流传，但离开了真实，则一定不会流传。现在出现了一种写作低龄化现象，十五岁、十岁，乃至五岁孩子出版小说集、诗集，家长们乐此不疲。其实这是一种商业炒作。学生家长为了在升学竞争中得利，学校老师为了扬名，出版商为了赚钱，各有所求，所以一拍即合。总之都是急功近利。希望大家不要去赶这种时髦，出少年作家并非当务之急，当务之急是提高十几亿人口的语文素质。

文章要有人看，还是要有感情。古语说："感人心者，莫先乎情。"没有感情的文章是没有感染力、没有价值的。这样的文章产生之日，也就是死亡之时。法国一位作家说过："感情是唯一永远有说服力的演说家；它是一种自然的艺术，它的法则是绝无错误的；头脑最简单然而面带感情的人，较之没有感情的雄辩家更具有说服力。"我们提倡真语文，在作文时千万不要忘记感情因素。感情不但是重要的，而且是最富于个性特征的。

"文以载道"是一个具有普遍性的真理，尽管什么时候都有人反对它，但反对者自身的文章就载了另外的道。我是赞成作文要有内容的，而针对目前的社会生活现实，我主张把"扬善"作为一种重要的价值追求，我概括它为"扬善则美"。我在报纸上看到一小孩因拾金不昧而遭到家长责骂的消息，深为感叹。拾金不昧是一个小小的"善"，可以说是"善"的萌芽吧，然而就这样被扼杀了。"勿以善小而不为，勿以恶小而为之"，这是建设中华民族道德长城的大原则啊！卢梭说："儿童第一步走向邪恶，大抵是由于他那善良的本性被人引入歧途的缘故。"正是基于这个原因，我很喜欢《交给世界一份真诚》这篇文章，它就从一件小事体现了扬善的原则。

语文教育改革经过多年探索取得了很大成绩，但要不辜负社会各界和人民群众寄予的厚望，改革尚须进一步深化。要进一步改革教材，改革教学内容、教学方法、考试方法和评价制度，但最重要的是要改革语文教育思想。必须再一次清醒地确认这样一个道理：学生语文水平的提高，不能依靠教师对词法、语法、章法的讲解讲出来，也不能依靠教师对课文的详尽分析分析出来；学生语文水平的提高只有在其听、说、读、写的实践活动中才能实现，只有在其自身主动参与的学习过程中才能实现。

语文教育改革的主力军，是中小学语文教师。我们的语文教育工作者、教育理论工作者应与在教改第一线的教师们紧密结合起来，把他们丰富的教改实践经验升华为理论，用来进一步指导教改实践。我相信，只要我们坚持改革方向，中小学语文教育的前景是光明的，中小学语文教育是一定能够担负起提高国民语文素质这项光荣而神圣使命的。

2013.5.17.

# 爱我祖国 爱我语言 *

《学生规范字典》是我国第一本严格依据《通用规范汉字表》编写出版的学生工具书。它收字 8000 多个，并进一步突出了"规范"的特色，可以满足现代语文生活多方面的需要。它的出版为我国学生学习与应用通用语言和文字、提高语文能力、提高语文素养提供了又一项基础工具保障。

《中共中央关于全面深化改革若干重大问题的决定》在"深化教育领域综合改革"一条中，强调了"形成爱学习、爱劳动、爱祖国活动的有效形式和长效机制"的重要性。要形成"三爱"长效机制，需要从多个方面做工作，而最基础的一项工作就是让中小学生热爱我们的语言文字。为什么？因为学习知识也好，掌握劳动技能也好，培养理想情操也好，都离不开语言和文字。语言文字是思想的工具，是沟通交流的媒介，是文化的载体。其实，我们都生活在语言文字之中，具有语言能力和文字能力之后，才能够谈学习、谈劳动、谈发展、谈弘扬文化、谈报效祖国、谈爱我中华啊！

---

\* 在新版《学生规范字典》出版座谈会上的讲话。

有人说："要消灭一个民族，首先要瓦解它的文化；要瓦解它的文化，首先要消灭承载它的语言；要消灭这种语言，首先要从他们的学校下手。"这个人就是希特勒。由此，我想起了一篇小说，法国作家阿尔封斯·都德的《最后一课》。它是写1871年普法战争法国战败后，阿尔萨斯的一所小学校被迫停止法语教学，改学德语的故事，反映了法国人民深厚的爱国情感。这篇小说长期被选入我国中学语文教材，在将近一个世纪的时间里，它超越了国界与不同意识形态的阻隔，成为家喻户晓、最具群众基础的名篇，融入了近代中国人百年的情感之中！

《最后一课》教给我们的一个真理性认识就是：爱我祖国，必爱我语言。

爱我语言，最重要的是两件事：关注语言文字的发展；关注语言文字的规范。语言文字需要发展，发展产生活力。如果我们的语言文字还停留在甲骨文时代，中华文化也就不会有今天的辉煌灿烂了。语言文字需要规范，从规范中获得存续力、生命力、竞争力。我们的语言文字能传承五千年，成为世界上唯一的、承续最久的文化奇迹，应当说与秦汉时期"书同文""语同音"这项伟大的历史性规范工程是分不开的。语言文字的发展应当是在语言文字规范的基础上进行，发展不能是无源之水、无本之木，发展要受到规范的制约，不能乱发展、滥发展，否则便成了胡说八道，会造成语言文字混乱的现象。但有时发展也可以是对规范的突破，在规范的基础上创造新词新语，描述新的事物，表达新的思想。一般来讲，语言文字在经历了一个创新和变革的时期后，必然需要在新的基础上进行新的规范。只有这样，才能使语言文字青春永驻，传续久远。

语言文字规范的根本法则是约定俗成。这是由于语言文字是人人拥有、人人使用的表情达意工具，欲达到表情达意的目的，必须在社会成员之间、人人之间形成共识。因此，只有经过社会成员长时间使用并接受的规则，才能成为规范。

当前，我国的语文生活状况总体上讲还是比较好的，但在某些方面、某些领域也存在着相当混乱的现象。一谈到网络语言，许多人都是摇头的。面对"十动然拒""人艰不拆""不明觉厉""累觉不爱""喜大普奔"等网络成语呈现出井喷的现象，《咬文嚼字》主编郝铭鉴认为，当下社会语言文字已处于全面混乱的严重态势，有语法的错误，有词语搭配的混乱，也有逻辑错误，还有文风问题。即使在教科书、工具书，甚至政府文件中语文差错也比比皆是。这些当然是一个严重的问题，应通过提高每个公民保护母语纯洁性的思想意识，努力贯彻国家语言文字法律法规，加强语言文字的标准化、规范化建设予以解决。同时，我们也要看到网络语言又是充满发展活力的一个园地，在消除或过滤掉它的许多不合理、不规范现象之后，会为人们留下不少充满新意的东西。它们通过约定俗成的方式融入规范的语文体系，成为多数人乐于使用和接受的新词新语。在这方面，像"给力""解读""愿景""休闲""房奴""作秀""网站""网上支付""电子商务""云计算""人机对话"等词语就可能经过时间的沉淀和群众的检验，表现出它们的生命力，为民族母语词汇的创新、丰富和发展做出贡献。

语言文字是民族文化的根。语言文字规范建设是对民族文化之根的整饬、调理和维护。有了健康茁壮的民族文化之根，才会有民族文化繁茂的枝叶、艳丽的花朵和累累的硕果。作为一名老教育工作者，我对《学生规范词典》的编辑出版表示热烈欢迎和祝贺！祝愿它为我国青少年语文学习的进步和语文素养的提高做出重要贡献，为我国的语文教育事业做出重要贡献！

当我们讲弘扬爱国主义精神的时候，请记住：爱我祖国，爱我语言！

2013.12.18.

# 《汉字规范应用字典》前言

汉字是中华民族的瑰宝，为中华文化的传承、国家的统一和经济社会的发展做出了卓越的贡献。在世界文化历史上，汉字是几大古老文字中现今仍在为现实社会服务的唯一文字，而且对周边国家产生过广泛影响，形成了一个意义深远的汉字文化圈。汉字因其自身所具有的深厚文化内涵和在实际应用中的巨大价值，深受中国人民、全球华人乃至喜爱中华文化的国际友人的珍视与尊崇。到了信息化时代，汉字在汉语拼音的襄助下，作为信息载体的功能不仅没有减弱，反而更加活跃。然而，随着电脑的广泛使用，人们手写汉字的训练和实践减少了，从而导致写字的能力普遍地有所下降，这是不争的事实。但人民群众对汉字的热爱并未稍减，《中国汉字听写大会》一类汉字知识竞赛节目的兴起和受到普遍欢迎，就是充分的证明。这些节目在激发人们书写汉字热情的同时，更进一步培育了国人对汉字、对光辉灿烂中华传统文化的热爱之情。

为便于国人，特别是青少年更好地理解和掌握汉字的相关基础知识，宣传和推广国家关于汉字的相关标准和规范，落实十八大提出的"推广和规范使用国家通用语言文字"的宏大任务，传承和弘扬汉字文化，

219

提高国民的语言文字素养，提高国民对语言文字的认知、理解和应用能力，国家语言文字工作委员会作为国务院主管语言文字的政府职能部门，组织教育部语言文字应用研究所和国家语委规范词典编委会，编纂了这部《汉字规范应用字典》。

这本字典的指导思想是"传承中华文化，推广规范汉字"。字典严格按照国务院 2013 年发布的《通用规范汉字表》的规范标准，遵照教育部新发布的义务教育语文教学课程标准的要求，从汉字特性"形、音、义"三位一体的认识出发，全面展现汉字的读音、写法和用法知识。字典按《通用规范汉字表》要求，将字表的一表常用字和二表通用字共 6500 字作为重点，与三表备用字合并共 8105 字一起，每字标注读音、笔画、笔顺、部首和结构等必备知识，并独具特色地创设了"提示"和"组织词语"内容。

"提示"主要针对在应用中容易写错、读错和用错的字，提醒读者应注意什么，并进一步提示如何避免再发生这类错误。

"组织词语"时，主要在字的释义后面，列出由该字构成的常用词语，以利于掌握该字的实际应用。词语中列有常见的惯用语、成语，使读者进一步了解它们的意义和用法。最后还收录了与该字相关的格言和警句，目的是更好地从语意语境方面增加文化含量和熏陶的功能。上述内容，无疑将进一步丰富我们对汉字的认识，全面把握汉字的形、音、义，为广大读者提供丰富多样的选择，避免来自诸多方面的干扰或影响。

在各类汉字汉语知识竞赛方兴未艾之时，这部词典也可以作为送给广大参赛者、老师或家长们的一份礼物，让大家在获得好成绩同时，真正地切实地提高书写和应用汉字的能力。

中华民族的文化，在中华民族的语言文字之中。让我们学好用好我们的通用语言文字，为振兴中华而努力奋斗！

2014.3.8.

# 《张志公语言和语文教育思想研讨会论文选集》序 *

志公先生是我国语文界的老前辈，他精通汉语、英语、普通俄语等多种语言，是我国著名的语法学家、语文教育学家、修辞学家。他的著述不仅蜚声国内外，而且将对我国的语言研究和语文教学工作产生广泛而长远的影响。

志公先生不赞成把语文课教成纯粹的知识课，而强调语文课要在简明、科学的语文知识指导下，以听、说、读、写融会在一起的语文实践为主体，并以实践能力的养成为依归。志公先生的这一主张发扬了传统语文教学的积极因素，摆脱了其消极影响，从而引导语文教学走上了科学的道路。此外，志公先生对我国的对外汉语教学和外语教学也非常关心，提出了不少指导性的意见。

志公先生不仅为语文教学和语文教材建设辛勤耕耘了 50 年，而且积极参与制定并始终维护我国的语言文字方针政策，为简化汉字、推行《汉语拼音方案》和推广普通话做出了重要的贡献。我们因事不能到会，特致函祝大会圆满成功，并祝志公先生健康长寿。

柳斌 刘缙

1992.10.22.

---

* 编者按：这篇是致研讨会的贺信。应张志公先生的建议，也作《张志公语言和语文教育思想研讨会论文选集》一书序。

# 重视情境教育，努力探索全面提高学生素质的途径

我是带着十分高兴的心情来出席"情境教学—情境教育"学术研讨会的。上午听了李吉林老师的学术报告，下午又看了南通师范第二附小青年教师教学基本功的演示，更感到高兴，对实施素质教育更有信心了。

现在对素质教育的认识并不十分一致，许多同志赞成，并为中小学实施素质教育感到欢欣鼓舞，有些人还在观望，有少数同志还在反对。现在素质教育搞得比较好的是小学，其次是初中阶段。初中阶段应试的压力已经比较大，高中阶段则基本上是"应试教育"的天下。目前，小学免试升初中的改革正逐步普及，这就为小学实施素质教育创造了很有利的条件。听了李老师的学术报告，我有很多感触。这次来了很多专家，有教科所的，有人教社的，有各个高等院校的。很多专家是关心和支持素质教育的，他们为素质教育的实施做出了巨大的贡献。搞教育研究工作的同志应当十分关心、十分重视、十分支持在教改第一线老师们的创造。正是由于他们的创造，使我们这么一个人口大国基础教育的面貌在发生着变化，使教育改革能够逐步地深化，教育质量能够逐步地提高。当然，教育科研是教改的先导，要教改就要先认

223

真地开展教育科学研究。教育科学研究的重要对象，应当是未成年人，是中学生、小学生、幼儿园的孩子；教育科研的重要阶段，应当是中学、小学和幼儿园阶段；教育科研的主阵地是中小学、幼儿园。我认为，出教育思想、出教育家，主要在基础教育阶段，从教育史的一些资料看，这个结论大体上是正确的。由于中小学生、幼儿园的孩子处于未成年人阶段，所以对他们的教育是最需要科学研究的。我们的教育科学研究工作者绝对不要只是坐在图书馆里，关在自己的房子里，只是去翻书本。教育理论工作者如果能够深入到这样的研讨会现场，能够听一听李吉林老师的报告，能够看一看南通师范二附小的老师们在教改第一线的各种实践活动、教学成果，就会从中受到启发，就会看到理论只有与实践结合，教育研究工作者只有与第一线的教育工作者结合，才可能出真正的教育科学研究成果，而这成果对于国家、对于民族才是有用的、有益的。

我觉得"情境教学—情境教育"学术研讨会的召开是一件喜事，对于基础教育界来说也是一件大事，是一件令人鼓舞的事情。它对于我们国家的小学语文教学，乃至对于整个中小学的教育改革都将产生重大而且是深刻的影响。因此，我想借此机会向"情境教育"的开创者李吉林老师、南通师范二附小的全体老师，以及所有为全面提高儿童少年的素质而进行教改探索的老师们，和其他的教育工作者们表示热烈的祝贺和衷心的感谢。

21世纪即将到来。我们的国家、民族在经济发展、科技现代化、粮食安全、环境保护、社会的长治久安等各个方面都面临着巨大的挑战。迎接这一挑战，根本的根本、关键的关键是提高国民素质，而提高国民素质的任务主要是靠教育来完成的，尤其是中小学教育，它承担着为提高国民素质打基础的任务，所以中小学阶段特别需要实施国民素质教育。但是在"应试教育"的乌云笼罩下，在单纯的以学科分数——这种分数有的时候要精确到小数点以后——决定学生的取舍、成败，决定教师乃至干部的荣辱、升降的情况下，基础教育的性质和任务常常被极大地扭曲了。亿万学生被驱赶进一条狭窄的胡同，胡同的尽头是一座高考独木桥。只有大胆改革这种体制，由"应试教育"转向国民素质教育，我们国家的基础教育才能走上一条康庄大道。改革是艰难的。一方面，"应试教育"是种种社会矛盾，比如就业、城乡差别、工农差别、体脑差别、人事干部制度配套改革等在教育战线的反映，教育改革需要经济和社会各方面改革的有机配合才能进行，而现在这种配套的改革往往还没有同步，或者是不够协调；另一方面，被"应试教育"长期禁锢的教育思想、教育观念也给改革带来了重重阻力。有的人担心转向素质教育会否定过去的成绩；有的人在素质教育刚刚起步的时候就在那里寻找素质教育的误区，拼凑素质教育的负面效应；有的人甚至摆出学者的姿态在那里撰写"素质教育证伪"的"学术论文"。当然，凡此种种都阻挡不了基础教育改革的大潮，阻挡不了广大教育工作者走向素质教育的步伐。从夏斐、夏辉、刘玲、王小川、胡丹丹以及前不久宜兴市的周源等许多血泪事件当中觉醒过来的教师和其他的教育工作者们，将会带着高度的责任感和时代的紧迫感在改革的道路上毅然前行。他们深信在推倒"应试教育"的樊篱之后，呈现在基础教育面前的将是一个新的、更加广阔的世界。令人十分高兴、十分受鼓舞的是，一大批忠诚于人民教育事业、有志于基础教育改革的老师和教育工作者们已经或者是正在思考、探索提高国民素质的途径，他们的这种思考和探索既是充满改革激情的，又是理智、科学的。他们经过艰辛的实践、探索所取得的丰硕成果也是能够令人们引以为豪的。他们以各自的特色为国民素质教育体系的形成和发展做出了重要的贡献，其中"愉快教育""成功教育"和李吉林老师开创的"情境教学—情境教育"已经在全国产生了广泛的影响，受到越来越多人的关注和支持。"情境教学"之所以获得很高的评价，在于它既是丰富的实践经验的总结，又符合语文教学规律、思维发展规律和育人的规律。所以，我想从三个方面来谈谈我的感想和体会。

语文课的性质和任务是什么？这是长期争论不休的问题。强调语文知识性的人要求着重讲字、词、句、篇的知识和规律；强调语文工具性的人要求着重进行听、说、读、写"四会"的训练。"情境教学"除了把知识性、工具性结合起来，使字、词、句、篇，听、说、读、写的训练统一在情境之中，还要求重视语文的文化性，因为在语文课中讲到的很多的"情"和"境"都深深地打上了中华民族文化的烙印。"情境教学"以语言文字这个思想载体、信息载体、文化载体为依据，要求凭借教材的内容创设情境，引导学生通过情绪的体验受到中华民族优秀文化的熏陶，从而获得民族文化精神和民族审美感情。"情境教学"把因应试而被淡化了的中华民族的道德规范、情感、意志、情操等文化要素重新确定为语文教学的有机构成，使儿童的兴趣、特长、志向、态度、价值、目标这些个人素质的重要方面在教学中被摆上了应有的位置，这样就使语文教学达到了一个新的、更高的境界。这就比较符合新的教学大纲的要求。我们新的教学大纲跟过去的相比，有一个新的突破，就是语文除了定性为知识课、工具课外，还加上了文化载体。这对今后的语文教学具有指导意义。"情境教学"恰恰是在这方面把它结合得比较好。

思维能力的培养是基础教育阶段的重要课题，思维品质的优良与否是国民素质的重要决定因素。在应试体制下，学生的思维活动常常被引向片面发展的道路，频繁的考试测验、大量的解题练习强化了学生的应试能力、机械记忆能力，当然也可以强化一些逻辑思维能力，但在很大的程度上却抑制了他们的想象能力、形象思维能力，最终是创造能力的发展。因为一切创造活动都离不开想象，所以抑制了想象能力、形象思维能力的发展最终是抑制了创造能力的发展，在很大程度上割断了教育与感情的联系，这对于发展健全的思维能力是很不利的。最近我看到钱学森同志谈科学思维与艺术思维的一篇文章。钱学森近年来十分重视思维的科学研究，强调科学思维与艺术思维的结合才能够产生精美的制作、完善的设计和优秀的艺术作品。钱老认为科学思维主要是逻辑思维，而艺术思维主要是形象思维，这两种思维的方式虽然各有特点，各有侧重，但是在认识世界和改造世界的过程中，它们往往是交织在一起互相补充、互相促进，而不是互相隔离的。只注意逻辑思维，埋头于细节，易犯机械、片面的毛病；只注意非逻辑思维，仅仅跟着感觉走，单靠幻想，则易犯主观表面、抓不住本质的毛病。钱老主张必须自觉地把两者结合起来。针对忽视形象思维的倾向，钱老以自己与当艺术家的夫人的生活感受为例，他说："四十多年来，蒋英（钱老的夫人）给我介绍了很多音乐艺术作品，正是这些艺术里所含的诗情画意和对人生的深刻理解，丰富了我对世界的认识，

227

学会了艺术的、广阔的思维方法，或者说正因为我受到了这些艺术方面的熏陶，才能够避免机械唯物论，想问题能够更宽一点、活一点。"现代物理学之父爱因斯坦也曾经讲过："想象力比知识更重要，因为知识是有限的，而想象力概括着世界上的一切，推动着社会进步，并且是知识进化的源泉。"钱老也是这样看这个问题的，他觉得无论是科学家，还是艺术家，形象思维都是非常重要的，因为一个科学家要搞设计，首先要有形象思维。他认为科学思维是源于形象思维的。我举的这两个例子都不是搞艺术的人强调形象思维的重要性，恰恰是两个科学家强调形象思维的重要性。由此可知，通过精心组织的教学过程，使学生形成健全而良好的思维品质对于提高国民素质的重要意义。"情境教学"正是在这方面表现了自己的巨大魅力和优势。"情境教学"强调以"思"为核心，在创造的乐趣中协同大脑两个半球的作用，通过形真、情切、意远、理蕴的特点，巧妙地把儿童的认知活动与情感活动结合起来，解决了长期以来因注重认知、忽视情感而带来的逻辑思维与形象思维不能协同发展的问题，有效地培养了学生的思维品质。

"育人以德"是重要的，"育人以智"也是重要的，但如果离开了"育人以情"，那么"德"和"智"都很难收到理想的效果。把德育、智育、美育融会于情境之中，在教学生学会求知的过程中学会做人，这是"情境教育"最大的一个特色。我认为教育是充满感情、充满爱的事业，没有感情的教育是苍白无力的。单纯的知识传授不能造就一代有理想、有道德、有文化、有纪律的健全的国民。我前不久看到一位同志写的《师生关系忧思录》，文章中谈到了这些年来一个带普遍性的现象：师生关系淡漠。有的老师甘于清贫，但是他把师生之间的那种深厚的感情作为他的精神财富，所以能够安贫乐道。但是这些老师慢慢地感觉到现在的学生跟过去的学生不一样了，对老师没有什么感情，师生之间出现了种种感情淡漠的迹象。于是，这位同志从好几个方面分析了师生之间感情淡漠的原因：一是沟通无门，就是老师和学生现在接触太少；二是现在体罚和辱骂学生的现象比较多，学生的身体或者是心灵受到伤害，感情自然淡漠；三是家长的介入，现在很多老师在教学中遇到一点问题就求助于家长对孩子的压力，动不动就向家长告状；四是利益的渗透，比如乱收费、乱罚款淡化了师生之间那种比较纯洁的感情；五是应试带来的压力，使师生之间失去了沟通、交流的时间和空间。知识传递的渠道在拓宽，而感情联络的大门却在渐渐地关闭。作者摘录下了两个成绩比较好，但却离校出走的学生给他们含辛茹苦、拼命工作的老师写的一封信。这封信是这样写的："可敬的老师，请原谅我们不辞而别。我们知道您爱我们爱得很深，可是我们却恨您。您为我们升学付出了多么惨重的代价，我们了解但不能谅解，因为您在牺牲家庭、牺牲自己的同时，也牺牲了我们。在您废寝忘食的教育下，我们没有了节假日，没有了星期天，没有了看电影、看电视、欣赏音乐的时间，同时也没有了感情，没有了个性，没有了思想。我们只是一群在您手下被操纵的机器人。如果读书和牺牲是分不开的，那么我们宁可不读书。"教育本来应该是充满感情的事业，充满爱的事业，但如果把教育变成非常枯燥的、单纯的知识传授，而且用分数去激化其中的利害关系，把正常的做人、生活必须具有的情感素养，对美好事物的追求排斥在教育过程之外，我看我们的教育会出现巨大的危机。文章作者的这种忧虑是引人深思的。文章提醒我们，中小学教育要重视以情育人，要把美育渗透到各科教学中去。美育可以扩大学生知识的视野，发展学生的智力和创造能力，苏霍姆林斯基说过："没有一条富有诗意、感情和审美的清泉，就不可能有学生的全面的智力发展。"这是一个方面；另外一个方面，美育还具有净化心灵、陶冶情操、完善品德的教育功能，可以帮助儿童少年辨是非、知善恶、识美丑，并在此基础上形成鲜明的爱憎情感。美育的缺失，后患是无穷的。不知善恶、不明是非、不识美丑、爱憎颠倒，那也是会导致民无宁日、国无宁日的。我们的中小学教育一定要引导学生认识什么是"美"，要确立正确的审美标准，要以"是"为美，以"善"为美，以"有德"为美，以"勤劳"为美，以"俭朴"为美，以"廉洁"为美，以"科学"为美，以"好学上进"为美，以"爱国"为美，等等。如果我们的中小学教育不去解决这些问题，还只是"分、分、分""考、考、考"，怎么能提高国民素质呢？正因为如此，我觉得"情境教育"的可贵之处正是在于它以"情"为纽带，在审美体验的乐趣中去培养学生爱祖国、爱人民、爱科学、爱劳动、爱社会主义的精神情操，为孩子做一个堂堂正正的中国人打下坚实的品德、情感、意志的基础。"情境教育"给予学生的不仅仅是生动活泼、新鲜的知识，而且是一个健康、丰富的精神世界。

从"情境教学"到"情境教育"的探索，我认为是成功的。这种探索还远远没有终结，我认为今天的研讨会只是一个新阶段的开始。希望我们的教育理论工作者更多地关注、爱护"情境教育"，帮助它进一步成为科学的理论体系。因为"情境教学—情境教育"搞好了，对于我们国家实施素质教育会产生很好的作用。"情境教学—情境教育"

关在图书馆里是搞不出来的，它是古今中外优秀的、进步的教育理论跟我们自己的教育实践相结合的结果。"情境教学—情境教育"是在中国大地上土生土长发展起来的，有中国特色，而且用于解决目前中国基础教育存在的一些问题是行之有效的。"情境教育"的好处是把教材教活了，把课堂教活了，把孩子们教活了，把教学过程的育人功能充分地体现出来了，因此，"情境教学—情境教育"是对素质教育的一种有效的探索。我觉得我们应当高度地评价"情境教育"，并祝愿它在全国各地开花结果。

1996.12.11.

# 语文教改的一面旗帜 *

于漪老师从教 50 周年了。50 年来，于漪老师人格的力量、智慧的力量、忠诚于祖国教育事业的理想的力量，使她在人生道路上获得了巨大的成功，成就了一番光彩夺目的事业。在这里，让我以一个教育工作者的名义向于漪老师表示深深的敬意。

于漪老师长期从事语文教学工作，她的语文教育思想和教改实践在语文教学界产生了重要的影响。

建国 50 多年来，语文教育的成绩是巨大的。在文化教育大普及，科技、经济和社会事业大发展的局面中就有着国民识字、阅读、写作能力所发挥的效益在内，就有着语文教育难以估量的基础性作用在内。然而多年来，由于基础教育中存在"应试倾向"，也使语文教学陷入了重重困境，费时多、效益低，这引起了教育工作者和有识之士的广泛关注和忧虑。

一个人的语文能力是从哪里来的？是生而有之，还是学而有之？事实证明，语文能力并非与生俱来，但也不是从语法、修辞、逻辑知

---

* 在于漪老师从教 50 周年纪念座谈会上的致辞。

232

识以及文章作法的考试或讲解中转化来的。一个人的语文能力只能从听、说、读、写的实践活动中得来。在优秀范文阅读中感悟、品味、思考、理解，随着所感、所悟、所得的潜移默化，于是生成具有自己的认知、自己的情感、自己的品格，并具有自己个性的语文能力。大量阅读是提高语文能力的基础，听、说、读、写等实践活动是提高语文能力的必由之路，潜移默化是语文能力生成的基本规律。

"应试教育"思维及其一整套做法则是与此背道而驰的。正如于漪老师在《"标准化试题"把语文教学引入了"死胡同"》一文中指出的，这种教育思想倾向：第一，对语文学科的性质认识不清楚。中学语文重在应用，重在培养人，不是搞什么语文的专门学问。讲授过多的知识和艰深的理论，把语文教育工具性和人文性机械割裂，势必步入误区。第二，烦琐哲学在语文教学中泛滥。教学中将许多文质兼美的文章"肢解"成若干习题，抠字眼，理层次，文章的灵魂不见了。脑子里如马蹄杂沓，堆砌了许多字、词、句的零部件。第三，严重脱离实际。试题花样翻新，考试时押宝。学生不会作文，其根源在教学脱离了生活实际。第四，语文教学中形而上学盛行。在教学中把语言与内容严重割裂开，寻章摘句，把原本浑然天成、有血有肉的文章变成鸡零狗碎、毫无生气的东西。

于漪老师强调，"教育，就是培养人"。她正是从这个角度去建立她的语文教育观念的。她强调语文要讲求综合效应，强调语文教师要树立鲜明的"育人"目标，"教文"要纳入"育人"这个大目标。她认为，离开了"人"的培养去讲"文"的教学，就失去了教师工作的制高点，也就失去了教学的真正价值。因此，语文教学应根据本学

233

科的特点，引导学生在素质、能力、智力等方面扎下深根。于漪老师讲过一段意义深刻的话：学语文，就是学做人。伴随语言文字听、说、读、写的训练，渗透认知教育、情感教育和人格教育。语言文字不是单纯的符号系统，而是一个民族认识世界、阐释世界的意义体系和价值体系，它与深厚的民族文化联系在一起。

这里应当指出，于漪老师的上述观念是她几十年教育教学经验的总结，也正是今天语文教学中素质教育新理念的重要内容。

50 年来，于漪老师育人，是一代师表；教改，是一面旗帜。让我们大家都来学习她这种诲人不倦的精神和永远进取的精神，为我国教育事业的进步做出不懈的努力！

祝于漪老师幸福、安康！

2001.9.25.

# 为霍懋征老师著作题记

一个人做点好事并不难，难的是一辈子做好事。人们不难发现，在这些一辈子做好事的人中间，就有着全国著名特级教师霍懋征老师的身影。

教师是以教育学生为职业的，不少人把教育的内涵定位于以智育人，这固然是重要的，然而是远远不够的。在重视以智育人的同时，还要重视以德育人、以体育人、以美育人、以情育人。智育的缺失，会导致创新能力的丧失；德育的缺失，会导致出危险品；体育的缺失，会导致出体格不健全的病夫；而美育和情感教育的缺失则可能直接导致教育本身的失败。霍老师在她一生的教育实践中，始终坚持德智体美全面发展的方向，"全面发展、多向成才"是她一贯的教育理念。她始终认为，没有教不好的学生，在实践中她也从不让一个学生掉队。

关心和爱护学生，是贯穿于霍老师整个教育实践过程中的一条红线，"全心全意爱自己的学生"是她一生的座右铭。霍老师对学生的爱是高尚、纯粹而又无私的。有教无类、一视同仁、尊重理解、赏识激励是她对待学生的准则。这也正是霍老师晚年，每逢节假日，众多学生络绎不绝来看望她的原因。

235

霍老师不仅是位受学生尊敬的教师，也是一位受到各方面欢迎的社会活动家。在中小学教材建设，小学教师的培训提高，小学语、数学科教学研究等诸多方面，她都倾注了毕生精力，做出了重要贡献，因此也获得了各级政府部门和广大人民群众的赞许和称颂。

我想把戚继光的一句话送给霍懋征老师："繁霜尽是心头血，撒向千峰秋叶丹。"祝霍懋征老师健康长寿。

2003.7.28.

# 再谈李吉林老师的"情境教育" *

"情境教育国际论坛"在江苏省南通市政府有关部门关心下，在各高校及教育科研单位的帮助下，在各位专家、学者积极的参与下，取得了丰硕的成果，获得了圆满的成功。"情境教育国际论坛"得到这么多的教授、学者，这么多教育管理工作者和专家，这么多外国嘉宾的积极参与和热情关注，这个事实本身就生动地说明了李吉林的"情境教育"是一件十分有意义、十分重要的事情，也说明了大家对中国基础教育的改革和发展，尤其是小学语文教育的改革和发展，倾注了极大的兴趣和热情。

"情境教育"的理论框架及操作体系是著名小学语文教育专家李吉林老师花了30年，倾注了全部精力打造出来的，充满了乡土气息和时代精神。李老师从中国古代文论的"意境说"理论中汲取营养，把境界创设、情感化育以及二者的互动交融与教书育人的过程有机地结合起来，使各种生动的情境为我所用，为儿童所设。从"情境教学"到"情境教育"再到"情境课程"，李老师开拓了一条"情境教育"

---

* 载 2008 年 12 月 11 日《中国教育报》。

的康庄大道。"情境教育"是古今中外优秀的、进步的教育理论跟李吉林老师自己的教育实践、教育创新相结合的成果，是在中国的大地上土生土长发展起来的，是有中国特色的教育思想流派。"情境教育"的好处是把教材教活了，把课堂教活了，把孩子们教活了，把教学过程的育人功能充分地体现出来。因此，情境教育是对素质教育的一种有效的、成功的探索，而李吉林老师则是我国素质教育一面鲜艳的旗帜。

素质教育的真谛是以人为本、以育人为本。李吉林老师抓住了素质教育的真谛，并在教育实践中取得了辉煌的成就。我觉得我们应该看到，我们的基础教育承担了本不应由它承担的过多的社会压力——升学、就业、致富、当官、成名成家，这些高值的期望都通过应试、升学的途径加到了中小学生头上。这就在很大程度上迫使基础教育偏离了以育人为本的轨道，导致在许多地方、许多学校出现了以分数为本、以应试为本的倾向。以人为本的核心和基础是以人的生命存在为本，以生命个体的和谐发展为本。发展是生命个体存在的表现形式，发展停止了，生命也就随之终结。每一个生命个体都具有创新的潜能、进步的潜能、发展的潜能，以育人为本就要关爱生命，重视生命个体的发展。基础教育的任务就是要发掘、激发每个学生的潜能，帮助每个学生健康、全面地发展。发展应当是全面的，是德、智、体、美诸方面的全面发展。在基础教育阶段尤其是这样。只有知识，只有分数，只有学历是不够的。人做每一件事都离不开人的品格，离不开人的情感、意志、真诚、热爱、友善、合作、践行等修养。在许多情况下，品格是比知识更为重要的因素。教育本来应该是充满感情的事业，充满爱的事业，但如果把教育变成非常枯燥的、单纯的知识传授，如果把正常做人、正常生活所必须具有的品德素养、情感素养、对美好事物的追求等因素排斥在教育过程之外，我们的教育、我们的社会是会出现重大危机的。

李吉林老师数十年与儿童朝夕相处，深刻地认识到了应试倾向存在的弊端。她从"意境说"中概括出"真、美、情、思"四个特点，并创造性地运用到小学语文教育中。把因应试而被淡化了的中华民族的道德规范、情感、意志、情操这些文化要素，重新确定为语文教育的有机构成，使儿童的兴趣、特长、志向、态度、情感、价值观这些人的素质的重要因素在教育实践中摆到了应有的位置上，使语文教育达到了一个新的、更高的境界。

小学语文教育在性质和任务方面也长期存在着争论。强调工具性的一方要求在字、词、句、篇、听、说、读、写上面下功夫；强调人文性的一方则要求着重进行文化传统的熏陶和文学修养的锻炼。争论十分激烈，有的时候争论的双方互相指责对方要承担语文教育失败的责任。我觉得我们不要过多地去强调这两种主张或见解的不同面、对立面，不要去扩大它们之间的矛盾，而要更多地下功夫把这两种主张和见解各自的真理性认识有机地结合起来，开创语文教改的新局面。

现在时髦的说法是把语言文字系统叫做符号系统，把语文世界说成符号世界。在这里我想对语文教育界的老师们和语文教育工作者们强调的是：人生活在语言中，也即生活在符号世界中。人生活在语言中是一个不可否认的事实。人由直觉的具象世界进入抽象的符号世界，是一次最为伟大的飞跃。就是凭着这一次飞跃，人才从一般动物中区别出来而成为人。语言是思维的工具，是思想的载体，是想象的翅膀，是情感孕育和表达、智慧积累和传递赖以运行的根基。所以人是通过拥有语言的方式拥有了物质世界，也拥有了精神世界。一位哲人说："因为你拥有语言，所以你优于动物；如果你语无伦次，那么动物就优于你。"我觉得这位哲人讲得非常好。假如现在的人失去了符号世界，或者说失去了语言世界，那么他的归宿就必然是回归动物世界；而且由于人没有尖牙利爪，他在动物世界当中必然还要处于劣势的地位。因此，我觉得我们对语言、语文教学、语言世界、语言文字系统还应当有一些新的认识。如何掌握语言文字这门工具，不管在争论中把语文教育的工具性批得多么厉害，但语文课具有工具性恐怕是不能够回避的。

语言是人类的活动赖以进行的最基础的东西，我们一定要对它，尤其是对母语的学习有更加深刻的认识。所以我觉得语文教育的任务不是要回避或者离开语言文字世界（即符号世界），而是要通过创设情境以及采取其他许多有效措施，使学生能够更快、更好、更积极、更和谐、更情真意切地学习和掌握语言文字，使学生热爱母语，热爱母语文化，增强在语言世界或者说在符号世界当中翱翔的本领。

"情境教育"以课程教材为依据，从儿童无假、儿童爱美、儿童有情、儿童好问的心理发展实际出发，把识字、读书、作文的训练融入精心创设的境界中。它通过形真、情切、意远、理蕴其中的操作模式，将儿童认知活动与情感活动结合起来，把认知与情感、学习与审美、教育与文化，在课堂中交织、融会起来，解决了长期以来基础教育注重认知、忽视情感带来的逻辑思维与形象思维不能协同发展的问题。"情境教育"不但有效提高了学生的语文能力和语文素养，而且有效提高了学生的思维品质和品德素养。"情境教育"的产生和成熟，是李吉林老师以及她的同事们积极钻研、努力奋斗的结果。他们从理论与实践相结合的高度，科学地回答了新时代向小学语文教育提出的许多重要问题，展示了高度的育人智慧和完美的育人艺术。"情境教育"已经取得了很大的成就，但其体系仍然是一个开放的体系、一个发展的体系，它仍将从多个方面吸取营养，使自己更加丰富、更加完善，更加受到广大学生、家长和教育工作者的欢迎。

我作为一名老教育工作者，十分敬重李吉林老师。她在为人、处世、治学、从教等各方面都达到了很高的境界，是值得我们大家很好地学习的。李吉林老师的人生是成功的人生。她的成功得益于她不断学习、不断思考、注重践行、创新的敬业精神；她的成功得益于她对理想永不言弃的执著追求的精神；她的成功得益于她无限热爱儿童、忠诚于儿童教育事业的奉献精神。

李吉林老师今年已经 70 岁了，孔夫子说："七十而从心所欲，不逾矩。"意思是人到了 70 岁的时候已经掌握了事物发展的规律，他的行为已经可以进入非常自如的自由世界了。让我们祝愿这位已届"从心所欲，不逾矩"年龄，受学生和青年教师爱戴的老教师身心愉快、健康长寿，为我们的教育事业做出更大的贡献。

2008.11.23.

# 致于漪老师

于漪老师：

您好！

您的来信和大作都收到了。由于春节应酬，迟复为歉。我赞成您关于素质教育的意见，并对您在教书育人道路上做出的业绩，十分敬仰。新中国成立60年来，我们的教育事业得到了飞跃的发展，取得了举世瞩目的成就。然而，就深化教育改革、提高教育质量来讲，仍然存在许多严重的问题，解决这些问题仍然任重道远。中国社会人口众多，如果每个人的潜能都能通过受教育而得到合理的释放，如果国民素质能因所受教育质量的优良而更大幅度地整体提高，那么，我们就将实实在在地拥有人力资源的巨大优势，中华民族长治久安、永远立于不败之地、永远繁荣富强的日子才会到来。每念及此，我总是因深感责任重大、个人力量微薄、改革步子太慢而难于安寝了。

至于您，于漪老师，您做得实在太好了。您是中国当代教育界的一代师表。您好学、谦和、诚恳、律己严待人宽的珍贵品质，您严谨求实、一丝不苟的治学态度，您以学生为本、爱教乐群的敬业精神，您一辈子忠诚党和国家教育事业、追求崇高教育理想的执着精神，这些都在我心目中留下了难忘的印象。作为一名老教育工作者，我从您的为人处世中受到了鼓舞和鞭策，我以有您这样的同事和战友而感到骄傲。谢谢您为教育事业尤其是师范教育事业所做出的重大贡献！

祝愿您

幸福安康！

柳　斌

2009.2.8.

附：于漪老师致柳斌同志的信

柳斌同志：

新年好！

奉上《岁月如歌》和《新世纪教育论丛》，恳请批评、指正。

我做了一辈子教师，一辈子学做教师，梦寐以求的就是学生今日的健康成长，明日的长足发展，成为综合素质良好的社会主义建设者和可靠的接班人。为此，我勤于学习，勇于实践，孜孜矻矻，不懈追求，以期不断提高育人的质量，实现教育的理想。您在全国最先倡导的素质教育，使我心中更加明亮，因为这是教育本质的回归，时代的迫切要求，学生全面发展的内在需要。切实实施素质教育，必能克服当前教育被扭曲的种种情况。然而，在实施过程中，不少地方口号叫得响，实际是应试教育主导。作为一名老教师，我深感有责任呼喊，鼓励中青年教师要深度觉醒，坚守教书育人的精神家园。

我的所思所想所言都很肤浅，做的力量更是有限。向老部长汇报，只是表表一名受党长期培养的基础教育的教师对基础教育事业的钟爱与忠诚，恳请老部长的指点。

说得欠妥之处，请原谅。

敬颂

冬安！

于漪上

2009.1.6.

# 在《张庆文集》首发式上的讲话 *

  《张庆文集》首发式暨张庆语文教育思想研讨会经过长期的酝酿和筹备，在今天顺利召开了，在此，我向张庆先生致以热烈的祝贺！向在座的各位朋友表示亲切的问候！

  母语教育是我挥之不去的情结，我当过语文老师，做过语文教研员，分管过基础教育，也参与了教育部 20 世纪 90 年代初"在统一基本要求的前提下实行教材多样化"政策的决策过程。关注母语教育、关心母语教材建设既是我的兴趣所在，也是我义不容辞的责任。2003年，自南京凤凰母语教育科学研究所正式挂牌成立起，我日益被这样一个充满生机和活力的团队所感动。这是一个有理想、有抱负的团队，这是一个积极奋进、拼搏进取的团队，这是一个热忱服务、献身教育的团队。多年以来，这个团队的成员同心同德、不辞劳苦、淡泊名利，为振兴和发展祖国的母语教育事业做了很多卓有成效的工作，也取得了令人瞩目的成绩。从他们身上，我看到了一种事业心、责任感和可贵的进取精神，这些正是当今社会发展所必需的精神品质！

  新中国成立以来，特别是改革开放 30 年以来，我国的教育事业迅猛发展，教育视野不断拓宽，教育质量不断提高。与此同时，教育实

---

* 载 2009 年第 8 期《七彩语文·教师论坛》。

践还催生了一大批教育专家，在他们身上，既承载着传道授业、教书育人的传统美德，又体现着改革创新、与时俱进的时代精神。张庆老师就是这样一位从中国的教育土壤里成长起来的教育专家。他的精神和思想深深地根植于民族文化的沃土并来源于实践，在小学语文教材、教学、教研之路上走出了一条成功之路。

张庆先生在五十余年的从教生涯中，一直致力于语文教育启蒙的研究与实践，笔耕不辍，著书立说。《张庆文集》的出版发行，是对张庆先生语文教育思想的深入总结，也是母语教育研究蓬勃发展的丰硕成果。作为小学语文教育专家，他领衔主编的苏教版小学语文教材是一套民族化、现代化的优秀教材，该教材在继承语文传统教育、弘扬民族优秀文化、培养儿童语文基础能力和素养等方面成绩斐然。张庆先生带领苏教版小学语文教材编辑部在推广教材、服务教师等方面做了许多工作。十多年来，苏教版小学语文教材已经遍及全国二十多个省市，为推广和普及义务教育做出了杰出的贡献。

真正的教育专家，应该是一个思想者，是一个教育思想与教育实践紧密相连的人，是一个人品高尚、人格丰满的人。张庆先生正是这样一位语文教育专家，他以古稀之年纪，以旺盛之精力，以博大之思想，为母语教育研究献上了一个完整的"标本"，为教育工作者树立了一座师德师范的丰碑。他的积极奋进，他的严于律己，他的慎思敏行，是所有教育工作者学习的榜样！是我们的优秀楷模！

衷心祝愿张庆先生健康长寿，祝愿大会圆满成功，祝愿凤凰母语教育科学研究所事业发达兴旺，为母语教育研究献上更为华彩的篇章！

2009.8.

# 读警句

千年文化凝成珠，
一览当惊意韵殊。
佳句读来情难禁，
不觉自丑常学书。

1993.11.23.

# 哲言慧语鉴古今

世事如棋局局新，
哲言慧语鉴古今。
休趋炙手可热处，
莫傍红得发紫人。

2007.3.26.

# 《语论》十首

【小引】人类在生产劳动和社会活动中创造并发展了语言。人类通过拥有语言的方式拥有整个物质世界和精神世界。语言先于个体的人而存在。人生活在语言中，因而也生活在历史和文化中。有感于斯，作《语论》十首以咏之。

之一　人在语言在，
　　　人无语言无。
　　　我语先我在，
　　　我去语还留。*

之二　象形复会意，
　　　指事加形声。
　　　智慧小方块，
　　　运转生性灵。

---

* 人，指人类、族类；我，指人的个体。

之三　致知在格物，
　　　遣词道其真。
　　　事随发展异，
　　　语因认知新。

之四　意在言之外，
　　　达意仍赖语。
　　　果真无语时，
　　　寰宇非寰宇。

之五　古今系历史，
　　　六合开鸿蒙。
　　　世间物与事，
　　　尽在语言中。

之六　秦皇汉武业，
　　　唐宗宋祖功。
　　　剑影合诗意，
　　　栖居语言中。

之七　有词思方达，
　　　无词意难驰。

呜呼语言外，
何事为可知？

之八　人文谓何物？
　　　语言乃其宗。
　　　情境臻绝唱，
　　　鸟兽岂能工！

之九　境随岁时易，
　　　情因恩怨深。
　　　匠心织思绪，
　　　语魂实诗魂。

之十　歌诗艺文中，
　　　喜怒哀乐里；
　　　缘何心相印，
　　　词达而已矣！

2007.3.28.—4.18.

# 释谜小品

【小引】杨再隋教授说，某君作一字谜，谜面为"刘邦闻之喜，刘备闻之泣"。打一上下结构的汉字。余感此谜文化底蕴深厚，构思精妙，乃作小诗释之，以为续貂之笑也。

> 一命呜呼羽不飞，
> 刘邦欣喜刘备悲。
> 自是嫩绿颜色好，
> 亦项亦关莫问谁！*

2007.4.25.

---

* 项羽乃刘邦劲敌，关羽为刘备爱将。谜底为"翠"。

# 再游兰亭

曲水流觞咏暮春，
群贤毕至有歌吟。
一了性情游翠渚，
得尽风流序兰亭。
却运千秋神来笔，
且抒百代怅惋心。
浮生随化若俯仰，
斯文灼灼醉古今。

2007.9.16

# 自有语言能认知

自有语言能认知，
人类优于动物时。
语无伦次不达意，
飞禽走兽笑汝痴。

2007.11.1.

# 谈诗论句

遣词须着意，
造语但率真。
桑麻关国是，
风雨系民心。
云天堪放眼，
山水足怡神。
吟哦韵味隽，
诗外功夫深。

2008.3.28

# 生平最爱是小学

人生识字聪明始，

哪有先知与先觉。

孝悌友爱悟伦理，

加减乘除学妙诀。

潜移默化如时雨，

月累年积可圣哲。

徐老言行怵肺腑，*

生平最爱是小学。

2008.9.30.

---

\* 徐特立（1877—1968），又名徐立华，原名懋恂，字师陶，中国革命家和教育家，湖南善化（今长沙县江背镇）人。毛泽东和田汉等著名人士的老师。徐特立热爱教育事业。他说，一生最爱是小学。

# 唐诗宋词今段子

唐诗宋词品自高，

即今段子算新苗。

俗到极处堪喷饭，

语达精微利如刀。

长善救失追雅颂，

针砭时弊继风骚。

智慧横溢生妙趣，

幽默处处涌春潮。

2009.2.16.

# 名言警语

中华文化，

流长源深。

名言警语，

智慧甘霖。

字可养眼，

文足怡心。

口诵心惟，

常学常新。

2009.6.25.

# 辞章奥妙无边际

【小引】哲人萨迪说："因为有语言，你胜于野兽；若是语无伦次，野兽就胜于你。"有感而作。

坚牙利齿快如飞，

凶狂武猛千钧力。

而今稀有且濒危，

圈养苑藏失刚毅。

人能制胜赖语言，

造字一跃鬼神泣。

符号组合智慧升，

电波震荡信息递。

爱吾家国爱吾语，

辞章奥妙无边际。

自然人文两家园，

思达今古极天地。

2009.11.21.

259

# 偶成

闻讯二位诗翁来，<sup>*</sup>

水仙芝兰竞相开。

锦言秀语寻常有，

难得妙手用心摘。

2010.2.1.

---

* 郑柏农、周笃文二公光临寒舍，喜作。

# “和谐”偈

【小引】某君析“和谐”二字云：“和”者，从“口”从“禾”，盖人人有饭吃之谓也；“谐”者，从“皆”从“言”，盖人人有发言权之谓也。如此看来，“和谐”者，岂非谓物质丰富而社会民主哉！吾欣然应云：此词盖为小康社会而设者也。因作此偈。

人人有饭吃，
个个能言语。
温饱家安乐，
群言国是举。
我辈崇和谐，
斯情撼寰宇。
此词贯古今，
其妙深如许。

2010.11.9.

# 漫话"对偶" *

"对偶"这种表现手法应用的范围很广，而且历史也很久。远在两千多年以前，周代的《六经》《诸子》中就出现了对偶的句子。如《易经·系辞》中的"乾道成男，坤道成女；乾知大始，坤作成物；乾以易和，坤以简能"，《老子》中的"有无相生，难易相成；长短相形，高下相倾"等就是。至于《诗经》中运用对偶就更多了，《采薇》中诗人运用"昔我往矣，杨柳依依；今我来思，雨雪霏霏"这样一个对偶句，成功地概括了事物的变化、时间的流逝，从而深刻地表达了作者的思想感情。

到两晋六朝时代，对偶的手法发展到了登峰造极的地步。那时的文人不管必要不必要，恰当不恰当，凡作文务求字和字相对，句和句相对，以求得形式的整齐和节奏的铿锵。无事不对偶，无处不对偶，于是产生了"四六"体骈文。描写女子的容貌，便"眉将柳而争绿，面共桃而竞红"；赞美文章的壮丽，便"风云吐于行间，珠玉生于字里"。这种形式主义的片面性发展的结果是生拼硬凑，以辞害意，写出来的

---

* 载 1962 年 4 月《新闻业务》。

文章空洞无物，所以遭到后人的反对。

但是对偶手法运用得好，不但能使文字优美，而且可以使文章的概括性更强，并有助于文字的简练。因此，恰当地使用对偶仍然是我们需要研究的。例如，杜甫的"两个黄鹂鸣翠柳，一行白鹭上青天"，王勃的"落霞与孤鹜齐飞，秋水共长天一色"等句，就贴切而恰当地概括了当时优美的自然景色，至今仍然能引起我们无限的遐想；白居易的"一丛深色花，十户中人赋"和《水浒》中的"农夫心内如汤煮，公子王孙把扇摇"，只用简洁的两句话，就概括了当时社会上的阶级对立，指出了阶级社会中种种不合理的社会现象。

可以说，对偶是我们民族独特的表现手法。对偶的手法在民歌民谣中被广泛地运用。过去，人民用对偶暴露和斥责了"只许州官放火，不许百姓点灯"的黑暗统治，抨击了"财主一席酒，穷汉半年粮"的黑暗现实；今天，人民用"插秧的雨，三伏的风"来歌颂我们伟大的领袖，用"峨眉举手献宝，黄河摇尾唱歌"来歌颂毛主席和我们伟大的时代。过年时在门口贴上一副春联，更几乎是全国人民的习俗。据《簪云楼杂话》记载，这一习俗始于明太祖，到现在已经五百多年了。写春联一事能蔚为风气，遍布全国，几百年来不衰竭，足见对偶这种形式深受广大群众欢迎，有着深厚的群众基础。人民群众喜欢通过这种形式来表达自己的思想、感情、愿望和要求。

章回小说每一回的标题绝大多数也采用对偶的形式，通过十来字左右的标题，确切、具体、生动地概括了整个一回的故事内容，形式整齐又简洁。现在报纸上有些新闻标题创造性地继承了这一传统，如"红了思想，绿了秧苗"等不但富有民族风味，而且对读者有很大的吸引力。

人们喜欢对偶这一表现形式，绝不是偶然的。这首先是由于在客观事物之间存在着种种对应关系，如动物的眼耳手脚，建筑物的楼阁门窗，客厅里的桌椅花瓶等等，往往是极其严格的对称物；生与死，爱与憎，古与今，前与后，攻与守，胜利与失败等等，都是相互依存而又相互斗争的矛盾物。"对偶"便是事物之间这种对应关系、矛盾关系极其精辟、完美的反映，是客观矛盾的艺术概括。其次，也由于对偶是由两个字数大致相等，意义互相关联的句子组成的，形式整齐，常常能够收到言简意赅的效果，加以音韵和谐，声调铿锵，节奏感强，富于音乐美，所以人们喜欢这种形式，常常用它来表达自己的思想感情。

成功的对偶，绝不是事物对应关系、矛盾关系的简单反映，作者必须在对偶中注入深刻的思想感情，才能产生感人的艺术魅力。李商隐的"春蚕到死丝方尽，蜡炬成灰泪始干"之所以历来为人们称道，就是因为诗人赋予了这种普通的自然现象以浓烈的主观色彩。鲁迅先生的"横眉冷对千夫指，俯首甘为孺子牛"，更强烈地显示了一个革命战士爱憎分明的伟大人格，从而成为每个革命者的座右铭。

客观事物的对应和矛盾关系是极其复杂的，有了这种关系并不等于就有了艺术。"万山红遍，层林尽染""鹰击长空，鱼翔浅底"是自然界客观存在的现象，但只有当毛主席抓住了它，并以对偶的形式加以突出，才生动活泼地表现了"万类霜天竞自由"的秋天景象（见《沁园春·长沙》）。由此看来，只有抓住事物相对应的特点，并赋予它主观的感受和整齐对称的形式，才能写出成功的对偶句来。这里，我们会很自然地记起毛主席送给主观主义者们的对联来："墙上芦苇，头重脚轻根底浅；山间竹笋，嘴尖皮厚腹中空。"这副对联巧妙地借用特定环境中芦苇和竹笋的自然特征，生动地刻画出主观主义者的形象，深刻地揭示了他们的本质特征。

对偶的手法是值得我们进一步研究的。早在晋代的《文心雕龙》中就有了关于对偶精辟的见解。《丽辞》篇中说："造化赋形，肢体必双，神理为用，事不孤立。夫心生文辞，运裁百虑，高下相须，自然成对。"这就指出了对偶是客观事物之间关系的反映。刘勰把对偶分为言对、事对、反对、正对四类，并认为"言对为美，贵在精巧；事对所先，务在允当。若两事相配，而优劣不匀，是骥在左骖，驽为右服也。若夫事或孤立，莫与相偶，是夔之一足，踦躅而行也。若气无奇类，文乏异彩，碌碌丽辞，则昏睡耳目。必使理圆事密，联璧其章。迭用奇偶，节以杂佩，乃其贵耳"。这些议论，今天对我们仍然很有启发。我们反对追求形式主义的"对偶"，但是，若能把对偶手法运用得恰到好处，就可以增加文章的感染力。

1962.4.

# 喜读《待客》*

管桦同志的近作《待客》(载《北京文艺》1961年1月号),是一篇好作品。作者截取了林大妈准备迎接客人,忙着收拾屋子这个生活片断,通过巧妙的构思和布局,深刻地揭示了亲如家人的干群关系,反映了农村生活的新风貌。

作品开头便用夹叙夹议的手法,着力渲染了雁池村的热情好客。这一段文字写得有声有色,强烈地吸引着读者,使人产生"倒要瞧瞧这个好客的村子是怎样个好客法"的欲望。

接着看下去,就叫人不能释卷。林大妈为准备迎接客人,挑水烧茶,来到井边却不会用扁担勾着水桶摆水。这时恰巧省委农村工作部李部长来了,他帮林大妈把水挑到家里。林大妈不知道这个陌生的同志就是要住到她家来的"高人贵客",李部长也不知道林大妈就是他的房东。后来他恍然大悟,林大妈所说的"高人贵客"正是自己,于是便帮忙收拾起屋子来。两人一边归聚东西,一边闲聊,李部长是有心了解情况,林大妈却是无意说长道短,但说的都是贴心话。作品通过这种拉家常式的

---

* 载1962年4月《北京文艺》。

闲谈,刻画了人物鲜明的个性,揭示了主客之间那种亲密无间的关系。直到最后,林大妈才知道这个她不认识的同志就是李部长。作品带有喜剧气氛,读完之后使人心神舒畅、心满意足。

这篇作品短小而精练。作者选取了一个朝气勃勃的丰收的农村为背景,但在这广阔的背景上,却只集中笔力刻划了李部长和林大妈两个人物。由于作者对他所要表现的人物非常熟悉,对他们的思想感情有深刻的了解,所以出现在读者前面的李部长和林大妈栩栩如生。

作者在李部长身上着墨不多,但是描写得很出色。那饱经风霜红中透黑的脸,那已经旧得发白了的蓝色裤褂和帽子,那一到村子就下地帮社员干活、和社员交谈的作风,那干活时熟练的技术,那待人的热情和对群众反映的敏感,使读者很快就认识到这是一个朴实、幽默、工作深入、联系群众、善于随时随地进行调查研究的老革命干部。在作者笔下,李部长的形象很生动,其突出的特点是平易近人、踏实诚恳、可亲可敬。比起李部长来,林大妈的形象则更鲜明突出一些。通过她急急忙忙为客人收拾屋子,说私房话似的和李部长闲谈的情景,特别是那交头接耳、细言细语的神态,活灵活现地表现了一个农村老大妈的真挚、坦率和热情,表现了她内心压抑不住的丰收的喜悦。妙更妙在她一直不知道和自己谈话的人就是李部长,所以她的态度越认真,越郑重其事,读者就越觉得这老人家真挚可爱。作者写林大妈最后知道了和自己谈话的人就是李部长时,她“什么也没说,只是睁大眼睛,很响地拍了一下巴掌”。这真是传神之笔,使人如见其人,如闻其声,把林大妈惊异、懊悔、喜悦的心情和神态写得淋漓尽致,省去了无数笔墨。

在作品中,作者基本上采用铺叙的手法,读者一看就知道要写什么,不像某些作品那样左一段回忆，右一段插叙。作者没有故作波澜，追求所谓"行文曲折"之奇，却有如小溪流水，深得清新自然之妙，别开生面，别有情趣。作者通过这种自然流畅，平展铺叙的方式，把干部工作作风的深入细致，群众对干部的热爱，以及丰收的喜悦交织在一起，深刻地反映了农村人民公社中生动活泼的新气象，这种写法是值得提倡的。

1962.4.

# 谈《荔枝蜜》及其他 *

持有不同观点的人，即使对于小小的蜜蜂，也会有不同的态度。

曾经读过罗隐的一首七绝《谇蜂》，前两句是："不分平地与山尖，无限风光尽被占"，写蜜蜂采蜜的辛劳和勤恳；后两句笔势一转，提出一个尖锐而现实的问题："采得百花成蜜后，为谁辛苦为谁甜？"寄托了作者无限的感慨。

这首诗通俗明白，寓意却很深远。在旧社会里，劳动人民辛勤劳动，却享受不到自己的劳动成果；剥削阶级什么也不干，反而饱食终日，无所事事。对于这种不合理的社会现象，罗隐通过"谇蜂"，以委婉曲折的方式进行了谴责，突出地表达了他对劳动人民的怜悯和同情。

后来，我又在《题画诗选》上读了一首《题蜂》，也是七绝："衔脂窃粉笑蜂忙，只为微躯急聚粮。念到蜜成无己份，何如花底剩余香。"与罗隐的《谇蜂》比较起来，这首诗无论思想性和艺术性都差得很远，尤其是思想的浅薄，除了对蜜蜂轻薄的嘲笑外，没有其他什么有价值的内容。

然而，不管怎样，这两首诗是有代表性的。多少年来，人们一直以嘲

---

笑的，最多也只是以怜悯和同情的眼光来看待蜜蜂，因而"为谁辛苦为谁甜"几乎成了对蜜蜂固有的慨叹，它们甚至成了"劳而无功"的代语。

《荔枝蜜》的作者杨朔一反过去的传统观点，满腔热情地对蜜蜂唱起了赞歌："多可爱的小生灵啊，对人无所求，给人的却是极好的东西。蜜蜂是在酿蜜，又是在酿造生活；不是为自己，而是为人类酿造最甜的生活。蜜蜂是渺小的，蜜蜂却又多么高尚啊！"读过《荔枝蜜》，谁能不随着作者的导引而对蜜蜂进行重新估价呢？蜜蜂"是在酿造生活，不是为自己，而是为人类酿造最甜的生活"，多么新颖而又切合实际的见解！对于蜜蜂，这又是多么恰当、多么公允的评价！

古往今来，人们总是拿蜜蜂来象征普普通通的劳动者，赋予蜜蜂的"工作"以丰富的社会意义，但是人们对于蜜蜂的态度却很不一样。《题蜂》的作者对蜜蜂的辛勤劳动采取了否定和嘲笑的态度，充分暴露了自己的利己主义观点；罗隐对于蜜蜂却采取了同情的态度，对于劳动者享受不到自己的劳动成果，发出了"为谁辛苦为谁甜"的感慨，全诗充满了人道主义精神；杨朔在《荔枝蜜》中，以优美的抒情笔调和洋溢的热情，赞美和歌颂了这小小的蜜蜂，这实际上是赞美和歌颂劳动人民，是赞美和歌颂"不讲条件，不计报酬"的共产主义劳动态度。短短的千余字，闪现着共产主义思想的光辉。

对蜜蜂的这三种不同态度，绝不是"仁者见仁，智者见智"，这是由人们不同的立场、观点决定的。杨朔同志的《荔枝蜜》告诉我们：文艺工作者必须用新的立场、观点，用新的眼光来看待世界上的一切事物，这样才能站得更高，看得更远，使文艺作品能发挥更大的教育作用。

1962.12.

# 简谈《论雷峰塔的倒掉》*

　　《论雷峰塔的倒掉》是鲁迅先生前期的作品，收在论文集《坟》中。文章的重点不在于议论雷峰塔倒掉的前因后果及利害得失等关系，而在于抒发雷峰塔倒掉以后作者自己的心情感想。从文体上看，这是一篇杂文，或者说是一篇抒情散文。

　　雷峰塔在杭州西湖净慈寺前面，最初叫西关砖塔。据说它是宋时吴越王钱俶的妃子建造的，因此也叫王妃塔。因为它建筑在一座名叫"雷峰"（又名"中峰"）的小山上，所以大家都叫它雷峰塔。

　　雷峰塔的风景很好，不少有名的诗人写诗填词赞美过它。例如，明朝的聂大年写过一首《雷峰夕照》："宜雨宜晴晚更宜，西湖端可比西施。霞穿楼阁红光绕，云卷笙歌逸韵随。山紫翠中樵唱远，树苍黄外马归迟。何人解画潇湘景，并与渔村作二奇。"宋朝的梅尧臣也写过一首《雷峰》："中峰一径分，盘折上幽云。夕照前村见，秋涛隔岸闻。长松标古翠，疏竹动微薰。自爱苏门啸，怀贤事不群。"这两首诗描绘了雷峰塔的自然风光。长松疏竹，塔影涛声，潮光出色，樵唱渔歌，的确是一幅诱人喜恋的

---

* 载 1978 年 3 月《江西师院学报》。

自然图画。人们把"雷峰夕照"作为著名的西湖十景之一，不是没有道理的。

《白蛇传》是一个在民间广泛流传的神话故事：一个热情善良、敢于斗争的妇女——白蛇娘娘爱上了许仙，他俩一起过着不受压迫、自由幸福的生活。因为白娘子端阳现形，把许仙吓死了。于是白娘子不顾生命危险，千里迢迢到瑶池盗得仙草，救活了许仙。后来，法海和尚出来横加干涉，破坏了他们的幸福生活。法海和尚把许仙藏在金山寺内，白娘子来寻夫，和法海和尚进行了一场艰苦的斗争，水淹金山寺。结果，白娘子失败了，被法海装在钵盂内，镇压在雷峰塔下。这个故事是几百年来人民集体创作的成果，有强烈的反封建意义。在故事的演变过程中，白娘子逐渐人格化了，消解了妖怪气，成了人民善良愿望和斗争决心的体现。《义妖传》即《说唱白蛇传》，是清朝陈遇乾在大量的民间传说和民间说唱文学的基础上编写而成的一部弹词。

一九二四年，雷峰塔倒掉了。鲁迅先生听到这个消息后，便写了《论雷峰塔的倒掉》这篇文章。

鲁迅先生是一个彻底的反帝国主义和反封建主义战士。在他前期的作品中，反封建是一个非常突出的主题。

在旧社会，受压迫最重、痛苦最深的是妇女。为了妇女的解放，鲁迅同封建势力进行了英勇的战斗。他在论文《我之节烈观》中，以铁的事实和不可辩驳的逻辑力量痛快淋漓地批判了封建主义道德；他在小说《祝福》中，又通过祥林嫂的悲惨遭遇对封建礼教提出了强烈的控诉。《论雷峰塔的倒掉》是一篇短小、精悍、战斗力很强的散文，和《我之节烈观》《祝福》一样，是射向封建主义的一颗灼热的子弹。

但它不像《我之节烈观》那样，采用摆事实、讲道理的方法历陈封建道德的罪状，也不像《祝福》那样，用沉痛的笔调描绘封建礼教造成的现实悲剧，而是用轻松、活泼、幽默的笔触，直接抒写雷峰塔倒掉以后自己快意的心情，直接抒写自己的爱和憎。

爱憎强烈、是非分明，是《论雷峰塔的倒掉》一个鲜明的特点，也是鲁迅杂文的一个鲜明特点。鲁迅作为一个伟大文学家，在作品中从不掩饰自己战斗的倾向性，总是旗帜鲜明地表明自己的爱憎感情。这一点，是与鲁迅作为一个伟大的思想家、革命家，始终不懈地追求真理，坚持真理，有正确的是非观念分不开的。强烈的爱憎感情必然以是非分明的思想为基础，是非分明的思想又需要通过鲜明的爱憎具体表现出来。鲁迅先生认为：战斗的作者一定得有明确的是非，有强烈的好恶；应该像热烈地主张着所是一样，热烈地攻击着所非，像热烈地拥抱着所爱一样，热烈地排斥着所憎。这正是那些宣扬抽象的"人类之爱"的人道主义者所深恶痛绝的态度，也正是鲁迅在《论雷峰塔的倒掉》一文中所采取的态度。

白娘子被镇压，反映了封建势力的强大，也反映了广大人民和被压迫的妇女命运的悲惨。在"男尊女卑"的封建社会里，妇女一向被看作"祸水"，被当作"不祥之物"，小至败家，大至亡国的责任，常常都推到妇女身上。鲁迅指出，"这社会制度把她挤成了各种各式的奴隶，还要把种种罪名加在她头上"，"其实那不是女人的罪状，正是她的可怜"。事实正是这样，白娘子的要求和愿望不过是自由的婚姻、真正的爱情、正常的家庭关系罢了，有什么不合理的呢？有什么非分之念呢？这正代表了广大受压迫人民的正当要求，是完全合情理的。但是，法

273

海和尚硬要凭空诬她妖邪乱世，横加干涉，诱骗许仙上山，把白娘子镇压在雷峰塔下，破坏他们自由幸福的生活，这充分暴露了封建统治者专制凶残的面目。鲁迅对敢于和封建势力作斗争的白娘子寄予了深刻同情，对横蛮强暴而打着大慈大悲、救苦救难幌子的法海和尚进行了猛烈抨击。鲁迅之所以采取这种态度，是因为法海和尚是欺压人民、惹是生非的罪魁祸首，而白娘子则是无辜的受害者。在这里，我们看到了鲁迅先生鲜明的是非观。正是这种热烈地支持着所是，热烈地抨击着所非的明确态度，使《论雷峰塔的倒掉》一文具有强烈的战斗力，给人们以精神上的鼓舞。

《论雷峰塔的倒掉》之所以感人至深，能引起人们的共鸣，一方面固然由于作者对事情的是非曲直有深刻的认识，因而有强烈而鲜明的爱憎；另一方面也由于作者以圆熟的抒情手法把强烈而鲜明的爱憎感情表达出来。抒情最忌讳的是空泛和做作，那使人感到模糊和虚伪；最讲求的是具体和自然，那使人感到恳切和真挚。《论雷峰塔的倒掉》的抒情特点正在于它的具体和自然。

在作品中，鲁迅先生没有用太多的笔墨发议论，讲道理，而是具体地、毫不掩饰地表露自己的感情，写出自己对受压迫的妇女——白娘子的深切同情，对封建势力的代表者——法海和尚的强烈憎恶。

作者对白娘子的同情是和希望雷峰塔的倒掉结合在一起的。鲁迅小时候就听祖母讲过《白蛇传》的故事，知道雷峰塔底下镇压着一个追求自由和幸福的善良的白娘子，所以他一直很反感雷峰塔。小时候，他"唯一的希望，就在这雷峰塔的倒掉"；长大了，还是"看见这破破烂烂的塔，心里就不舒服"；后来他知道塔底下其实并没有什么白娘子，但"心里仍然不舒服，仍然希望他倒掉"。从这里可以看出，鲁迅对于雷峰塔的憎恶到了何等强烈的程度。为什么鲁迅知道塔底下并没有什么白娘子以后，仍然憎恶雷峰塔，仍然希望他倒掉呢？理由很简单，几百年来，雷峰塔在广大人民心目中一直是封建势力的象征，作者一再强调希望雷峰塔倒掉，正表现了他对封建势力的强烈仇恨，对白娘子的深刻同情。理解了这一点，就能更好地理解文章开头那一段话的含意。原文是："听说，杭州西湖上的雷峰塔倒掉了，听说而已，我没有亲见。但我却见过未倒的雷峰塔，破破烂烂的映掩于湖光山色之间，落山的太阳照着四近这些地方，就是'雷峰夕照'，西湖十景之一。'雷峰夕照'的真景我也见过，并不见佳，我以为。"对于著名的西湖十景之一的"雷峰夕照"，作者为什么以为"并不见佳"呢？应该说这是因为鲁迅对封建势力极端憎恶，见了象征着封建势力的雷峰塔，心里就不舒服的缘故。

作者对于封建势力的憎恶和蔑视，是与对法海和尚的讥讽、奚落揉合在一起的。对法海和尚的多事，鲁迅非常愤慨。他说："和尚本应该只管自己念经。白蛇自迷许仙，许仙自娶妖怪，和别人有什么相干呢？他偏要放下经卷，横来招是搬非，大约是怀着嫉妒吧，——那简直是一定的。"鲁迅用犀利的笔法，揭穿了所谓"得道的禅师"原来是心怀嫉妒的卑鄙家伙。鲁迅一贯反对"费尔泼赖"，对敌人的骄横、不可一世，他敢于"横眉冷对"；对敌人的失败，他毫不掩饰自己的快慰和欣喜。在文章中，鲁迅用揶揄、嘲讽的笔调来描写法海和尚的可耻下场："听说，后来玉皇大帝也就怪法海多事，以至荼毒生灵，想要拿办他了。他逃来逃去，终于逃在蟹壳里避祸，不敢再出来，到现在还如此。我于玉皇大帝所做的事，腹诽的非常多，独于这一件却很满意，因为'水满金山'一案，的确应该由法海负责；他实在办得很不错的。"尽管这迫使法海到蟹壳里避祸的力量，来自鲁迅先生常常腹诽的玉皇大帝，但对于这件事，他仍然表示很满意，认为办得很不错。因为无论如何，这对法海和尚是一个沉重的打击，而广大被压迫的人民可以借此吐一口不平的怨气。

文章的最后，作者又具体详尽、饶有风趣地介绍了吃螃蟹，看"蟹和尚"的方法："秋高稻熟时节，吴越间所多的是螃蟹，煮到通红之后，无论取哪一只，揭开背壳来，里面就有黄，有膏；倘有雌的，就有石榴子一般鲜红的子。先将这些吃完，即一定露出一个圆锥形的薄膜，再用小刀小心地沿着锥底切下，取出，翻转，使里面向外，只要不破，就变成一个罗汉模样的东西，有头脸，身子，是坐着的，我们那里的小孩子都称他'蟹和尚'，就是躲在里面避难的法海。"这段文字，表面上看好像是闲笔，但十分重要。有了这段文字，就使"法海和尚逃到蟹壳里避难"这个传说活起来了，显得生动真切；就能使人们更加相信，作恶多端的法海和尚终于受到了应得的惩罚，长了人民的志气，灭了坏人的威风。这是符合人民的要求和愿望的。读到这里，人人都会拍手称快！在这段文字的基础上，作者引出了一个结论：

当初，白蛇娘娘压在塔底下，法海禅师躲在蟹壳里。现在却只有这位老禅师独自静坐了，非到螃蟹断种那一天为止出不来。莫非他造塔的时候，竟没有想到塔终究要倒的么？

活该。

这一段话，语言多么尖刻，意思多么深远，态度多么鲜明！法海和尚没有想到，塔是终究要倒掉的，也没有想到自己会得到"蟹和尚"

的可耻下场，这正好影射了封建统治阶级和一切反动派，没有想到他们的统治是终究要垮台的，没有想到他们会落得个可耻可悲的下场一样。但这一切是必然的，是历史发展的不可抗拒的规律。理解了这一层，再看那自成一段的两个字——"活该"，就会有更深的体会。"活该"，既包含着作者对封建势力的深刻讥讽和轻蔑，又包含着作者对胜利的由衷愉快和喜悦。这两个字，凝铸着鲁迅对被压迫人民的深刻同情，对反动势力的极端憎恶，万万不是"力透纸背"可以形容得了的。

从以上论述我们可以看出，鲁迅对封建反动势力的憎恶是具体地通过对法海和尚的憎恶表现出来的，对被压迫人民的同情是具体地通过对白娘子的同情表现出来的；对法海和尚的憎恶与对白娘子的同情又是具体地通过雷峰塔的倒掉，通过对"蟹和尚"的奚落、讥讽表现出来的。由于具体，所以给人的印象深刻、鲜明，有扣人心弦的力量。

文章在选择材料、结构布局方面，也值得我们深入学习。《白蛇传》的神话故事和现实生活中的雷峰塔本来没有什么联系，因为雷峰塔不是法海造的，塔底下也没有什么"白娘子"，但鲁迅先生把神话故事中对白娘子的同情和民间传说中对"蟹和尚"的奚落，与现实生活中雷峰塔的倒掉巧妙地联系起来，从而构成了一篇光辉的反封建反恶势力的力作。

雷峰塔是一九二四年九月倒掉的，一九二四年十月二十八日鲁迅就发表了这篇文章。从这里我们可以看出，鲁迅先生是如何利用一切可以利用的材料，利用一切可以利用的时机来抨击封建势力的。从这里我们也可以看到，作为一个反封建的战士，鲁迅先生那英勇战斗的姿态和那顽强战斗的精神。

1978.3.

# 谈谈《茶花赋》的结构 *

　　《茶花赋》是杨朔同志写的一篇散文，收在《杨朔散文选》里。

　　《茶花赋》的主题是歌颂繁荣兴盛的祖国，歌颂祖国的辛勤建设者——普通劳动人民。文章记叙的事件是很平常的，不过是在昆明看茶花的见闻和感想而已。然而这样一件平常的事经过作者的巧妙构思和精心安排，却作出了一篇花团锦簇的文字，令人感到韵味无穷、百读不厌。这里，我想从结构方面谈谈这篇文章的艺术特点。

　　这篇文章的结构是极为出色的。古人说："文似看山不喜平。"没有波澜，缺少变化的文章容易流于平淡呆板，不能产生感人的艺术魅力。《茶花赋》的特点，正在于它在 1400 字的篇幅里，做到了峰峦起伏，曲折有致。

　　题目是"茶花赋"，顾名思义，是要写茶花的，但一开始，写的却是久在异国他乡，怀念祖国的情思——想求人画一幅表现祖国面貌特色的画儿。不说离题万里，至少可以说与茶花毫不相干，好像不是在写"茶花赋"，而是在和老朋友随便闲谈似的，笔调非常悠闲、别致，落笔便不寻常。

---

* 载 1971 年 1 月《萍乡教育》。

按理，第二段该接着第一段写，可是作者却撇开上面已经提出的问题，重打鼓，另开锣，调转笔头写"今年二月，从海外回到昆明时，云南的春天正像催生婆似的在催动花事"。两段都没有提到茶花。第三段紧接第二段，写花事最盛的去处是西山华庭寺。到这里，读者满以为要写茶花了，谁知，那"不到寺门，远远就闻见的一股细细的清香"，写的并不是茶花，却是梅花。此外，还有白玉兰、迎春花，它们共同打扮着昆明的春色。

仅仅开头三段，便极其曲折，步步出人意外。要写茶花，却不便写，而先写画画，继写云南的春天，再写梅花、白玉兰、迎春花。这就像舞台上的彩幕一样，一层一层，徐徐拉开，真有引人入胜的力量。

到第四段，方用"究其实，这还不是最深的春色"一句话作为过渡，扭转笔锋，进入描写茶花的正题。四、五两段，极写茶花之盛，但着墨并不多，只用"每朵花都是一团烧得正旺的火焰""不见茶花，你是不容易懂得'春深似海'这句诗的妙处"等几句话，把各样品种的花儿争奇斗艳、如火如荼的盛况表现出来了。

茶花是美丽的，但作家的思想水平使他的思路没有停留在赏心悦目上，而是由茶花的美丽姿质想到"凡是生活中美的事物都是劳动创造出来的"。这样，"是谁白天黑夜，积年累月，拿自己的汗水浇着花，像抚育自己的儿女一样抚育花秧，终于培养出这样绝色的好花"的问题便很自然地提出来了。随着问题的提出，文章的波澜就由一个高峰发展到另一个高峰。

第六段从结构上看来是过渡段，从第七段开始到"美就是这样创造出来的"，作家用速写的笔法为我们刻画了一个"曾经忧患"的中年人的形象，这就是拿出全部精力培植花木的能工巧匠普之仁。他是这样一个极其普通的劳动者——如果他离开你，走进人丛里去，立刻便消逝了，再也不容易寻到；然而，正是这样的人在美化我们的生活。这里，作家给我们留下了丰富的想象余地：那辛勤建设着我们的国家，把我们的祖国打扮成一个欣欣向荣的大花园的，不正是无数的"普之仁"么？

既赞美了茶花的美，又进一步赞美了这美的创造者——普通的劳动人民，文章到这里，似乎到了高潮，下面要写的东西就有限了。然而作者巧妙地安排了一群小孩也来看茶花，一个个仰着鲜红的小脸，甜蜜蜜地笑着，正像一朵朵初开的童子面茶花。一幅画的构思突然跳进作者的脑子里：画一朵含露乍开的童子面茶花，岂不正可以象征祖国的面貌？正是在这里，作者表现了结构布局的非凡功力。文章好似看到了尽头，然而一拐弯，却又峰回路转，文意豁然开朗，另是一番气象。到这里，文章回到了开头提出的问题上，首尾衔接，俨然一体，真正达到了最高峰，全文也就戛然而止，干净利落。

文章结构上的第二个特点是思路清楚，组织严密。

正因为文章腾挪跌宕、变化错综，粗粗一看，也许会找不出头绪，甚至会觉得结构松散。然而仔细看时，就会发现文章的思路十分清楚，组织非常严密。散文作家常常采用篇末点题的手法，《茶花赋》就是这样。文章开头一段提出画画的问题，从第二段起，便写云南的春色，写梅花、迎春花、茶花，写普之仁，写一群小孩，几乎把画画的问题抛在一边去了。文章的主题主要在于歌颂祖国的欣欣向荣，可是，云南的春色，梅花、茶花，花匠，小孩，究竟与祖国有什么必然的联系呢？

直到看完最后一段，读者才恍然大悟：原来作者早已一步一步把这些人或物组织到他想象中的画面里去了，铸成了一朵最浓最艳的童子面茶花。写梅花、白玉兰和迎春花，是为了衬托茶花的美丽姿质，而茶花的种种特点正可以象征我们的祖国。茶花饱含春色，争奇斗艳，正可以象征祖国欣欣向荣；茶花像一团烧得正旺的火焰，正象征着祖国青春的旺盛生命力；童子面茶花与小孩们的笑脸融在一起，则象征着祖国远大、美好的未来；无数个"普之仁"，就是这样的祖国的建设者和保卫者。所以，全篇文章实际上写的是一幅象征祖国面貌的画的构思过程。如果说，在文章的头几段，作者给我们的是一盘散乱的珠子，那么最后一段作者便给了我们一根贯串这些珠子的红线，使我们能够一下子把所有的珠子联成一串，形成首尾衔接、完美无缺的整体。初看时，似乎找不出头绪，看完全篇就会觉得思路清楚、条理井然；初看时，似乎余文很多，看完会篇就会觉得组织严密，无一闲笔。

从文字上看，全文衔接得也非常严密。比如第二段结尾是"云南的春天脚步儿勤，来得快，到处早像催生婆似的正在催动花事"，第三段开头就紧接着写"花事最盛的去处数着西山华庭寺"。第三段结尾是"那一片春色啊，比起滇池的水来不知还要深多少倍"，第四段紧接着就写"究其实，这还不是最深的春色"。第四段结尾是"不见茶花你是不容易懂得'春深似海'这句诗的妙处的"，第五段紧接着写"想看茶花，正是好时候"。往往是下一段的开头一句紧紧咬住上一段的结尾一句，段段蝉联，又紧凑又自然。

文章结构上第三个特点是能擒能纵，形散神不散。

文章的擒纵，具体表现在思路的断续方面。文章的思路有断有续，有的地方甚至是似断似续，亦断亦续。全文可以分为三个大部分。第一部分（第1段）一开头就放纵笔墨，写自己有个心愿，就是画一幅表现祖国面貌特征的画，但是无法实现，便只好把这桩心事搁了下来。刚放开，却又陡然收住，文章的思路到此中断，看上去与第二部分毫无联系。第二部分（从第2段到倒数第2段）写作者到昆明去看茶花时的见闻。思路并不是从第一部分贯串下来的，而是从另外一件事写起，但是作者利用时间和地点上的联系，巧妙地把这两个部分联结起来。第一部分开头说"久在异国他乡"，第二部分便紧接着写"今年二月，我从海外回来"，所以读者非但不感到割裂，反而觉得非常自然。

文章第二部分的思路是顺着游览的先后顺序发展的，由梅花写到茶花，由茶花的美写到美化生活的人，当写到一群小孩的笑脸正像乍开的童子面茶花时，思路又陡然中断，文章进入第三部分。第三部分（最后一段）并不承接第二部分继续发展下去，却调转笔头直接承接第一部分，写自己突然得到了一幅画的构思，对"怎么画得出祖国的面貌"的问题，提出了一种解答方案，从而把全篇组织成一个完整的有机体。尽管第三部分不直接承接第二部分，但它却是第二部分发展的结果，而且只有在第二部分的基础上才写得出来。这样看来，第一部分和第二部分之间也就不是仅仅只有时间和地点的联系了，实际上这两部分之间是明断暗续的关系。因为第一部分提出了问题，第二部分却是这个问题的答案的产生经过。由此看来，文章是时断时续的，而且断得干脆，续得自然；文章在表现手法上是能擒能纵，能放能收的，而且放得开，收得拢。这一点正是写散文的要诀。散文是很讲究形散神不散的，有断有续，能擒能纵，才能做到形散神不散。《茶花赋》正是一篇形散神不散的优秀作品，足以供我们借鉴。

1979.1.

# 读《野草》<sup>*</sup>

提起"野草"，总会引起种种不同的联想。

有人认为它随遇而安，柔弱滥贱，所以常常用小草比喻微不足道的东西，于是有"视若草芥"之语；有人认为它苍翠嫩绿，可怜可爱，于是有"芳草""美人"之譬。认为小草并不软弱，相反倒是不屈不挠、坚毅顽强、可钦可佩的，在文学家当中当推白居易。他用"离离原上草，一岁一枯荣。野火烧不尽，春风吹又生"的名句，对野草作了热情的赞美和称颂。

白居易只看到了感情的力量，认为朋友之间的感情会像野草一样，年复一年地"春风吹又生"。他没有看到人民的力量，所以摆脱不了"又送王孙去，萋萋满别情"的孤独和寂寞之感。

真正看到了野草的强大生命力，并把它和人民革命斗争联系起来而加以称颂的，首先当推鲁迅。鲁迅把自己针砭时弊的杂文比作野草，把产生当时那种杂文的时代比作生长野草的地面，把人民革命斗争比作地下的烈火。鲁迅说："我自爱我的野草，但我憎恶这以野草作装饰

---

* 载 1979 年 2 月《萍乡教育》。

的地面。""地火在地下运行，奔突；熔岩一旦喷出，将烧尽一切野草，以及乔木，于是并且无可朽腐。"

如果说鲁迅的《野草》比较深奥难懂，那么夏衍的《野草》却明白如话，但两者都精炼含蓄，耐人寻味，发人深思。

夏衍的《野草》是 1940 年创刊于桂林的文艺刊物《野草》的代发刊词。

文章深得"写物以附意""即事以寓情"的要领，借助"野草"这一形象，说明了革命和进步的文艺工作者当时所处的环境，赞美了他们百折不回的斗争品质和刚毅顽强的斗争精神，同时也以饱含诗意的抒情手法颂扬了他们对前途满怀希望和对胜利充满信心的乐观精神。

文章不但思想内容好，笔法也很好。

它有引人入胜的开头。用"有这样一个故事"7 个字导入正文，非常简洁、干脆，毫不拖泥带水。一进入正文，劈头就提出一个问题：世界上什么东西气力最大？问题提得简单、有趣。然后，以象、狮子、金刚作答。这些东西的气力大是尽人皆知的，所以完全在人们意料之中。接下去作者来了个 180 度的大转弯——"结果，这一切完全不对"，这就大大出乎人们的意料了。究竟什么东西气力最大呢？结论是"植物的种子"。说象、狮子等气力大，这是人们所熟知的，说植物的种子气力大，却是人们所非常陌生的了。作者就是这样紧紧抓住人们的好奇心理，或者更正确地说是紧紧抓住人们的求知欲望，诱导人们对问题作进一步的探究。开头一部分共三个自然段，一问一答，一个否定，一个肯定，只 108 个字，真是字字扣紧着人们的心弦啊！

它有令人信服的析理。要说服人们相信象、狮子等气力并不是最大的，而种子、小草的气力倒是"超越一切的"，这确实是个难题。正是在敢于提出难题，而且善于解决难题方面，作者表现出了不平常的功力。文章避虚就实，不作抽象的说理，而用具体的例证，对问题作了令人满意的回答。

文章用"这儿又是一个故事"8个字由提问转入析理。首先举出种子的力量胜过一切机械力的事例——完整地分开头盖骨。这一事例突出地显示了种子的力量，证据是如此确凿，以至于使人不能置疑。但由于这是解剖学家实验室里的事，毕竟是特殊的、个别的，一般人没有见过，还不足以使人们完全信服。所以作者又举出小草冲破压力和阻力的事例——掀翻阻止它生长的瓦砾和石块。这一事例是一般人常见的，是普遍的、大量的。两个事例互相补充，从不同角度令人信服地说明了种子力量之大。这两段文字共270多字，实事求是地从人们的实验或经历中拈出两个例子加以介绍。除每段末尾都有一句饱含作者感情的赞语——"植物的种子力量之大如此"——之外，并没有作过多的渲染。作者深知"事实胜于雄辩"，所以他放手让事实说话，让事实来改变人们对野草种种不正确的看法。

在上述两个说服力很强的事例的基础上，作者写下了对野草倾注了深厚感情的一段文字。这里有高度的评价，有精辟的议论，有热情的赞扬，也有殷切的期望。这段文字只有99字，点出了"野草的力是生命力"这一主旨，寄托着作者对革命文艺事业的无限热情，表现了作者旺盛、顽强的斗志和"胜利属于我们"的坚定信念，是全文的点睛之笔。

它有耐人寻味的结尾。作者拿野草与盆花作了鲜明的对比。野草的处境恶劣，它生长在瓦砾中，不但无肥沃的土壤，而且有风霜的摧残；盆花的处境优越，它生长于玻璃棚中，不但有肥土的滋养，而且无风雨的侵袭。然而，正是在这种不同的条件下，野草和盆花形成了各自不同的品质，选择了各自不同的前途。野草在阻力中经受了磨炼，显示了旺盛的生命力，在斗争中得到了生存、壮大和发展。盆花由于受人"豢养"，所以只能以自己的香、色为主子效劳——这就是野草可以傲然嗤笑盆花的原因。这样的结尾能使人产生许多联想，是发人深思、耐人寻味的。

文章巧妙地使用了象征手法，通篇无一字一句提到革命文艺和进步力量，但对革命文艺和进步力量的热爱、称颂之情洋溢于字里行间。作者通过精心描绘野草向往阳光、"长期抗战"、顽强不屈的动人形象，充分表现了这种思想感情。文章无一字一句提到帝国主义和国内反动势力，然而，通过瓦砾、石块和盆花的形象，对帝国主义和国内反动势力及其走狗文人给予了应有的鄙视和嘲笑。

整篇文章短小精悍，生动活泼。短短 500 余字，词近而旨远，言简而意深；含蓄而不失于隐晦，精炼而不失于简括。

1979.2.

# 《拿来主义》浅说 *

《拿来主义》是鲁迅先生论述批判地继承文化遗产原理的一篇重要著作，已选入高中语文第二册。本文想就《拿来主义》教学中的几个问题，说说自己的几点浅见。

## 说"送去"

文章的主旨是论述"拿来主义"，但作者并不是采用开门见山的办法，而是把"拿来主义"暂时丢开，先讲"送去主义"。"送去"与"拿来"是对立的，揭露和批判了"送去主义"，也就为提出和论述"拿来主义"打下了基础。

什么是"送去主义"？"送去主义"是怎么来的？它的内容是什么？这几个问题是课文的难点所在。这是因为鲁迅在文章中采用了一些含而不露的笔法，而现在的学生对文章的时代背景又缺乏了解。因此，需要着重把下面这些话的含义弄清楚。

第一句中的"一向"，指 1840 年以前。第二句中"给枪炮打破

* 载 1980 年 1 月《萍乡教育》。

了大门"，指 1840 年鸦片战争后列强侵入。"又碰了一连串的钉子"，有人说是指"封建文化不断遭到沉重的打击"，其实，这里并不局限于封建文化，也包括封建政治和经济。联系前后文可以看出，这是指签订 1842 年的中英《南京条约》、1844 年的中美《望厦条约》、中法《黄浦条约》等一系列不平等条约之后，由于割地赔款，领土、主权的完整遭到破坏，中国开始丧失政治上的独立地位。"到现在，成了什么都是'送去主义'了"，这一句更要着重向学生讲清楚。这句话含蓄而深刻地揭露了国民党反动派卖国投降的本质。一个"到"字，从时间上点出了国民党反动派与清朝反动政权之间的师承关系，"现在"——写文章的时候，即 1934 年前后。那时国民党政府实行"不抵抗主义"，拱手让日寇吞并东北三省，强占山海关，长驱直入华北地区，同时让英美帝国主义操纵着中国的财政经济命脉，控制着中国的政治军事力量。对此，鲁迅痛心地说："到现在成了什么都是'送去主义'了。"这就点明国民党反动派已经完成了由"闭关主义"到"送去主义"的转变，成了彻头彻尾、完完全全的卖国投降主义者。"别的且不说吧……"一语，在行文上起着把别的一切置于题外，单刀直入进入文章主旨部分论述的作用，但又意在言外，另有对国民党反动派给帝国主义送去物产，送去主权，送去领土等重大卖国罪行暂且不议，而仅就文化方面进行剖析就足以披露"送去主义"的卖国本质这样一个含义在。下面几句，即从正面指责了国民党政府给帝国主义送去"古董"，送去"国画"、送去"艺术"等行为，把谴责的锋芒转向揭露国民党反动派利用文化遗产媚外卖国的罪行。接着鲁迅写道，"活人代替了古董，我敢说，也可以算显出一点进步来了"，字里行间充满了对这些丑行的憎恶和鄙视。"进步"一词是反语。接下去两段，尖锐地指出了这种"送去主义"的严重后果是在帝国主义的经济侵略和文化侵略下，国家遭受贫困和屈辱，最后将堕落到靠乞讨过日子，深刻地指出了"送去主义"的危害性和反动性。

## 说"拿来"

针对"送去主义"的弊病和危害，鲁迅大呼"拿来"，提出了"拿来主义"。关于"拿来主义"的阐述是课文的重点所在。在讲授这一部分时，要让学生明确"拿来主义"的内容，懂得鲁迅的"拿来主义"观点实际上就是马克思主义批判地继承文化遗产的观点，要引导学生学习鲁迅把深奥的理论问题化为具体明白、通俗易懂的道理的表达方法。

文章是紧紧扣住两个问题进行论述的：要敢于"拿来"；要善于"拿来"。敢于"拿来"，这是一个世界观问题。不敢"拿来"，是没有革命气魄和胆略，缺乏识力，缺乏消化和改造外国文化遗产的民族自信心的表现。鲁迅分析的在大宅子面前表现出来的"徘徊不敢进门"（没有改造旧事物的勇气与魄力的懦夫思想）和"放一把火烧光"（对遗产采取虚无主义的左倾幼稚病）的两种情况，尽管表现形式不同，实质上都是不敢"拿来"。鲁迅愤然地谴责他们是"孱头"，是"昏蛋"。善于"拿来"，这是一个方法论问题。"拿来主义"者对遗产既不全盘否定，也不全盘继承。而是运用脑髓，放出眼光，占有、挑选，视遗产的好坏优劣而采取"或使用，或存放，或毁灭"的办法进行处理。

鲁迅反对"闭关主义"，反对"送去主义"，提倡"拿来主义"，其核心思想或者说着眼点，是为了"新的建设"。他主张"拿来"，是为了"为我所用"。他在《浮士德与城》后记中说："新的建设的理想，是一切言动的南针，倘没有这而言破坏，便如未来派，不过是破坏的同路人，而言保存，则全然是旧社会的维持者。"在《拿来主义》中，鲁迅明确指出"没有拿来的，人不能自成为新人，没有拿来的，文艺不能自成为新文艺"，"批判继承文化遗产，是为了创建无产阶级自己的新文化"。这里，鲁迅深刻地指出了"拿来主义"的重要性和必要性，具体阐明了批判继承与创造革新的关系，在如何对待文化遗产的问题上，坚持了马克思主义的科学态度。

鲁迅在论述这一深奥的理论问题时，不是采用逻辑推理的论证方法，而是通过打比方来讲道理。以一个青年应当怎样对待一所大宅子（遗产）为例，批判了在继承遗产问题上的右倾投降主义和左倾幼稚病，提出了"取其精华，去其糟粕"的正确的态度和方法。论述深入浅出，而又具体生动，有很强的说服力。

## 说"分段"

关于文章的分段，有两种不同的意见，第一种分法：第1—4自然段为第1部分，第5—10自然段为第2部分；第二种分法：第1—6自然段为第1部分，第7—10自然段为第2部分。我认为以第1种分法为宜。理由是：一、如果按第二种划分法，则第1部分的段意应该是"提出拿来主义"，第2部分的段意应该是"阐明拿来主义"。这样划分与作品的实际情况是有些出入的，尽管"拿来"二字在第2自然段中已经出现，但在第1—4自然段中并未正式提出"拿来主义"，正式提出"拿来主义"是在第5自然段中。因此，"提出'拿来主义'"

显然不能准确地概括前面几段的内容；如把段意概括为"批判'送去主义'"，则第 5、6 两自然段又不能纳入。再说，这样划分也不利于讲清本文作者从正（提出"拿来主义"）反（批判"送去主义"）两方面来论述自己观点的写作特点。二、第 5 自然段是一个很明显的过渡段，起着承上启下的作用，"我在这里也并不想对于'送去'再说什么，否则太不"摩登"了"一语，显然是对上文揭批"送去主义"的一个总结，而"我只想鼓吹我们再吝啬一点，'送去'之外，还得'拿来'，是为'拿来主义'"一语，则显然起着开启下文的作用。第 6 自然段指出了"拿来"与"送来"的本质区别，在阐明"拿来主义"之前，先行扫除认识上的障碍——因被"送来"的东西"吓怕了"而产生的对外国文化遗产一概排斥的倾向。从文章的内在联系来看，把第 5、6 自然段划入第二部分显然更合理一些。三、如果按第一种分法把批判"送去主义"（1—4 段）作为一部分，把论述"拿来主义"（5—10 段）作为一部分，则眉目清楚，每部分的重点都很突出。解剖批判"闭关主义"和"送去主义"，正是为了让读者充分认识到反动统治阶级盲目排外和无耻媚外的政策所造成的严重恶果，从而更加深刻地认识到实行"拿来主义"的重要性和必要性，这样就从正反两方面有力地讲清楚了自己的观点。从行文上来讲，前一部分批判"送去主义"，侧重于破，后一部分再阐明"拿来主义"侧重于立，做到了先破后立，破中有立。

1980.1.

# "读课文" 三议 *

语文课要教给学生知识，但更要培养学生的能力：写的能力，读的能力。这两种能力中，读的能力是更基本、更重要的，写必须以读为基础。从这一点出发，对于语文课的课堂教学，我想发几点议论。

一曰读课文。在课堂教学中，教师要指导学生阅读课文。教师对课文的讲解和分析，决不能代替学生自己阅读课文的工作。一堂语文课，如果讲了时代背景，介绍了作者，分析了课文的层次结构、故事情节，讲了人物形象，讲了写作特点，但就是没有让学生读课文，那么，这堂课能不能算是教好了呢？恐怕不能算。这堂课讲得再好，也没有抓住根本。根本是课文。教师的介绍、分析、讲解是从哪里来的，以什么为基础呢？课文。离开了课文这个根本，而让学生仅仅在讲解里面兜圈子，是很难有好效果的。语文课是工具课，是技能课，不但要让学生"懂"，而且要让学生"会"。"懂"而不"会"，拿起书来，不识字，不会念，结结巴巴，句不成句，段不成段，怎么能算完成了语文课的任务呢？学游泳要下水，学打猎要上山，要会认、会念，只

---

* 载 1980 年 2 月《萍乡教育》。

有让学生自己开口读。从课堂教学讲，读主要是读课文（课文应当选择思想内容好、语言文字好的有典范性的文章），把课文读懂了，也就学了识字，学了看书，学了作文，学了思想。如果丢了课文，丢了对课文语言文字的理解和熟悉，那么便会一样丢，样样丢，弄得学生所得甚微。总之，教师要少讲，让学生多读。

二曰读懂课文。在课堂教学中，教师要指导学生读懂课文。读而不懂，就成了"读死书"。鲁迅先生在《从百草园到三味书屋》中曾经批判过"读死书"的现象，"厥土下上上错厥贡苞茅橘柚"式地生吞活剥，当然是我们所不能取的。要做到"懂"，可以用"讲"的办法，也可以用"读"的办法。我赞成主要靠学生自己"读懂"，辅之以教师的"讲懂"及学生的"听懂"。"读书百遍，其义自见"，强调的就是"读懂"。史地课、常识课、政治课，听懂了就行了。语文课不同。语文课的目的，首先不在于教给学生单纯的知识，而在于教会学生读书，培养读写能力。跳过了阅读也可以得到知识，但跳过了阅读而得不到的恰恰是看书的能力。作为语文课，分析讲解要在充分阅读课文的基础上，抓住关键适当进行。讲解应当服务于阅读，以讲解指导阅读，使学生做到"读懂"。

三曰读熟课文。读课文，不唯求懂，而且求熟。特别是一些较为浅近的现代文，"懂"并不难，"熟"却不易。提高语文水平的过程不外乎是由识字不多，到识字较多；由不会遣词造句，到遣词造句得法；由不会布局谋篇，到立意新颖，布局合理。这一过程，只有在学习语文的实践活动之中才能完成。熟读背诵，能让学生在口诵心惟中把一篇文章独特的精神面貌、语言风格，从整体上活生生地接受下来，读多了就能潜移默化，产生飞跃，很自然地把他人一些好的构词法、造句法、布局法学到手，把他人的优良文风学到手，用以改造自己的语言习惯。如果仅仅为了教师讲解的方便，让学生浮光掠影地读一读课文，使学生的"读"为教师的"讲"服务，不对学生提出"熟读"的要求，那么就难免要事倍而功半了。

当然，熟读的要求可以因人而异。基础好的，要求高一点、快一点；基础差的，要求低一点、缓一点。还可以因文而异，或熟读全文，或熟读精彩段落，或熟读警句。

总之，课文要多读，读懂，读熟。是为"'读课文'三议"。

1980.2.

# 让学生掌握更多的词语 *

## ——高考评卷有感

从今年的高考语文试卷来看，让学生掌握更多的词语是一个迫切需要解决的问题。学生在掌握词语方面存在的问题，一个是不丰富，一个是不牢固。词汇贫乏而又掌握得不牢固，势必严重影响语文水平的提高。

学生词汇的贫乏，在试卷中表现为应该掌握的词语却没有掌握。

我们对部分学生做了一个统计，填空第（1）小题的部分字词填写的情况如下：

| 填带点的字 | 填对的比例 |
| --- | --- |
| 蚕食 | 0.25% |
| 驱使 | 0.25% |
| 历史渊源 | 0.25% |
| 湮没无闻 | 0.5% |
| 肆虐 | 0.5% |

---

* 载 1981 年 1—2 月《萍乡教育》。

| | |
|---|---|
| 郁闷 | 0.5% |
| 孳生 | 0.75% |
| 追溯 | 2% |

这些词语都是常用的或比较常用的，但正确掌握了这些词语的学生只是极少数，多数学生没有掌握。如在 400 份试卷中把"蚕食"一词填成"饮食""饭食""日食""绝食""啄食""窃食"这类不当的词语，和填成"舌食""抢食""虎食""大食""犯食""借食"等生造词语的竟达四、五十种类型。

学生的词汇掌握得不牢固，在试卷中反映得也很突出。如"悠久"这个词，学生都学过，但仍出现很多错误。把"悠久"写成"攸久""优久""犹久""忧久""幼久"的大有人在，说明学生并没有完全掌握这一个字的音、形、义。有时是知道了一个字的字音，但没有牢固地掌握这个字的字义和字形，例如，有人把"蚕食"写成"骚食""吞食""馋食"；把"追溯"写成"追朔""追搠"。

产生这种现象的原因，我们认为一个是学主读的文章太少、太单一，一个是字词教学中练得不够。

文章读得太少，而且所读的文章又往往在题材、体裁、表现形式、语言风格等方面比较单一，不那么丰富多采，这样，学生就不能广泛地接触到各种生动活泼的语言，词汇的贫乏、单调也就难于避免了。

文章读得太少的另一缺陷是学生已掌握的词语，在阅读过程中没有重现的机会，因此，许多词语在学生的头脑中没有留下深刻而鲜明的印象，这样，时日一久，已经学过的一些词语又淡忘了。纠正的办法是要加强对学生的课外阅读的指导，要让学生多读、熟读几十篇、上百篇记叙的、描写的、说理的、抒情的等各式各样的精彩文章，让学生在"多读"的过程中丰富词汇和牢固地掌握词汇。

练得不够，词汇就难于牢固地掌握。教师讲清楚了某些字的形、音、义，不等于学生掌握了这些字的形、音、义，即使学生暂时掌握了，但由于练得不够，日子一久，就会"得而复失"，就会"回生"。学习语言，积累词汇的过程，归根结底是学生自己的实践过程，教师的责任在于对学生的读写训练提出严格的要求，给予必要的指导。所以我们认为在小学和初中阶段的字词教学中，一定要让学生多做一些造句、联词、选词、用指定的词语写短文等练习，让学生在多练的过程中牢固地掌握词汇。

总之，要丰富学生的词汇，捷径是没有的，可靠的办法仍然是多读和多写。

1981.2.

# 必须扩大学生的知识面 *

近几年大专、中专考试中的许多事例说明：学生的知识贫乏，知识面太窄。不少学生连最起码的常识都没有。

就拿 1980 年的中专语文考试来说吧，作文题是"在烈日下"，"烈日"是什么，许多考生不理解。于是，有的写"在烈士牺牲的日子里"，有的写"在烈士用鲜血和生命换来幸福的日子里"，有的写"在十月这个热烈的日子里"，有的竟说"烈日"是一块"日历表"，有的整篇文章都是写晚上十点钟至深夜两点钟"夜读攻关"，他是把"烈日"理解为日光灯。据抽样统计，因不理解"烈日"这个词而导致作文失分的几乎占考生数的三分之一。学生的科学知识也很贫乏，如政治试题中有一道"1980 年 5 月 18 日上午我国向太平洋预定海域发射了一枚＿＿＿，获得完满成功"的填空题，有的学生竟填上"氢核原子"。在前两年试卷中，地理填空，世界上七大洲有的填为"东洲，西洲，南洲，北洲，中洲，广洲，株洲"，地理填图类似把辽东半岛填在瓜哇，把台湾填在新疆这类笑话是举不胜举的。历史试卷中的常

---

* 载 1981 年 1—2 月《萍乡教育》。

识性错误就更多了，松赞干布与文成公主结婚促进了汉藏文化交流，有的填"楚霸王与文成公主结婚"，有的填"李自成与穆桂英结婚"，有的竟填为"土耳其与黄道婆结婚""黄巢与王安石结婚"。"孙中山领导了我国历史上第一次农民起义""陈胜、吴广率领南昌起义部队到井冈山与毛主席会师"等等谬误，屡见不鲜。这些笑话，令人捧腹，也令人痛心。史无前例的"十年浩劫"大大降低了中小学的教育质量，影响了广大青少年知识水平的提高，使为数众多的青少年处于愚昧无知状态，成了受摧残受损害的一代。

这种状况是亟待改变的。

要扩大学生的知识面，首要的问题是我们的中小学教育必须全面贯彻党的教育方针，着眼于多数学生，全面提高广大青少年一代的科学文化水平。建设四个现代化的强大祖国，没有专家和高级科技人才是不行的，但有了专家和高级科技人才，而没有整个中华民族科学文化水平的提高，同样是不行的。前些时候《解放日报》登的因用电石糊铺地面而发生的乙炔中毒事件，以及城乡中煤气、中毒和触电事故之多，就足以说明人民群众的科技文化水平与"四化"要求严重不相适应的状况。目前普遍存在的单纯追求升学率、不按教育规律和教学规律办事的做法，抓重点班丢普通班，抓少数尖子生丢一大片的做法，是极不利于整个中华民族科学文化水平的提高的，必须切实加以纠正。

要扩大学生的知识面，必须扩大学生的阅读范围，提倡大量阅读。现在有的学校忽视学生的课外阅读，甚至采取收缴学生的课外书籍、图书馆不对学生开放等措施禁止学生读课外书，理由是看课外书影响教学质量。这种看法是不对的，是错误的。阅读是学生知识来源的重要渠道，美籍物理学家李政道同中国科技大学少年班师生谈话时说："同学们看书的面很重要，要广。"知识的积累，也如蜜蜂酿蜜一样，不能只叮在一处，必须博采百花，才能酿出蜜来。鲁迅曾指出：学文学的青年如果厌恶数学、理化、史地、生物学等等，往往会变成连常识也没有。现在的倾向是重理轻文，前两年大、中专考试，在语文"改错题"答案中就出过把《天方夜谭》改为《地方夜谭》，把《牛虻》改为《流氓》的笑话；在历史试题中就出过第二次世界大战是"夏、商、周三国同盟，元、明、清三国协约"，马克思、恩格斯在《共产党宣言》中发出了"解放全中国"的伟大号召，"巴黎和会是孙中山主持的苏共二十大"等笑话。真是弄到了连常识也没有的地步。究其原因，就是书读得太少了。靠亲身经历、实践去获取知识固然是重要的，但不能事事都去经历实践一番；靠课堂教学去获取知识也是重要的，但所得毕竟有限。要取得丰富的知识，必须放手让学生大量阅读课外书籍。读比不读好，多读比少读好。有个小朋友向家长和老师提了两个问题：第一个问题是，动物中（人类除外）什么最聪明？家长和老师回答：猴子。第二个问题是，狮子和犀牛哪个更厉害？家长和老师回答：狮子。这个小朋友说：你们都答错了，最聪明的是海豚；更厉害的是犀牛。（科学考察资料说明：海豚的大脑比猴子更发达，一只犀牛能打败四只狮子）这个事例说明了两点：一、由于广泛阅读，小朋友积累的知识在某些方面可以超过家长和老师；二、猴子最聪明、狮子最厉害等知识已经陈旧了，在知识爆炸的今天，应当加以更新。知识的积累也好，知识的更新也好，重要手段之一就是大量阅读。我们要敢于放手让学生大量读书。在大量阅读中可能会出现这样那样的问题，只要我们对青少年的阅读工作给予关心，在阅读目的、阅读内容、阅读方法等方面给以正确的指导，阅读课外书籍不但不会影响课堂教学质量，反而会促进课堂教学质量的提高。

要扩大学生的知识面，必须给学生以较多的自主权，大力提倡自学。现在，不少学校违反教学大纲的规定，随意增加上课的时数，不少教师任意加重学生的课业负担，竞相侵占学生的自习时间。这种现象尤以毕业班为突出。有所小学，五年级一周上课达36节，17节语文，17节数学，1节体育，1节政治，常识、音乐、美术、课外活动都被挤掉了；许多学校高中毕业班每周上40多节课，除每天上7节课外，星期天、假期还要上课。这样一来，青少年整天被牢牢地钉在课桌上听老师讲课，大量的习题只好挤在晚上加班加点来完成，自习时间完全被剥夺了。这种把升学作为唯一目的的教育思想和教学方法，必然会把学生的知识领域限制在一个狭小的圈子里，必然会压制学生发展自己兴趣爱好的宝贵积极性和旺盛的求知欲，其后果必然是严重影响学生的智力发展，扼杀学生各种生动活泼的创造性。四个现代化所需要的人才是各式各样的，是千差万别的，不能用一个或几个模子倒制出来。给学生以较多的自学时间，让他们选择自己感兴趣的书籍、形成智力个性所需要的书籍来学习，正是造就各种人才，形成一个人才辈出、群星灿烂的大好局面的重要条件，这是不应等闲视之的。

要扩大学生的知识面，必须正确处理好课内与课外的关系，广泛开展课外活动。我们的学校、我们的老师不能只管学生的课堂学习，而应关心和指导学生的课外活动——科技活动、体育活动、游艺活动、野营、绘画摄影及各种社会公益活动等等。我们应当重视"课堂"，社会科学、自然科学的许多重要知识可以而且应当搬进课堂里来传授；但我们也应当重视"课外"，因为课堂毕竟有其局限性，它的四面墙毕竟在学生与社会和自然之间造成了一定的隔阂，限制了学生的视野。把课内和课外对立起来、割裂开来是不对的。培根说："书并不以用处告人，用书之智不在书中而在书外，全凭观察得之。"要扩大学生的知识面，启迪学生的智慧，特别是培养学生的观察能力、实际操作能力，非有丰富多彩的课外活动不可。日本中小学非常重视让学生积累对自然现象的感性认识，注重观察和实验。苏联教育家赞科夫也强调要多搞一些散步、参观、旅行、实际操作等活动，提倡手脑并用。达尔文课堂学习成绩不佳，可是对打猎、旅行、搜集标本却有特殊爱好，正是这些活动为他创立"进化论"打下了深厚的知识基础。总之，"课外"是重重的一条腿，没有它就将"跛足而行"。我们做教育工作的同志必须从"重在升学"的办学框框中跳出来，两条腿走路，才能为四化"不拘一格"出人才。当前应当迅速建立各种课外活动小组，恢复或建立少年宫、少年科技辅导站、少年之家等课外活动阵地，设置兼职课外辅导人员，积极开展课外活动。这对于培养学生热爱科学、勇于探索、追求真理的钻研精神，对于激发学生对学习的兴趣、活跃学生的思想、扩展学生的知识领域，都是非常有益而必须的。

　　总之，扩大学生的知识面，事关重要，事不宜迟，应当认真抓好。

1981.2.

# 《两地书》与"两本书"*

今年我省中专统一招生语文试题第一题，选了一段话，要求考生补上标点并改正其中的错误。这段话是从曹靖华同志《小米的回忆》一文中摘选出的，其中有一句："我从《两地书》知道的。那上边写着，有一次，你从北平回上海，动身前就买了小米。"试题缺《两地书》的书名号，要求考生补上。答案是大大令人意外的：按要求给《两地书》补上书名号的极少，把《两地书》改为"两本书""两套书""两部书"的却很多。

意外之余，颇有感触，想发几点议论。

一是我们的学生读书实在太少。鲁迅是我国杰出的思想家，是一代文豪。其著作思想之丰富，议论之精辟，知识之广博，文采之优美都是无与伦比的，确实是我国精神文明的一大宝库。然而，我国青年到这宝库中取宝的人并不多，许多人不知道鲁迅有哪些著作，《鲁迅全集》没有见过，甚至不知道鲁迅是谁。这就难怪要把《两地书》改为"两本书""两部书"了。由此联想到前几年的考试中，考生把《天方夜谭》改为《地方夜谭》、把《牛虻》改为《流氓》的笑话，深感

---

* 载 1981 年 5 月《萍乡教育》。

当务之急是要让学生多读点书。

说到这里，言犹未尽。是我们的学生不想多读点书吗？答曰：不然。"文化大革命"中，学生是无书可读；现在书多了，但中、小学经费困难，不少学校至今仍无图书室、阅览室，无书可读的状况改变不大；条件较好的学校，书多了，但加班加点、题海战术，无书可读又变成了无暇可读。看来，现在是切实解决这些问题的时候了。

二是我们的语文教学还有待改进。

把《两地书》改为"两本书"之类的现象范围很广，几乎各地都有，人数很多，有的试场竟达80%以上，而《小米的回忆》一文选入了统编高中语文教材第二册。这就说明，此类错误的出现与我们语文教学工作中的问题不能是无关的。

画画讲究"点睛"之笔，语文教学恐怕也要有"点睛"之言。即如《两地书》这个书名，就应该点一下"睛"，这个睛就是"书"字。这个"书"是文言词，是"鸿雁传书"的"书"，而不是"书籍"的"书"，翻译成现代汉语，就是"信"。对于高中语文教师来说，这是常识范围内的事情，自然是十分清楚的，但是教师清楚，不等于学生也清楚。所以该点的地方还是要点。点了，《两地书》是鲁迅和许广平分居两地期间的书信集，学生就会完全明白，不至于弄出"两本书"之类的笑话了。

三是要加强学生理解、分析能力的培养。

如果学生的理解、分析能力强一点，是不至于出这样的错误的。学生不善于把前后文联系起来思考，如果前面写"我从两本书（或两地书、两部书）知道的"，后面就不应写作"那上边写着……"，而

305

应写作"那两本书上写着……"，退一步讲，即使是两本书或两部书上都写着同一件事，在这里也没有必要点出是从两本书或两部书知道的。这样看来，把"两地"改为"两本""两部"，于事理、于逻辑都是讲不通的。再说，这段话中，明明点出了"你从北平回上海"，又写了鲁迅在许广平肩上拍了一下，通讯地点和通讯人物可以说都出来了，如果能联系上下文想一想，答案是不难找出的，至少是不会弄出笑话来。

《两地书》错为"两本书"事小，但由此而想到的，亟待解决的问题却颇多。

1981.5.

## 附：访谈录

# 答《语文学习》记者问

语文教学的主要任务是什么？我赞成语文课是基础工具课的提法，应当强调学生听、说、读、写四会。我认为，语文教学的主要任务是帮助学生在语文实践活动中提高语言文字的应用能力，同时要重视提高学生的民族文化素质。

当前语文教学效率不高的症结在哪里？这个问题不大好谈。依我看，目前讲语文知识太多，许多时间都花在分析段落、层次、结构、技巧上，讲得多，做得少，考得多，训练少，动口动手实践训练少。所以，效率不高。语文学习应强调应用，课文分析多，考试多，尤其是标准化试题，考简单判断力的题目多，这对于增强学生的思维能力和语言文字应用能力不利。

至于语文教学方法我认为还是应该强调百花齐放，强调改革。各家互有长短，要相互学习，不要互相贬斥。例如，集中识字、分散识字、"提前读写"等识字方法，我看都可以，不要贬低别人。各家都有自己的优点，也总会有某些不足之处，不能说哪一家就是十全十美的。重要的是，要取他人之长，补己之短，相互借鉴，相互促进。

我还想说的是，改革是艰辛的，改革的成果要宣传、介绍。《语文学习》是有影响的语文刊物，希望你们多做工作。语文教学，除了重视语言文字的实践能力之外，还要重视语文的文化教育功能，重视语言环境的创造，重视情感教育。不能只讲知识，不讲文化，不讲情感的潜移默化。语文课对学生情感的潜移默化的教育尤其重要。在宣传、介绍时，请不要忽略这些方面。

　　语文教师负担很重，很辛苦。在这里，我向老师们表示敬意，表示慰问。

1994.4.

# 柳斌谈语文教育 *

### 胡 晓

一个风和日丽的假日，在北京西郊的一个公寓里，国家总督学柳斌同志接待了我。他任国家教委副主任之前，曾先后在中学、大学教过语文，当过地区教研室主任，担任过校、市、省主管教育教学的领导，对语文教育改革十分关心，发表过许多颇有见地的意见，写过许多关于语文教育的文章。我说明来意之后，他便和我谈了起来。

他先从不同的角度谈了语文学习的重要性。他说，语文非常重要，尤其在中小学各个学科中，语文应该是重中之重。语文不是天生就会的，它有自身的规律，不学习怎么掌握它的规律呢？语文水平的提高只有在自己听、说、读、写的实践中才能实现，只有在自身主动参与的学习过程中才能实现，也只有通过学习掌握了语文这个工具，才能为我们终身学习打下基础。

语文又是跟外部进行交流的工具。如果目不能阅，口不能说，手不能写，不能与人沟通、交流，不能接受外部的信息，那么在今天的社会里，只能闭目塞听。只有通过交流，才能沟通信息，建立联系，

---

* 载 2008 年第 9 期《小学语文》。原名为《柳斌：理想的语文教育是什么》。

才能适应社会发展的需要。

语文学习的过程又是接受和继承民族文化传统的过程。在这个过程中受中国文化的熏陶，就会增加中国文化的底蕴，表现出中国民族文化的特征。

接着，柳斌又谈到语文教学所取得的成绩和存在的问题。他说，现在大家对中小学语文教改十分关心、十分重视。中小学语文教学也在不断地进行改革，应当充分肯定建国 50 年来中小学语文教学所取得的成绩。中小学语文教育使学生的听、说、读、写能力大大提高，为他们继续学习和工作打下了良好的基础。现在我国 12 亿多人口中已有 10 多亿人能够识字、阅读，具有基本的写作能力，这足以说明中小学语文教学为社会主义物质文明和精神文明建设立下了汗马功劳。

但是，也要看到语文教育还存在不少问题。我认为，中小学语文教育的问题，主要不在教材上，而是出在应试倾向上，出在考试内容、考试方法上。有人指责语文课本中不应选《纪念白求恩》《人民英雄永垂不朽》《谁是最可爱的人》这样的名篇。谈到这里，柳斌同志随手拿起《语文教学通讯》今年第二期，翻到刘国正先生的《"毫无自私自利之心"赞——与钱理群教授商榷》一文，称赞刘国正先生的文章写得好，有理有据，旗帜鲜明地批驳了错误的观点，指出继续发扬"毫无自私自利之心的精神"是十分必要的，这些教材在对学生进行思想品德教育中发挥了重要作用。在谈到语文教材时，柳斌说，语文教材改革的方向是题材应更加广泛，内容要求实、求活、求精、求新。比如，朱自清的《匆匆》就应该选入教材，青少年可以从中学习如何把思想感情表达到细致入微的程度。

柳斌说，语文教学要改变我讲你听、我问你答、我呼你应、我考你答的陈旧的教学方法，老师不要扮演说教者、木偶操作者的角色，不要自己设计一个答案便千方百计让学生扣到这个答案上来。老师要培养学生的学习兴趣，激发学生的情感，启迪学生的思维。教无定法，学无定法，教师要有随机应变的能力。这就要求教师不断提高思想水平和业务能力。同时，还要改革考试的内容和方法，取消那些不合理、不科学的题目，特别是人文学科要有别于数理化等自然学科的考试。他赞成文科少出客观性试题，增加主观性试题，鼓励学生创新，特别是要增加听说能力的考查。语文主观的感情色彩很强，一千个老师讲出一千个哈姆雷特，都有自己的特点。

最后，柳斌同志结合自己语文学习的实践，谈了学习语文的体会。他说，一方面要反对不加选择地让学生死记硬背、囫囵吞枣、生吞活剥的做法，改变"上课记笔记、考试背笔记、考后全忘记"的局面，否则会束缚学生思维的发展。另一方面，要提倡学生背诵一些优秀的古典诗词、散文、议论文、名言警句、对联，像"人生自古谁无死，留取丹心照汗青""有容乃大，无欲则刚""先天下之忧而忧，后天下之乐而乐"等千古名句。这不但有利于提高学生的语文水平，而且有利于升华自己的精神境界。语文水平的提高，还是要多读多写，最好是选择名家名篇来读。他说，他的语文能力的养成，来自三位名家著作的熏陶，一个是朱自清，一个是鲁迅，一个是毛泽东。从小学开始，背过的《匆匆》《荷塘月色》《背影》等名篇，至今不忘。

2000.3.25.

# "阅读改变人生"答问 *

### 中央电视台《东方书城》节目组

## 书约柳斌

　　爱读书的柳斌一向重视学生的读书状况，他说："通过阅读，可以提高一个人的修养，培养审美情趣，塑造高尚人格。青少年必须从小加强课外阅读，一个小学高年级学生一学期的课外阅读量不应少于100篇，中学生则要求更高。"他认为，选择课外读物的依据，一是要遵循孩子年龄特点，由浅入深，由低到高，由简单到复杂；二是要尊重其阅读爱好，选择符合其兴趣要求的读物，千万不能束缚孩子个性和创造力的发展。

## 柳斌书缘

　　**问**：改变您人生的书是什么？

　　**答**：并不是哪本书改变了我的人生，而是识字改变了我的人生，阅读改变了我的人生。中学时代，很多书对我产生了深刻的影响。鲁

---

* 载《阅读改变人生》，东方出版社 2003 年 10 月版。

迅的《狂人日记》《祝福》和巴金的《家》《春》《秋》使我痛恨旧社会的封建礼教；《可爱的中国》《把一切献给党》《钢铁是怎样炼成的》《绞刑架下的报告》使我开始思考人生的价值；《背影》《母亲的回忆》使我深深体会到父母之爱的伟大，从而更加热爱自己的父母，更加尊重他人的父母。

问：您青少年时期最喜爱的书籍是什么？

答：青少年时期我最喜欢读的书是《三国演义》《水浒传》《红楼梦》和《西游记》。书中活生生的人物形象对我影响很深，他们的聪明才智、哀和乐、情和义、爱和恨、生和死都牵动着我的心，令我废寝忘食，甚至涕泪俱下。

问：您为青少年推荐的书是什么？

答：《寄小读者》（冰心著）、《可爱的中国》（方志敏著）、《朱自清散文选集》、《中国古代寓言》、《唐诗三百首》、"古诗词诵读精华"丛书、《安徒生童话》、《牛虻》、《钢铁是怎样炼成的》、《绞刑架下的报告》。中国古典小说《三国演义》、《红楼梦》、《水浒传》、《西游记》等。

问：您的读书格言是什么？

答："好书不厌百回读，熟读深思子自知。"为享受人生的乐趣而读书是读书的最高境界。

问：您读书的方法是什么？

答：一般知识书籍，采取"好读书，不求甚解"的方法，泛读，浏览；业务工作需要的知识，细读，读懂；自己喜欢的诗文作品、格言警句，一读，再读，直至背诵。

问：您读的第一本经典作品是什么？

**答**：文学类：《诗经》《楚辞》。伟人著作：《毛泽东选集》《鲁迅全集》。

**问**：对您的读书生涯产生重大影响的人是谁？

**答**：我的父亲。他没有上过学，我的爷爷教他识了字，在繁重农活之后的余暇里，他把阅读作为他的第一爱好。他阅读了很多古典小说、大量古诗词，并通读了《袁了凡纲鉴》。

**问**：您最大的读书心得是什么？

**答**：要善于学习前人的世界观和方法论中的精妙之处，能站在前人的肩膀上，才能比前人看得更远。读书的过程是发展思维能力的过程，因此要善于思考。尽信书，不如无书，"十分学七要抛三，各有灵苗各自探"，说的就是这个道理。

**问**：您怎样看待读书与做人的关系？

**答**：学会做人，学会求知，学会做事，学会健身，学会审美，学会创造，这是素质教育的六个基本要求。这六个"学会"都离不开读书，"做人"则尤其离不开读书。做事能否有益于人民，关键在于做事的人是否有理想、有道德、有良好的品格和行为习惯。为此，应当让美好的书籍常伴美好的人生。

**问**：您认为中小学阶段的读书量应为多少？

**答**：可以因人而异。阅读能力强的可多读一点，阅读能力弱的可少读一点。每天课外读一篇千字文，应该是个基本的要求。如果能做到，则一年之内，可达到36万字，十二年则可阅读430多万字。所以，中小学阶段阅读500万至1 000万字应当是合适的。

**问**：有些青少年迷恋上网和看电视，您的忠告是什么？

**答：**如果有空余时间，应尽可能多读点书，少看点电视，少上点网，以免浪费了太多的宝贵时间。

**问：**读书能不能吃"快餐"？

**答：**对于一些仅有一知半解就足够了的东西，"吃快餐"未尝不是一个好办法。

2003.8.

# 就"规范使用语言文字问题"答记者问 *

**记者：**可能很多人都没有意识到语言文字规范化这个问题的重要性。

**柳斌：**是的，这个问题被很多人忽视了，但语言文字工作是不容忽视的。因为它是非常重要的一项基础性工作，关系到经济、文化、教育、精神文明的建设，甚至也关系到民主政治的建设。

**记者：**为什么这样说呢？

**柳斌：**因为每个人都生活在一定的语言环境当中。作为中国人，首先是生活在中国的通用语言——汉语环境中。汉语言文字是世界上最优秀的语言文字之一，它内涵丰富，表现力强，极具文采，有很强的生命力。正因如此，它是世界上少数几种能够流传几千年，至今仍具有旺盛生命力的语言文字之一。作为中国人，如果要爱我们的民族，就同时要爱我们民族的语言。

我们制定《中华人民共和国国家通用语言文字法》，就是因为在社会生活中，母语的学习、应用存在着一定的混乱现象。所以需要用法律手段加以规范，这样才能使它更加完善，使它能在更广的范围内

---

* 载 2004 年 3 月 3 日《现代教育报》。

通用，使语言文字更加健康，更好地为经济、政治、文化、教育等各方面服务，这是非常重要的。

**记者：**对于目前语言文字使用中的一些混乱现象，大家的认识还不够。

**柳斌：**复旦大学社会学系胡守钧教授写了《维护汉语的纯洁性》一文，最近全国人大常委会庄公惠委员转来澳门大学吴玫博士写的《国际接轨与捍卫民族语言：中国大众传媒和公共场所中的英文及应对措施》，这两篇文章所提出的一些问题很值得我们深思，他们都对我们国家语言文字的规范问题提出了一些建议，希望社会各界能够关注。

**记者：**这种混乱现象主要表现在哪些方面呢？

**柳斌：**现在这方面存在的问题很多，甚至令人触目惊心。首先是报刊中的中英文混杂现象。这给读者造成的直接影响是看不懂。英语在我们国家并非官方语言，并没有普及。面向公众的报刊或音像节目，不遵守语言文字法规的现象是不应该，也是不能容许的，它会破坏我们母语的纯洁性。

目前，滥用英语缩写的现象比较严重。如"WTO、IT、GDP、CEO、KTV、MBA"等，如卡拉"OK、IC卡、AA制、CCTV"……《国家通用语言文字法》已做了规定，如果必须使用外文，应该在首次使用时加注。规范的做法应该是，先要有中文的翻译，为了照顾到准确性，可在翻译后用括号加注英文缩写。其实汉语的组词功能很强，这些英文缩写都能非常准确地用中文译名来翻译，但现在很多人都不这样做。

**记者：**其实有时候，我们也在不自觉地这样使用，也没有人意识到这有什么不妥，这种用法会带来什么后果吗？

**柳斌：** 如果对这些现象不加以规范，就会对人们产生影响，使大家形成一种习惯，觉得好像必须这样说。不但破坏了母语的纯洁性，还影响交流。

从长远看，语言文字存在一个激烈竞争的环境，全世界大概有7000多种语言文字，目前有2500种语言文字面临消亡。现在强势语言对于弱势语言的生存构成很大的威胁，正因为如此，很多国家都非常重视弘扬本民族的语言传统，像法国、俄罗斯等。汉语是一种很优秀的语言，如果我们不注意去护卫它，去捍卫它的纯洁性，如果我们的语言环境、语言习惯、语言规范都遭到破坏，那我们悠久文化传统的继承和发扬就会受到影响。这方面的问题不可小视。

**记者：** 说到规范，我觉得最需要规范的当属网络语言了吧？

**柳斌：** 目前，网络语言的泛滥确实带来很多问题。像一些报道里提出的，在中小学生的日记里，已经出现"字母＋数字＋汉字"的表达形式，比如"GG"（哥哥）、"GF"（女朋友）、"7456"（气死我了）等，这些网络语言势必会对学生正常语言习惯的养成及规范使用语言文字产生负面影响，对他们的母语学习会造成很大冲击，也会影响到他们走上社会后正常的人际交往，以及对文化的学习和继承。

另外，这种网络语言今后很难被吸收过来，加以改造，成为汉语的一部分。关于网络语言，报刊上也有讨论，有一些语言文字专家对这种语言不规范现象采取了不正确的态度，认为这种不规范是可以容许的，认为不应过多干预。但网络语言的混乱，是对汉语纯洁性的破坏，语言文字工作者应对此类现象加以引导和批评。

**记者：** 在语言文字的规范化方面，我们需要做哪些具体的工作呢？

**柳斌:** 应该进一步宣传和贯彻《国家通用语言文字法》, 政府部门要加强检查和评估。语委和全国人大教科文卫委在 2002 年首先对北京市进行了语言文字法的执法检查和评估, 今年 3 月将对上海进行检查和评估。语言文字的规范要从城市开始, 然后辐射到农村; 从重点行业辐射到全社会; 从出版、印刷、新闻媒体、广播、电视辐射到公共服务行业、机场、交通、学校、党政部门等。当然, 关键在新闻媒体方面。

另外, 舆论部门要加强舆论引导, 要起到提醒的作用。希望这个问题能引起各界注意。现在有些人有些不很正确的心态, 觉得文章里或是讲话中不加几个英文, 就无法显示出其水平和时髦, 无法体现"跟国际接轨"。应当说这种心态是错误的, 如果成了习惯, 就更可怕。

中英文混杂并不是"跟国际接轨", 我们应该清楚, 越是中国的才越是世界的。我们不能丢弃我们优秀的传统和宝贵的语言财富。语言文字工作者、政府部门、舆论要加以引导, 而不能去附和这种不规范行为。

2004.3.1.

# 一位老部长的语文情怀 *

### 蔡 诚

弹指一挥间，《语文世界》杂志创刊至今不觉已是十周年了。

《语文世界》从创刊时的一株幼苗到如今小学版、初中版、高中版三版鼎立的格局，十年历程，她得到了来自各方面的大力支持。原国家教委副主任柳斌是《语文世界》发展壮大的关怀者、见证者。为纪念创刊十周年，杂志特别策划了"回眸十年"专题，记者第一个想到的就是要采访柳斌。

柳斌虽然从教育部主要领导岗位上退了下来，但他的日程安排还是那么密集。听说《语文世界》要采访他，他爽快地答应了。2003 年 11 月 28 日下午，柳斌出差的前一天，记者在教育部他的办公室，和他面对面畅谈了近两个小时。

### 我从小就对语文有浓厚兴趣

**记者：** 您能不能先给我们的小读者简单地说说有关您学习语文的

---

\* 载 2004 年第 1—2 期《语文世界》（初中版）。

经历?

柳斌：我出生在江西一个农民家庭，我父亲没有读过书，但我爷爷上过几年私塾，识得一些字。到我父亲上学的年纪，因为没有钱可供父亲读书，爷爷就把自己看过的《三字经》《百家姓》《增广贤文》等一类的书，教给父亲读。我还有一个叔父，他是解放前的高中毕业生，在当时可以说是有一些文化的，他人很好，常常教我父亲查字典认字。只要不去劳动，父亲就挤时间拼命地读书。就是在这样的环境下，父亲自学成才，后来甚至能通读《袁了凡纲鉴》。

虽然我家里穷，但是有一定的学习氛围，所以我从小就耳濡目染，对方块字产生了好奇和好感。为了能看懂叔父的一些书，我也开始学查字典，再加上父亲的鼓励，我学得更有劲了。现在回想起来，是识字影响了我的一生，是阅读影响了我的一生。我小时候的读书经历现在还记忆犹新，比如我还能背诵出小学国文课本里的一些诗，"我怎么生了病，终日里昏昏沉沉……"

记者：在您的记忆中，哪些书对您影响深远?

柳斌：我的三叔父算是一个读书人，他有一些藏书，我稍大一些时候，就常常从他那儿拿书看，看得比较多的是唐诗宋词。我认为读诗词是中华民族一代一代学习汉语言文字的最佳捷径，也是自古以来形成的优良传统。我背会的第一首诗是李白的《静夜思》："床前明月光，疑是地上霜。举头望明月，低头思故乡。"不但诗句朗朗上口，而且意境也很美，这样的诗词，记得当然深刻。

再大一些的时候，我读中国古典名著《三国演义》《红楼梦》《水浒传》，然后又看《西游记》。高中的时候，读过《可爱的中国》《把一切献给党》《青年近卫军》《钢铁是怎样炼成的》，还有鲁迅和朱自清的作品。这些书都对我产生了很大影响，也正是这些书，让我爱上了写作，我的作文常常得到语文老师的称赞。

## 中国的语言文字是世界上最优秀的

**记者：**汉语言文字是我国文化、文明传承的载体，让祖国的语言文字发扬光大，可以说是教育工作者的一项重要任务。作为原国家教委的主要领导之一，您认为我们的语言文字与世界上其他国家和民族的语言文字相比，有什么与众不同的地方？

**柳斌：**我们的文字实在是太伟大了，作为中华民族的母语，汉语是世界上最美的也是最优秀的语言之一。一是汉语有自己的特色，造字、组词、字义、词义等都很丰富，信息含量很大，可说是"词近而旨远"。举两个例子，用中文说数字很简单，而西方语言就很复杂，比如中文说7个9加起来是多少，小学生就能用乘法口诀"七九六十三"5个音节表述得言简意赅，还比如珠算"4退6进1"，等等。这些数字用英语表述起来就很复杂，也难以表述准确。

不仅如此，汉语还有比喻、借代、拟人、双关等多种修辞手法，我常给别人说一个谜语："在娘家青枝绿叶，到婆家骨瘦皮黄。不提起倒也罢了，一提起眼泪汪汪。"这是一个猜一用具的谜语，答案是撑船的竹篙。我为什么说这个谜语呢？因为这不仅仅是一个谜语，它还和生活、和社会有联系，让我们想到封建社会童养媳的悲苦命运。短短28个音节，内涵丰富，这是其他语言所难以做到的。另外，汉语还具有和谐的音韵、节奏，好的诗词本身就是一首好的音乐作品。

正因为汉语具有这些特性，所以我们更要爱护母语。现在英语虽然是国际通用语言，但我相信随着我们综合国力的增强，世界一定会兴起学习中文的热潮。现在的青少年，在努力学好外语的同时，更要首先学好自己本民族的语言文字，这是我们的根。

## 中小学语文教育的成就与问题

**记者：**您曾经是一位中学语文教师，从政后也一直关注中小学语文教育，和以前相比，您认为现在中小学语文教育的变化主要有哪些？

**柳斌：**中小学是打语文基础的阶段，学好语文也是学好其他各科的一个基础。往大处说，中小学生学好语文，是为一个国家经济、文化、科技、教育的发展打基础。正因为学好语文重要，所以我一直以来都非常关注语文教育，我认为现在语文教育所取得的成就是巨大的。首先，由于推行了简化汉字，推行了汉语拼音，推广了普通话，大大加快了扫盲和各项文化普及工作，目前我国12亿多人口，有10多亿人能够识字；其次，我们的中小学语文教师的教育理念也与时俱进，在教材改革、教育方法、教学内容等方面都有了历史性的突破，没有理念就没有行动，这说明我们中小学语文教育界开始意识到改革的必要性了。我认为在各科的教学实验改革中，实验最早，实验最多，改革思路最活跃，同时也最有成效的，还是语文学科。已经取得明显成效的有"注·提""集中""分散"等新识字方法，及"愉快教育法""情境教学法"等，我们的中小学语文教育成就有目共睹。

323

**记者：** 当前语文教育存在的问题，我认为还有很多，比如不少地方还存在应试倾向，对此您怎么看？

**柳斌：** 我说中小学语文教育的成绩是主要的，并没有回避一些问题。你说的应试教育，这实际上是体制的问题，要改革，不可能一朝一夕就完成。实施素质教育是一项全面、深刻、重大的变革，需要解决很多问题。譬如，要把课程、教材改革搞好，提高教师队伍自身的素质，建立新的评价制度，不能老是单纯地用分数评价教育质量的高低。要创造一个实施素质教育的大环境，改变干部、教师、家长的教育观、质量观、人才观。从教育行政部门讲，第一位要解决的问题是考试制度和考试方法问题。应试教育的考试制度和考试方法是实施素质教育的拦路虎，不改革它，素质教育寸步难行。

应试教育在考试上，主要体现为标准化试题。我们的标准化试题是从美国引进的，现在美国已经在批判这种东西了，基本上也不用标准化试题来考试，可是我们还在不断地应用，这是一个问题。标准化试题严重束缚了学生的创造性思维，特别在语文教育上更是如此。比如，有一道填空题："秋天到了，树叶（　）了。"标准答案是"落"，如果填"黄"或者"掉"，就算错。再比如："天空是（　）的。"标准答案是"蓝蓝"，填其他的，哪怕是很有想象力的词语都判零分。这样的标准化会把我们的语文教育引向死胡同，学生为考试而学，教师为考试而教，这不是素质教育的方法。现在的语文教育也还是被束缚在应试教育的体制上。我认为学好语文不仅仅是获得一种学习的工具，更主要的是要让学生获得思维的能力、创造的能力。

**记者：** 谈到考试制度，您觉得目前它最大的弊端是什么？

324

**柳斌：**考试本来是评价教学得失的一种手段，也是教学工作信息反馈的一种手段。教师可以通过考试，检验自己哪些内容教得好，哪些内容教得不好，哪些地方讲错了，哪些地方没讲到，从而去改进教学工作。分数是给予学生适当评价，以激励学生不断进步，促使学生上进的一种手段。但是，年复一年的统考、统测使分数和考试的功能异化了，本质的东西被埋没了，一些负面的影响突出来了。考试已异化为对学生管、卡、压的工具，分数甚至已变成使学生挨打受骂、逃学，甚至出走、轻生的重要原因。

**记者：**目前高考这根指挥棒，似乎很难让家长和学生从分数中解脱出来，但是否就没有办法了呢？

**柳斌：**当然有办法。高考的改革要放后一点，一分之差可能就涉及几百人的事情，所以高中阶段的分数制问题还一时难以解决。高考目前的公平性和公正性是大家普遍能接受的。高考也必须改革，高考改革的关键是科学化、合理化问题，现在正在若干省市搞改革试点。当前，我们要先把小学和初中从分数的压力中解脱出来，因为义务教育阶段的考试制度和高考毕竟有原则上的区别。义务教育阶段的考试应当服从于、服务于素质教育的需要，并可以探索多种多样的改革模式。

**记者：**作为中国新时代教育的亲历者，您认为要真正全面推行语文素质教育，我们的语文教师自身该怎样努力？

**柳斌：**第一，现在我们提素质教育，有三个要义：一是面向全体学生的教育，二是全面发展的教育，三是主动发展的教育。如果从小学阶段开始，我们的语文教师就用符合素质教育的理念去辅导、提升小学生的语文能力，那么这个基础打好了，中学语文素质教育就顺理

325

成章了。第二，要加强自身的大语文素养，努力提升文学作品的鉴赏和教学能力，变灌输教育为引导教育、探讨教育。第三，有必要改革考试的内容和方法，抛弃标准化试题，增加阅读、写作方面的试题。第四，在考试之外，以符合素质教育的要求，采用其他的教育评价手段来综合评测学生素质，比如评测学生的品德、意志、实践能力等。我认为未来的考试应该是建立在素质教育之上的合理、全面、科学的检测，而不是一卷定终身。

**记者：**最后，请您给我们的小读者提点语文学习的建议，好吗？

**柳斌：**一个人的青少年时期对他今后的成长是至关重要的，在这里我通过《语文世界》向全国的中小学生讲两句话：第一，多读书，读好书；第二，勤动手，勤思考。这两句话虽是老生常谈，但我认为在当今普遍浮躁的心态下，还是很有必要强调的。我想说这是我们提高语文素质的捷径，除此之外，没有别的路可走。

2004.1.2.

# 人之患在不好读书 *

## ——访全国人大常委会委员、原国家总督学柳斌

### 刘际雄　林　溪

**记者：**柳老，当前社会有一种现象，人们都不大喜欢读书了，您对此是否有感觉？

**柳斌：**这种现象确实存在，而且影响很大。现在很多人不愿静下心来读书，不仅是一般青少年，就连很多有文化基础的人，包括老师、作家，也耐不住寂寞，不想坐下来读书，更不想去读那些长篇著作。有一个调查表明，不少老师没有读过《红楼梦》，没有读过《三国演义》《水浒传》《西游记》，至于研究历史、文化、哲学方面的书，读得就更少了。由于书读得少了，很多人包括一些文化名人，常常会闹出一些知识性的笑话；一些报纸、电视台，也常常出现明显的知识性错误。他们的知识来源大多是那些简单通俗的传播渠道，没有去读原著，去细究啊！

**记者：**有些人提出，现在我们进入了一个"读图"的时代，您怎

---

* 载 2005 年 12 月 28 日《中国教师报》。

么看？

**柳斌：** 我在资料上确实看到过这样的提法，说我们已经进入了"读图时代"。这引起了我的一些思考。

现实的情况确实如一些人所说，人们读图的机会多于读字。打开电视，各种故事片、连续剧、新闻、广告及其他信息，基本上都是通过声像手段来制作和传播的；书店里的各种图书，也有不少是用图来演绎各种故事，有的人居然还用图来演绎理论数据，比如书架上还摆出了《画说〈资本论〉》。

产生这种情况，我想可能是社会进入市场经济状态以后，生活节奏普遍加快，竞争相当激烈，人们身体和精神方面的压力都很大，有一点休息的时间，就希望接受一些直观、形象的东西，不想考虑长远的事情。

**记者：** 您是老教育工作者，您认为对这种现象应该怎样认识？

**柳斌：** 我不反对读图，尤其对于孩子来说，这些东西形象、直观，一目了然，再加上现代技术手段，非常生动有趣，容易理解，有很多优越性。但读图也有很大的局限性。它的快节奏使人处于被动接受状态，把人在学习过程中的必要思考排斥出去。孩童阶段还情有可原，如果到了中学、大学，甚至成年之后，还热衷读图而不去读字书，负面影响就大了。诚然，初始时期汉字中的象形字也曾经是图画，但经过几千年由具象到抽象的演变和发展，现代汉字已经远离图画，成了代表特定意义和声音的符号。现代汉字的概括能力、构词能力、表达能力，较之初始的汉字已经产生了巨大飞跃。其强大的思维表达功能已是图画所无法比拟，也无法代替的了。所以如果仅仅满足于读图，长此以往，我们的民族就会疏于思考，就会丧失创新的欲望和能力。

我们知道，很多东西都要通过阅读才能内化为自己的认知。比如庄子有一句话说"一尺之棰，日取其半，万世不竭"，读着这样的文字，你才能想象出其中的玄奥，读图是达不到的。又比如古人编制的一则谜语："在娘家青枝绿叶，到婆家骨瘦皮黄。不提起倒也罢了，一提起泪眼汪汪。"这谜语打的是撑船用的竹篙。短短28个字，既是一首诗，又生动塑造了一个旧社会"童养媳"的形象，有着深刻的时代烙印。这里面的深刻用意，也只有去读，去想，才能感受得到。

我们再来看朱自清先生关于"时间"的描写："燕子去了，有再来的时候；杨柳枯了，有再青的时候；桃花谢了，有再开的时候。但是，聪明的，你告诉我，我们的日子为什么一去不复返呢？"像这样细致入微的描画，这样细腻的思想感情，你不通过阅读文字，怎么能体会得出呢？

**记者：**如此看来，读字较之读图更具有优越性，是吗？

**柳斌：**事实确实是这样。阅读是不可以用其他方式来取代的。它给人以充足的思考空间，使人处于主动地位。尤其是默读，你可以边读边思考，边联想，并产生共鸣或者怀疑。很多新知识是人在阅读的过程中结合自己的想象产生的。可以说，阅读不仅是一个接受知识的过程，同时还是一个思考的过程，是一个经过思考，由表及里、由此及彼的探究过程，甚至是一个知识的再生过程，一个创新的过程。毛主席说："实践，认识，再实践，再认识。"就是说知识是从实践的过程中来，也是从认识——学习和阅读的过程中来。因为一个人的经历和时间都是有限的，你不可能事事都去实践。很多人家已经用实践证明了的知识，你就不必再去实践了。所以，我们现在获取知识，大量的是通过间接经验，即通过读书去获取。人们读书的过程，也是一个产生新知的过程。古代强调读四书五经，后人在学习过程中不断加以注疏、考证和翻译，这些就是一种发展和创造嘛！毛主席一生酷爱读书，他读过的书不少都有详细的批注。那些批注或赞美，或质疑，或批评，记载着他的思考、感受和体会，是他思想上迸发出的创造的火花。所以我说，我们在热衷读图的同时，不能放弃阅读，废弃思考。没有阅读和思考，哪来的创新？创新是一个民族的生存之本啊！一个民族不能创新，就准备挨打吧！李敖访问大陆时说过一句话，说中国的过去可以用"挨饿"和"挨打"来概括。我们要想不挨饿，不挨打，就得依靠自己的力量去不断创新，使自己永远自立于世界先进民族之林。

**记者：** 您在日前召开的中国图书馆学会中小学图书馆委员会上提出一个命题，说是阅读改变人生。能谈一谈您的具体感受吗？

**柳斌：** 有一位记者问我："您作为一个农村的孩子，现在成为一位国家干部，是谁改变了您的一生？"我回答他：从大的方面来讲，由旧社会进入新社会，这是社会的发展改变了我的人生。但是要从我个人来讲，我只能说是阅读改变了我的人生。如果我没有阅读的能力，我还会跟我的父母、祖父母那样"面朝黄土背朝天"地种田；拥有了阅读能力以后，我的知识不再仅仅局限在那个小山沟里面，不仅仅是春种冬藏那些东西了，而是具有了从事专业工作，从事教育、文化这些工作的能力。识字是非常重要的。普及小学教育最根本的是培养识字、阅读、计算的能力，当然还包括品德教育。我曾经写过两篇文章：《人生识字聪明始》《再谈人生识字聪明始》。在很早以前，喜鹊就会筑巢，蜜蜂就会做窝，可那时候人类还在穴居野处。但是后来人从穴居到树上筑巢，然后再从树上下来盖茅屋，盖了茅屋后又知道盖土房，盖砖瓦房，一直到盖钢筋水泥的高层建筑。可回过头来看，喜鹊还在筑巢，蜜蜂还在做蜂房，千万年没什么变化，为什么？就是人有学习的能力，能通过读书识字，不断地进步，所以人类发展史上最大的一次飞跃，就是发明了文字。从这个意义上讲，我们到什么时候都不要忽视识字这项工作。

阅读不仅改变人生，还可以改变社会，振兴民族和国家。我们中国近20年来迅速崛起为"世界工厂"，这是世界各国所公认的。这个现象的出现有很多因素，比如说国家的改革开放政策，引进技术，引进外资。但是其中非常重要的一点，就是高素质的劳动力。如果我们的劳动力不能适应需要的话，能够成为世界工厂吗？外国的技术也好，资金也好，最终要靠我们的工人，把他的设计、图纸、技术变成产品。我们崛起为世界工厂，一个最根本的原因就是我们从1986年起普及九年义务教育，20年的时间，我们使整个人口的平均文化水平由1985年以前的4.3年初级小学水平一下提高到了8年多级初中水平。如果我们不把人口平均受教育水平提高近四年，你能够提供那么多符合条件的劳动力吗？

我记得连续剧《八路军》里面有一个故事：日本人打到山西那边，突然袭击一所学校。让他们惊讶的是，孩子们还在那里专心读书。在艰难困苦的情况下仍然坚持对下一代的教育，这样的民族才有希望。可惜"文化大革命"把这种优良传统打破了。学校停课，高校停止招生，"读书无用论"风行一时，不尊重知识、不尊重文化的不良风气盛行。

我们应很好地总结历史上曾经发生过的这些轻视文化、轻视知识的教训，反思曾经被扭曲的时代。

**记者：**现在社会上出现重视读图、轻视读字书的倾向，我们应该如何改变呢？

**柳斌：**要改变这种情况，首先要形成一种读书的氛围，要认识到读书的重要性。"人之患在不好读书"。要以好读书为荣，以不好读书为忧、为耻，去除急功近利的浮躁心态。这种氛围，有赖于政府及有关职能部门的倡导，有赖于宣传舆论部门的引导。

其次，我觉得仅仅有一种氛围还不够，还要组织广大的学生参与读书活动。现在有的活动开展得很好，比如全国妇联倡导的"爱国主义读书教育活动"，还有"红领巾读书活动"等。

最后，要转变教师的观念。要让学生重视阅读，最根本的任务要落到教师的头上。如果每个语文老师、每个学校的校长都能够重视读书的话，这项工作就能够很好地落到实处。看一位语文老师高明不高明，并不是看他的学生语文能不能考高分，主要应看他有没有培养学生对语文的兴趣和情感。如果他的学生都非常热爱语文，对学习语文有浓厚的兴趣，他就是一位很好的语文老师。

**记者：**现在有不少的学生厌倦读书，您认为应该怎样去引导？

**柳斌：**首先要把养成浓厚的读书兴趣作为家庭教育的重要任务，读书的兴趣要从小培养。我小时就深受叔父酷爱读书的影响。先是由长辈们口授《三字经》《增广贤文》等启蒙读物；上小学以后学校有为数不多的图书；放暑假了，叔叔有初中、高中的课本，就拿过来读，觉得很有味道，有些字不认识就请教他；再就是借十里八乡的书来读。

那时读书怀着一种强烈的欲望，很多书拿到手就一气读下来，甚至背下来。我记得初中时《狂人日记》《背影》《可爱的中国》等很多篇章都是能背下来的，四大名著也是在那时候看的。我现在年近70岁了，五六十年前背的东西现在想起来还会很自然地蹦出来。当时背的东西，有些还弄不懂什么意思，现在一回味，都懂了，而且很有用。

其次是要有一个好老师。我在初中就遇到过一位很值得尊敬和怀念的语文老师。他培养了我们的兴趣，好的文章就要背，大致讲一下，要多读，然后要写读后感。写了文章之后，他评改的方式也很特别。这个句子写得好，他就用红笔画两个圈；写得特好就画三个圈，然后有一个总结性的评语。同学们好受鼓舞啊，就希望每篇文章都得到更多的红圈圈。现在可读的东西太多了，哪些是应该读的呢？成人可以依靠自己去选择，但青少年的辨别能力还不强，所以就需要老师、家长、教育工作者帮助他们选择，为他们推荐一些好的读物，不要让那些不好的读物去侵占他们宝贵的时间。这点很重要。开卷有益到现在已经不完全是真理了，因为现在开卷无益甚至开卷有害的东西太多了。即使开卷无害，也会占据青少年宝贵的时间。鲁迅讲过："无端的空耗别人的时间，其实是无异于谋财害命的。"

再其次，就是要有一个好的读书习惯。我的一个习惯就是在阅读的时候做一点笔记，有时候写点感想，有时候把书中好的句子摘录下来。通过各种方式，日积月累，不断丰富自己的精神世界。

2005.12.

333

# 理想的语文教育是什么样的 *

**果 明**

"人文"谓何物，语言乃其宗；情境臻绝唱，鸟兽岂能工？

——柳斌

**理想的语文教育，要培养热爱民族语文的感情，培养良好的阅读兴趣和阅读习惯，重视汉语文的规范性，保卫它的健康和纯洁。**

**记者：**柳先生，您是倡导素质教育的第一人。从素质教育的角度看，您认为，理想的语文教育应该是怎样的？

**柳斌：**说这个问题之前，还是要讲一讲语文教育的重要性。语文教育应该是素质教育很重要的组成部分，因为提高了每一个人的语文素质，才能够为提高整个国民的素质打下坚实的基础。国民素质是由每个人的素质决定的，而每个人的素质，从根本上讲要依靠他的语文素质来打基础。因此，要十分重视语文教育，重视汉语文即我国通用

---

* 载 2008 年第 9 期（总第 21 期）《小学语文》。

语言文字的教育。素质教育讲"6个学会"，语文是"6个学会"的基础，也就是说，语文是做人的基础、求知的基础、办事的基础、健体的基础、审美的基础、创造的基础。由此可知，语文不仅仅是公民个人发展的基础，而且是国家和民族发展的基础。如果说，教育是现代化发展的基础，语文就是基础的基础。毛泽东、鲁迅、朱自清，语文素质都非常好。大数学家苏步青、语文特级教师于漪等都曾经讲过，他们的成功得益于在中小学打好了语文基础。

在这个前提下再来看理想的语文教育应该是怎样的，我想从两个方面讲。

第一，人是生活在语言之中的。关于语言的重要性，我认为有两个人讲得很好，很深刻。一个是德国的海德格尔，他说："人在语言中诗意地栖居着。"另一个是湖南师范大学的刘铁芳教授，他说："人总是以拥有语言的方式拥有世界，语言把人引领入世界之中。""可以想象到，语言是从我们生命刚开始、刚萌芽的时候，就像空气一样围绕着我们，它是我们的思想感情、知觉、概念赖以存在的精神土壤，语言随人类社会的产生而产生，随人类社会的发展而发展。"

鲁迅先生讲过，语言产生于协作劳动，是劳动创造了语言，如果要说这是什么派的话，就是"杭育杭育派"。我认为，语言是先于人的个体而存在的，人一生下来，就进入了他的母语的环境；对整体人类来讲，语言随人类社会的产生而产生，并随其发展而发展。从这个角度讲，语言使人有了世界，有了文化，有了历史，也就是说，语言使人有了物质的依托之后，也有了人文的依托。任何教育也都发生在语言中，可以说，没有语言，就没有教育。

第二，语文教育的首要任务就是教育学生热爱我们民族的语言。现在的语言面临激烈的竞争。据统计，世界上有 7 000 多种语言，其中大约有 2 500 种面临消失的危险。在竞争中，要取得胜利，我觉得需要两个条件：一是这种语言本身要优秀，具有发展的潜力；二是这种语言要为更多的人所使用。汉语言文字是世界上最优秀的语言之一，但是，当前汉语文处于外热内冷的环境之中。随着我国综合国力的增强，国际地位的提高，世界上很多国家都在提倡学习汉语。国内对于语文学习、母语学习反而不够重视，而且存在很多问题。我们的民族语言所处的环境，不是很有利的环境。我们当前的社会文化存在几个倾向：浮躁化、功利化、低俗化、浅薄化。另外，我们的语言正面临网络语言的冲击。摆在我们面前的首要任务，是培养热爱民族语文的感情，培养良好的阅读兴趣和阅读习惯，重视汉语文的规范性，保卫它的健康和纯洁。只有完成好这项任务，这样的语文教育，我认为才是比较理想的语文教育。

**"文化大革命"之后，教学改革实验最多、最早，改革思路最活跃、最多的还是语文学科，尤其是小学语文。要对深化改革充满信心。**

**记者：**一个人的语文素养，基本的培养途径便是学校语文教育。现在有一些对语文教育的批评，认为"五四"以后的语文教育基本上是不成功的。理由，一是没有培养出像梁启超、章太炎、王国维、陈寅恪这样的大师级人物；二是社会普遍反映，学生的读写水平，特别是写作能力"一代不如一代"，对这种批评意见您怎么看？

**柳斌：**对于这种意见，我用一句话表达就是：不敢苟同。首先，应该说，从"五四"以后，我们的语文教育无论是从改革方面，还是从发展方面来讲，都是很成功的。"五四"以后，我们的书面语由原来的文言文走向了白话文，真正回归了人民大众，这是语文教育的巨大成功，而且取得了历史性的成就。古汉语词汇和语法的局限性较大，现代的思想、文化和科学很难用古汉语准确、鲜明、生动地表达。而且，古汉语的难度比较大，一直主要是为文人学者所掌握，人民群众并不能很好地掌握这个工具。这就制约了广大人民群众运用语言来发展自己的空间和能力。所以，白话文运动，对于广大人民群众，是一种思想解放的运动，是一种发展潜能的解放运动。以没有出大师这样的理由来否定语文教育改革的成功，是站不住脚的。而且，即使"五四"以后，我们也出了很多大家，比如鲁迅、郭沫若、茅盾、巴金、朱自清、冰心，这些也都是大家，他们的学识、思想及其凝聚成的作品，与王国维、章太炎等大师相比丝毫不逊色。再如，毛主席不仅是一代伟人，在语言运用、诗词创作方面的成就，也达到了一个时代的高峰。

另外，所谓"一代不如一代"更是站不住脚的。我国的文盲半文盲率在新中国建立前为人口的80％以上，现在下降到8％以下，有11亿多人口能够识字。图书出版、期刊、报纸都有了十几倍、几十倍的增长。这种文化教育大普及，科技、经济事业大发展的局面来之不易，其中就有国民识字、阅读、写作能力所发挥的作用在内，就有语文教育基础的难以估量的作用在内。这就是事实。除了数量上的发展，还应当看到，语文教育的质量也有了显著提高。这方面也有很多例子。现在不少中小学生写出来的文章水平很高，把他们的优秀作文选出来，与当年的冰心、朱自清早年的文章相比，有些并不逊色。并不像有些人说的，孩子们都不会写文章了。不能用"只见树木不见森林"的方法来看待当今的语文教学。而且，语文教学改革，首先是由语文教师提出来的。教学改革实验最多、改革思路最活跃的，还是语文学科，尤其是小学语文。

这并不是否认在语文教学中还有很多问题，而是应该正确对待。成就应予以充分肯定，不要把改革说得一无是处；对深化改革要充满信心；对如何进一步深化改革，要做比较客观、深入、理性的分析。

**要把母语教育、语文教育提到应有的地位。**

**记者：**现在有不少人谈起"汉语危机"，除了语文教学本身面临的问题外，还有一个很重要的因素，就是来自外语的冲击。现在不少孩子从小学一年级甚至更早就开始学习英语。不可否认，当前经济文化的大背景决定了英语仍然是一种强势语言，但是我们也不能因此无所作为。怎样让孩子们真正热爱我们的母语，真正喜欢上我们的语文。您觉得关键应该是什么？

**柳斌：**关键还是应当让广大的教育工作者，尤其是语文工作者，乃至各级领导干部，对母语、母语教育的重要性，有一个正确的认识。要把语文教育提到应有的地位，并明确通过教育改革，通过课程、教材的改革，加强母语教学的目标。

首先，是要通过贯彻落实《国家通用语言文字法》，增强执法、守法意识，然后制定正确的方针政策来贯彻落实。

其次，这个问题解决的关键点还在于教师，要提高广大语文教师的业务水平和自身的语文素质。我是很喜欢语文的，首先还是受老师的影响，老师对语文很热爱，对教好语文尽心尽力，这就使得我这样的学生受到感染，所以我从小就喜欢语文。我认为，要解决让学生热爱语文的问题，就要培养一大批优秀的语文老师。

再次，要认真深化课程教材的改革，坚持合理设置课程，坚持提高教材编写质量的目标和方向。

最后，要集思广益，开展多种多样的教改实验，改进教育和教学方法。实际上，语文老师已经做了很多的工作。教育行政部门的责任，就是善于帮助各地老师更好地总结、提高和推广好的教学经验。通过持之以恒的改革实验，总结提高，完善推广，这个问题是可以解决的。

**如果说，中国社会主义文化大厦有若干支柱的话，《汉语拼音方案》就是其中重要的支柱之一。**

记者：今年是《汉语拼音方案》颁布 50 周年，报刊上也发表了不少呼吁加强汉语拼音教学的文章。但是，从目前汉语拼音教学在小学语文教育中的地位看，还是有忽视甚至淡化汉语拼音教学的倾向。您怎么看待这个问题？

柳斌：对《汉语拼音方案》的教学应当给予足够的重视。前一时期，出现过淡化《汉语拼音方案》教学的论调，这是不对的。有的人认为，推行《汉语拼音方案》，是要走汉字拼音化的道路。这是一种误解。但是，当这个问题已经通过政府文件直至法律法规多次作出说明之后，仍然要坚持这样的观点，就是一种偏见，固有的偏见。有些人认为，学习《汉语拼音方案》，会加重学生的负担，影响学生对汉字直接的认知。这种观点，是缺乏调查研究的，是个别同志比较主观的看法，对于《汉语拼音方案》教学的实际效果缺乏了解。应该通过教改的实验、实践，通过讨论、座谈，进一步纠正、统一这些认识。《汉语拼音方案》并没有把取代汉字作为它的历史使命，但是它在为汉字注音，推广普通话，辅助汉语教学，汉字信息处理，工具书排序、索引，辅助旗语、哑语、盲文设计，中国人名、地名的国际拼写标准等方面的作用是重大而深远的。如果说，中国社会主义文化大厦有若干支柱的话，《汉语拼音方案》就是其中重要的支柱之一。

**记者：** 那么，让学生一入学就学习拼音，对于学生语文素养的形成发展有什么重要的作用？

**柳斌：** 学好拼音，只要花很短的时间，大概一两个月。掌握了汉语拼音，学生就掌握了一个很有力的工具，会大大加快识字和阅读能力的培养。比如，"注音识字·提前读写"的课题实验已经进行了将近20年之久，全国各地的反映都是好的。为什么一定要说加重了学生的负担，一定要说《汉语拼音方案》影响了学生的学习？这些问题，应该通过实践和讨论进一步求得共识。

在注音识字的基础上"提前读写"，可以更好地发展学生的思维能力。小孩子在识字之前，已经掌握了三四千个口头词汇，但是他不能将这些词汇和文字挂起钩来。当他用拼音的方法把口头的词语和书面的词语挂上钩后，他马上就能够通过注音阅读很多读物。以前，一二年级主要是识字，现在，学生一上学就能够阅读，也就是说，与识字同步就能够阅读，甚至写简单的句子和短文，这样做有什么不好呢？不是大大提高了语文教学的效率吗？

提倡诵读是对"语文能力是从哪里来的"这个问题的回答。经典诵读还要在现代经典散文上下更大的功夫。

**记者：**说到阅读，我们可以看到，各地都掀起了古诗文经典诵读的热潮，尤其是在小学。您在各种场合都强调过经典诵读的重要性，还亲自主持编写了诗文诵读的书籍。您为什么如此不遗余力地参与到这样一个活动中来？

**柳斌：**语文教学本身的特点，就要求开展语文听、说、读、写的实践活动。为什么要提倡诵读？提倡诵读是对"语文能力是从哪里来的"这个问题的回答。如果套用毛主席的"人的正确思想是从哪里来的"这句话，语文能力是从天上掉下来的吗？是从娘肚子里带来的吗？都不是，语文能力只能从听、说、读、写实践活动当中来。语文能力不是靠教师精讲，不是靠分析课文的段落、层次得来的，因为它是一种能力，只能通过听、说、读、写的实践活动才能得到。把语文教学的重点放在讲解和分析上，那是颠倒了主次。适当做一点儿讲解，适当分析，画龙点睛，这是一种引导，一种提高，绝不是语文教学的主要手段。

为什么提倡诵读经典？一方面，因为所谓的语法规则、词汇精华、造词法、造句法，已经由很多水平很高的作者写在他们的作品中了，我们通过耳濡目染、口诵心惟的方式，把好的作品读熟了、背熟了，语文水平自然而然就能得到升华。另一方面，文以载道，文章总是要表达作者的见解、主张，抒发他的思想感情的。经典文章，其主张、见解都是很独到的，感情都是很真挚的，这些都是民族文化的精华。通过诵读，可以让青少年很好地继承中华民族文化的传统；通过诵读，又可以让青少年语文水平和语文素质不断地提高，何乐而不为呢？

**记者：** 您走访参观了不少地区和学校。就您了解到的情况而言，从诵读内容看，您觉得经典诵读除了古诗文外，还有没有更广阔的空间？从方法看，除了推荐书目或者篇目，传授一些朗诵方法，要让儿童真正浸润于经典中，还可以从哪些方面继续努力？

**柳斌：** 除了古诗文，当然还有更广阔的空间。还应当选择更多的现代文，朱自清的优美散文《匆匆》《春》，许地山的《落花生》，冰心的《寄小读者》……现代文学中的一些经典，句子非常优美，而且很有启发性。精彩的现代散文比古诗文更贴近学生的生活。尤其对小学生而言，应当在阅读现代经典散文上下更大的功夫。

诵读活动要开展好，就不要和考试挂钩，一旦挂钩，就把那些充满感情的东西冲淡了。要让学生充满激情地参与诵读活动，既能得到精神上的升华、感情上的升华，又能在无形之中、潜移默化之中提高他们的母语表达能力和鉴赏能力。

在语文教学中，要更多地开展各种形式的诵读活动，比如，主题班会、朗诵会，方式可以有集体朗诵、分角色朗诵等。总之，要加强对诵读活动的组织、策划、引导、激励工作，以求得"随风潜入夜，润物细无声"的效果。

2008.9.

# 素质教育视野中的学校语言文字工作 *

### 李 节

学校作为开展语言文字工作的基地，承担着教授普通话和规范汉字、规范语言文字应用习惯等任务，学校的语文教学和语言文字应用影响着社会的语言文字应用。2006 年"实施素质教育"写入最新修订的《中华人民共和国义务教育法》，在这种大背景下，该如何定位学校的语言文字工作？语言文字对于教育、对于人的全面发展意味着什么？当前语言文字工作者的使命和任务是什么？带着这些问题，本刊记者采访了柳斌。

## 教育存在于语言之中

**记者：**您曾经担任国家教委和国家语委的主要领导，亲历了许多重大的教育改革事件，比如《中华人民共和国义务教育法》的制定和修订，《中华人民共和国国家通用语言文字法》的制定，等等。请问

---

\* 载 2009 年第 7 期《语文建设》。

您是如何看待语言文字问题，如何看待学校的语言文字工作的?

**柳斌：**语言文字是非常重要的，人人都离不开，但是人们最容易忽视的常常也是语言文字。我曾经写过十首关于语言文字的诗，叫做《语论十首》，在"小引"里我讲到了语言的重要性。人类在生产劳动和社会活动中创造并发展了语言，人类又通过拥有语言的方式拥有了整个物质世界和精神世界。劳动创造了人类，劳动创造了社会，其中一个最核心的内容是劳动创造了语言。人和动物最根本的区别是人会使用工具，会生产工具，其实人在使用、生产工具之前，还有一项最重要的东西，那就是会讲话，会使用语言。

应该说，人类是通过劳动、通过社会活动拥有了语言以后才创造了世界，才有了物质文明和精神文明的。我们要有这个认识，不然就不懂得为什么要热爱我们的语言，就不懂得语言文字工作的重要性。

我认为学校的语言文字工作非常重要，它是整个社会语言文字工作的一个基础环节。语言文字的学习首先是在中小学阶段，虽然小孩从一生下来就开始学语言，但那毕竟还停留在比较初级的口语阶段。要进入语言和文字的正规学习应该是到学校后的教育阶段，尤其是小学阶段，这一阶段是学语言的一个重要时期，也是学语言的最好时期。因为这个时期小孩子对语言非常感兴趣，而且记忆力特别强，从心理学上讲是学习语言的黄金时期。学校应该非常重视语言文字工作，重视语言文字教学，因此，首先要把语文课上好。

2000年10月，我国颁布了《中华人民共和国国家通用语言文字法》，广大教育工作者、各级干部、学校的校长和教师要认识到这个法的重要意义，要把这个法学习好、贯彻好。这是第一个层面。

第二个层面，从目前来讲，学校的语言文字工作要强调和重视母语的学习。我们国家有 56 个民族，每个民族都有自己的语言。每一种语言都经过多年积累，是人们在各种各样的劳动和社会实践活动当中积淀下来的文化宝库。我讲"我语先我在"，是说我们使用的语言（母语）是先于个体的人而存在的。每个人一生下来就进入了自己母语的环境中。

作为中国人，我们除了要重视各民族的语言文字之外，还要重视国家通用的语言文字。中华民族的通用语言文字，就是普通话和规范汉字。为什么要重视国家通用的语言文字呢？因为语言不仅是思维和交流的工具，还是一个人、一个民族的精神家园，一种文明的家园。也就是说，精神在哪里？在语言之中。文明在哪里？在语言之中。我们中华民族的精神在哪里？在中华民族的语言之中。中华民族的文明在哪里？在中华民族的语言之中。所以源远流长的汉语是中华民族的精神家园，我们有责任看护好，有责任建设好。

第三，语文最重要，力学趁少年。为什么要重视学校的语言文字工作？因为语文最重要，青少年时期是学习语文的黄金时期。

**记者：**弘扬中华文化、教育改革和发展以及信息化都是当前社会的热点和焦点问题，学校作为教育机构，是文化传承之所，是信息化的前沿，因此学校成为这三项工作的一个交汇点，如果从这方面考虑，您认为学校的语言文字工作该如何作为？

**柳斌：**教育存在于语言之中，文化存在于语言之中，信息存在于语言之中。当教育国际化的声音不绝于耳的时候，唯有民族语言最能体现教育的民族性。现在一些高校和经济比较发达的地区，都在讲教育国际化，好像谁的教育国际化口号喊得响谁就先进。我认为不是这样的。什么都要国际化，如果教育都国际化了，还有什么是中国的呢？我觉得只有一样是最能体现民族特性的，那就是语言。如果国际化"化"到连汉语都不用了，全用英语上课，那就彻底完了。

湖南师范大学刘铁芳教授讲得很好，他说："汉语言文化既是我们教育民族性的根，也是教育人文性的根。"正因为如此，对于一个不重视语言文字工作的干部来讲，要他重视教育、重视文化、重视信息化，是不可能的。如果把希望寄托于一个不重视语言文字工作的干部身上，那也是要失望的。学校的校长、教师，其实都应该成为优秀的语言工作者，因为无言之教是不存在的。有的人马上就会说怎么不存在，身教重于言教，身教就不用语言。我要说：是的，身教重于言教，但身教最终还是要以言教作为表达心意的介质才能产生作用，身教最终还是要通过词语句子的诠释产生作用来实现，也就是说无言之语归根到底还是语。

文化、教育、信息，这三者实际上都是因语言而存在的，所以把这三件事做好跟把语言文字工作做好实际上是合而为一的。如果真正重视教育、重视文化、重视信息化，就不能不把语言文字工作搞好。

## 语言文化修养是素质教育的理想追求

记者：2004年4月，教育部、国家语委下发《关于开展语言文字规范化示范校创建活动的意见》，目的是在各级各类学校全面推行国家通用语言文字，以普通话和规范汉字作为教育教学的基本用语用字，在城镇学校普遍实现普通话成为校园语言的基础上，用五年时间，建设一批国家级示范校和省级示范校。2007 年，首批国家级语言文字规范化示范校已经产生，今年将评出第二批国家级示范校。我们知道，除了语言文字示范校，还有各种各样的示范校。示范校这个概念是什么时候提出来的，您认为语言文字规范化示范校应当在哪些方面起示范作用呢？

**柳斌：**示范校这个概念应该是在 1993 年《中国教育改革和发展纲要》公布之后，由当时的国家教委提出来的。当时的情况是这样的，高校提出建 100 所"211"学校，即面向 21 世纪重点建设一百所大学和一批重点学科。职业教育则提出要在全国每一个县建一所职教中心。基础教育原来想提出建设 1 000 所重点学校，后来考虑如果提"重点"二字，就会把人力、物力、财力集中到这些学校中去，不利于学校之间缩小差距，所以基础教育就不提"重点"了。不提"重点"，叫什么呢？后来就定为示范性学校，要求学校在教育质量上下功夫，当时对示范性学校的要求是"创全面发展之优，示素质教育之范"，即在全面发展方面创造出优良的成绩来，在素质教育方面能够起示范性作用。

语言文字规范化示范校与普通的学校有什么不同？你提到的那个国家语委文件里大概已经有了具体要求。我理解的语言文字工作示范校除了把普通话当做课堂教学用语以外，还应当把它当做校园用语。示范校不仅仅是课堂上要讲普通话，在校园里面交谈、沟通也要用普通话，要在校园内创造良好的普通话语言环境。此外，课堂作业、板书、墙报、文艺园地、宣传栏，有的学校还有手抄报、标语，各方面都应当使用规范字。示范校在这些方面应该有更高的要求，在语言文字方面应当起到很好的示范作用。

**记者：**2006 年，实施素质教育写进了《中华人民共和国义务教育法》，实施素质教育成为国家意志和政府行为。《中华人民共和国国家通用语言文字法》也明确了教学语言和规范汉字的法律地位。您认为在素质教育的背景下，学校的语言文字工作有哪些新内涵，该如何定位？

**柳斌：**《中华人民共和国义务教育法》要求实施素质教育，这对语言文字工作当然会有一些新的要求，但首先还是要把推广普通话、使用规范字工作进一步做好。为什么这么说？因为这两项任务现在并不是完成得很好，"推普"的问题仍然任重道远，汉字规范的问题现在也不太令人满意。要解决社会上"推普"的问题，要解决社会上用字不规范的问题，首先要从学校抓起，所以这两项任务在学校是不能变的。要继续加强，要努力做好，已经做得比较好的要做得更好。这一点要十分明确。

语言文字问题，不仅仅是普通话和规范字的问题，现在社会上对此讨论也比较多，当前有些认识还比较混乱。要推广普通话，有人就提出保卫方言；要规范汉字，有人就提出要恢复繁体字，有的人还在继续乱简化。除此以外也还有新的问题，比如外语使用极端不规范，网络语言不仅仅在网络上盛行，而且大有侵入大众媒体的势头。针对这些情况，学校语言文字工作还是任重道远。普通话和规范汉字两项最基本的任务还是要牢牢抓住不放。

第二是继续做好规范字的使用工作。规范字是 1958 年周总理做《当前文字改革的任务》报告后开始使用的。当时汉字简化工作动员了各方面的人士，动员了很多专家参与讨论，听取了社会各界的意见，最后制定出当时的《简化字方案》，这是发动群众集思广益、反复讨论研究的结果，而且符合汉字发展的历史规律。汉字从甲骨文到金文、到篆书、到隶书、到楷书，总体上是一个简化过程，这是历史规律。汉字不是越写越繁，而是越写越简，这是符合书面表达的需求的。要是字的笔画很繁多，书写就很不便利，也就不可取了。

除此以外，贯彻《中华人民共和国国家通用语言文字法》不仅仅是语文学科的任务，中小学各门学科都应该为完成这项任务而努力。语文课当然要发挥独特的作用，语文课除了要很好地贯彻《通用语言文字法》以外，某些方面还应该有更高的要求，即不仅要求正确、规范，而且还应该对语言艺术、情感表达、人文修养等方面提出一些更高的要求，不但要求正确，而且要求美好。

我上面讲到的刘铁芳教授对语言文字是很关注的。他说，当"运动鞋"变成"斯伯特"的时候，当"蒹葭苍苍，白露为霜。所谓伊人，在水一方"演变为"我的爱赤裸裸"的时候，当人们可以理直气壮地扬言"我是流氓我怕谁"的时候……汉语言的魅力就大大丧失了，这样的语言背景对语言和教育的伤害都是巨大的。因此我认为我们现在的语言教育任务很重，如果还想保持或者弘扬中华民族优秀的语言文字传统，就必须对语文教学有更高的要求。

现在有些专家提出要恢复国学。如果一个人一点儿都没受过唐诗宋词的熏陶，没受过中国古代优秀文化作品的熏陶，那么从文化的意义上讲，他还能算是一个中国人吗？这是一个很严肃的问题。从素质教育的高度出发，除了推普和使用规范字之外，如何把语文教学搞得更好一点儿，如何使我们下一代的语言文字素养更高一些，我们还有很多事情要做。

西方有一位哲人讲过，因为你拥有语言，所以你比动物更优秀；如果你语无伦次，那么动物就优于你。我们不但要有语言，而且要有较高的语言文化修养，使我们的语言能够达到一个更加美好、更加优秀的境界，这应该是素质教育的一种理想的追求。

记者：在今年的"两会"上，有代表提出，要加强中小学生的写字教育，让书法教育进入中小学课程。有的代表还认为，书法教育可以不依附于现在的语文课而独立开设。语言文字规范化示范校对教师和学生的写字训练提出了明确的要求，我在江西赣州采访时，也了解到那里的有些学校每天下午统一上20分钟的写字课，对教师的"三字"（毛笔字、钢笔字和粉笔字）也有较高的要求。您是否赞成写字或者书法独立开课？

柳斌：我赞成。开设写字课是我国小学的优良传统，以前小学都开写字课，我上小学的时候低年级普遍开设写字课。在高科技时代，不但不能削弱写字教学，还应当加强。我认为写字有三项功能。首先，它是学习能力的基础。学习能力由什么构成？学习能力主要是以识字、阅读、运算三种能力为核心构成的。学习能力是一个人最重要的能力，关系一个人的生存和发展，没有学习能力就无法在现代社会立足，更无法谈到终身发展。在识字阶段既要重视对字的认读，又要重视对字的书写，识字和写字是构成学习能力的重要基础。有的字只读不写还不能够牢牢掌握。为什么有的孩子会读，但一写就错，就是因为没有动手，没动手就印象不深刻。所以读只是表层地掌握了一个字，会写才是真正掌握了。因此字既要会读又要会写，写字应当是学习能力的一项奠基工程。

另外，这还是一个习惯养成的工程。做学问要有良好的习惯，良好的习惯从什么时候开始？从小开始。从哪里开始？从写字开始。你看看很多大家，为什么能够成就学问，就是因为他们对于专业学问一丝不苟，这些习惯都是从小开始培养的，而写字的过程就是培养孩子良好的学习习惯的过程。一笔一画，要规规矩矩，不但要写得正确，还要写得美观。在养成了一丝不苟、精益求精的习惯以后，孩子们在做人、做事、做学问各个方面都会不自觉地"迁移"，从而在各个方面取得成功。

写字还是一种传承文明的基础工程。要弘扬中华民族文化，离不开语言，也离不开文字，文字是有声语言在书面上留下的痕迹。如李白的诗句"举头望明月，低头思故乡"，他吟诵这首诗时的声音已经消失了，但诗句却通过文字保存下来，所以我们现在仍然能够凭借文字想象许多年以前李白的吟诵。另外，我认为在写字的基础上还要更进一步，即还要学习书法，这是一项传承中华文明的重要工程，正因为如此，我赞成开设写字课。但这需要时间，我认为学校的教学计划需要做点儿调整，安排一点儿时间出来，在小学阶段开设写字课。

**记者：**您怎么看待有些媒体报道的有些地方的小孩子基本上不会讲方言这一现象？

**柳斌：**随着人口流动数量的增大，一部分小孩不会讲原来的方言了，我认为是正常的，不必为此大惊小怪，更不值得忧虑。我们国家从来没有禁止方言的政策或者做法，方言的使用拥有广阔的空间和充分的自由，因此有些地方有些人提出"保卫方言"的口号是不恰当的，是无的放矢。没有人要禁止它，你"保卫"什么？

我们从1956年开始推广普通话，现在是2009年，50多年来，成绩巨大，要充分肯定。但根据《2007年中国语言文字生活状况报告》的数据，能够用普通话进行沟通的人口比例是53.6%，也就是说13亿人里面还有6亿多人不会讲普通话。在一个市场经济高度发展的社会里，在一个信息化的社会，还有接近一半的人不能用普通话交流，这不能不说是一个非常严峻的问题。所以推普工作不容松懈。

小孩子学会讲普通话，影响到他的家长也讲普通话，我觉得这是件好事情。小孩子既会讲普通话，又能讲方言，不是更好吗？普通话主要是面向公众，比如公务人员、大众媒体、宣传、广告、广播、公共事业必须用大家都能够听懂的普通话。至于一家人自己讲话用方言，国家并没有禁止，而且你既学了普通话，又可以讲方言，这是多好的一件事啊。

## 语言文字工作者的责任感和危机感

**记者：**有人说学校的语言文字工作不是中心工作，不是全局工作，很容易被忽视。您认为从事语言文字工作的人应当如何看待这份工作？

**柳斌：**贯彻《中华人民共和国国家通用语言文字法》是一项非常重要的工作，对于我国的语言文字，我们不但要有责任感，而且要有危机感。法国前总统希拉克在一次国际会议上，因为一个法国商人发言的时候没有用法语而用英语，很生气地指责："你难道要让世界上只有一种语言吗？"然后愤然退出。还有俄罗斯总统普京亲自批准要设立一个最高的俄语推广机构，由他直接管理。德国为了推广德语，在世界各地建立了多所歌德学院，我们建孔子学院也是一种高瞻远瞩的做法。

一种语言要在世界上有地位，有两个条件：一个是这种语言本身是优秀的，另一个是使用这种语言的人口要多。这两点缺一不可。汉语应该说是世界上最优秀的语言之一，它的表达和描绘客观世界的能力都很强，它的音韵很美，而且它有创新和包容的能力。无论出现什么新事物，我们马上可以用汉语表述出来，用汉语已有的词汇也可以创造出许多新的词汇。世界上使用汉语的人很多，但主要是我国的13亿人口。按照孔子学院的统计，全世界有3 000万人学习汉语，这个数量是极少的。因此没有危机感不行。我们的语言在世界上远非强势语言。

温家宝总理曾经问钱学森教授：我们如何能培养出更多的杰出人才呢？为什么不能出诺贝尔奖获得者呢？钱学森认为需要改革我们的教育制度。但是我认为诺贝尔奖是西方人制定的游戏规则，并不是中国人没有这个能力。还有就是语言的原因。我看过欧洲一个语言排位的资料，第一大语言是英语，第二是德语，第三是法语，第四是俄语……它是根据一种语言的著作被翻译成其他语言的数量和其他语言著作被翻译成该种语言的数量来排序的。从头排到后面，排了十几位也没有汉语，这就意味着中国人即使有了好的著作，人家也看不到，不了解，也不认可，怎么可能得诺贝尔奖呢？我想语言因素在这里起了重要作用。我们既然是一个优秀的民族，又有优秀的语言，我们就不但要对自己的语言倍加爱护，像爱护自己的生命一样去爱护，而且要让我们的下一代也十分珍视和热爱我们的民族语言。只有这样才能够使自己优秀的语言进一步得到保护，得到健康发展，从而让更多的人使用这种语言文字，这样才会在世界语言中有我们的一席之地。

**记者：** 感谢您在百忙之中接受我们的采访。

2009.7.

# 书法课程要鼓励学生多练习 *

## 刘 潇

语文出版社版《书法》教材面世在即，原国家教育委员会副主任柳斌作为本套教材顾问，对编写提出了具体指导意见，对书法教育的推广和普及寄予厚望。书法教育如何开展？教材编写如何定位？本报记者带您与柳斌面对面——

**问：** 书法文化在我国已有几千年历史积淀，在当前开展书法教育有何意义？

**答：** 规范、端正、整洁地书写汉字是进行书面交流的基本保证，是学习语文和其他课程以及形成终身学习能力的基础。加强初中学生的书法教学是十分重要的，它不但能使广大初中学生用硬笔正确、工整、熟练地书写汉字，学习写软笔字，而且对良好书写习惯的形成和能力的培养，都有着十分重要的意义。

写字还可以修身养性，提高审美情趣和文化品位。我国书法艺术

---

* 载 2012 年 5 月 14 日《语言文字报》。

源远流长，在世界上独树一帜，是人类文化艺术宝库中的一朵奇葩。随着现代科学技术的发展，有人估计，计算机的出现会使其呈现出慢慢地淡出人们生活的趋势，但中国书法作为一门艺术、一种文化，会永远的流传下去。在全面推行素质教育的今天，搞好书法教学，不仅能使学生掌握书法的基础知识和基本技能，继承这一优秀的传统艺术，更能促进学生德、智、体、美的和谐发展，其多方面的育人功能是不容忽视的。

问：2011年教育部下发了《关于中小学开展书法教育的意见》，明确要求中小学开设书法课程，有人说这是为了培养书法家，您认为呢？

答：我曾经担任中小学教材审定委员会主任，教育管理部门的考虑与书法家的角度有些不同。中小学课程一直很多，学生负担很重。中小学是基础教育阶段，弘扬祖国传统文化义不容辞，学生写好字也是让其一生受益的技能。但我们应该明确，在中小学开展书法教育不是为了直接培养书法家，而是为了提高国民的汉字识读和书写的水平，当然也为书法家涌现打好基础。课程和教材可以叫"书法"，但不是为了直接培养书法家。汉字书写技能基础打好了，未来就一定会有许多书法家涌现出来。所以，书法教材的编写要以此为主旨，注重打好学生的写字基础。

问：围绕这个目标，书法课程和教材应该如何定位？

答：在写好字的基础上，养成学生对传统文化精华的基本鉴赏能力，培养学生书写的兴趣。书法课程的重点应为"写字"，"写好字"可以作为对全体学生的要求，但书法是一种艺术，并不强制要求每个学生都掌握，只能鼓励他们努力拥有欣赏书法的兴趣和能力。但是，民族文化之根存在于语言文字之中，讲好普通话，写好规范字，却是对每一个公民都应提出的要求。书法家更多的是从对书法艺术有浓厚兴趣、有爱好的学生中涌现出来的，有了兴趣，多写多练，在练习中不断进步，产生创造的灵感，最后获得飞跃。因此，课程应当鼓励学生多动手，因为写字是一种技能，技能不是讲出来的，是练出来的，必须多次反复，没有重复练习就不可能生巧，就不可能把字写好。因此，书法教材要加大学生练习篇幅，适量减少教师讲授知识的比重。

问：课程将开，但有人说现在是电脑时代，键盘早已代替了笔，您对于这种言论有何看法？

答：写汉字、说汉语是中国人之所以成为中国人的根本，民族文化之根存在于语言文字之中。我们现在认识到写字的重要性，并把它纳入到中小学课程之中，这在认识上是一个进步，希望写字课能一直开下去，并努力把它开好。

问：作为教育部直属的、全国唯一的语文专业出版社，其《书法》教材即将面世，您对语文出版社的这套教材有何希冀？

答：这套教材结构合理，特色鲜明。希望教材减少知识的传授，增加练习的比重，比如增加练习册，旧时"描红"的做法很值得借鉴。也希望语文出版社拓展出版空间，不单单在教材上下功夫，也要为大众诵读和大众书写活动提供有文化含量的小册子，出版一系列类似口袋书这样的适合诵读、适合提笔写字、便于携带的产品。另外，可以围绕语言文化组织活动和比赛，丰富人民群众的精神文化生活。

2012.5.9.

# 后 记

书稿编罢，正是清明时节。日和景明，春暖花开，蛰伏了一个冬天的心情得到舒展时的喜悦和愉快油然而生，编写核校中因繁杂、琐碎带来的种种不快也随着时间飞过而"忘川"了。

这本书收集的文稿比较芜杂，有语言文字政策的领悟和宣讲，有语文教学的体验和探讨，也有一些艺文短论和诗歌之类不入流的东西。感谢语文出版社王旭明、李世江和编辑出版人员的鼓励和帮助，使我搜集、整理了八十余个篇目，敷衍成册，也算对五十多年的从教经历有个交代了。

我的夫人刘缙教授，对我的事业倾注毕生心血。我的每篇文稿她都细细审读、校正，在这里我向她表示衷心感谢！《现代汉语规范词典》主编、原语文出版社社长李行健，江苏南京凤凰母语教育科学研究所所长、苏教版小学语文教材主编、原江苏省教研室主任朱家珑，是我的好朋友，他们对语文教育事业的执着追求，以及他们组织的多项语文教育活动均给我留下了深刻印象，并使我从中受益良多。在此一并表示深切的谢意。

**我们民族的精神家园在我们的语言文字之中，热爱并守护好这个**

家园，是中华儿女义不容辞的责任。让我录两首短诗作为后记的结束语吧！

> 有词思方达，
> 无词意难驰。
> 呜呼语言外，
> 何事为可知？
>
> \*　\*　\*
>
> 秦皇汉武业，
> 唐宗宋祖功。
> 剑影合诗意，
> 栖居语言中。

2014.4.8. 于北京万寿庄

图为柳斌（左）与夫人